문화와
역사를
담 · 다
074

조
인
철 趙仁哲 ZHO, in-choul

2010년까지 건축사사무소 자연과건축의 대표건축사로 활동하였다.
2005년 성균관대학교 대학원에서 이상해교수의 지도하에 대한민국의 풍수향법을 종합정리한『풍수향법의 논리체계와 의미에 관한 연구』로 건축학박사학위를 취득하였다. 묘지풍수보다는 '5대 현대생활풍수'라고 할 수 있는 건축·도시·부동산·인테리어·조경풍수에 많은 관심을 가지고 있으며, 풍수의 실용적 적용과 풍수학의 학문적 체계의 정립을 위해서 노력하고 있다.『우리시대의 풍수』(민속원, 2010, 문화관광부선정 우수도서),『황제택경』(민속원, 2017) 외에 여러 종의 풍수저서가 있으며, 풍수관련 다수의 논문이 있다.
대구한의대학교 사회개발대학원 풍수지리학과 겸임교수와 중국 칭다오이공대학에서 건축설계강의전담교수를 역임하였고, 현재 원광디지털대학교 동양학과에서 풍수전임교수로 재직하고 있다.

문화와 역사를 담다 074

아파트 풍수

좋은 아파트란 어디를 말함 인가?

조인철

민속원

머리말

아파트가 현대주거형식의 대부분을 차지한지 이미 오래 되었고, 그 비율은 점점 더 높아지고 있다. 하지만, 아파트에서 주거생활을 함에 있어서 여러 사회적 문제가 발생하고 있는 것을 보면, 우리가 정작 아파트문화에 대해서 잘 안다고 할 수 없으며 잘 적응하고 있는 것 같지도 않다. 이 책은 아파트에 대한 이해의 폭을 넓히고, '좋은 아파트란 어디를 말하는 것이며, 좋은 아파트로 가꾸기 위해서는 어떻게 해야 하는지'에 대해서 풍수의 시각으로 조명해보는 것이다.

좋은 아파트란 어디를 말함인가? 비싼 아파트가 좋은 아파트이다. 조금 양보해서 비싼 아파트가 좋은 아파트일 가능성이 높은 것은 사실이다. 하지만, 비싸지 않은 아파트도 좋은 아파트일 수 있고, 비싼 아파트라고 해서 항상 좋은 아파트가 아닐 수도 있다. 또 누구나 비싼 아파트로 갈 수 없기 때문에, 비싼 곳이 아니면서도 좋은 아파트란 어디일까를 궁금해 할 수는 있다. 차선책이기는 하지만, 좋지 않은 아파트일지라도 조금 고쳐서 좋은 아파트로 만들 수는 없을 지를 고민해볼 수 있는 것이다.

이 책은 주로 이미 만들어진 아파트를 어쩔 수 없이 선택해야만 하는 입주자, 세입자를 타깃으로 하고 있다. 그 외에도 이 책의 내용은 더 좋은 아파트를 설계하고자 하는 건축가, 건설업체, 주택공사 등의 관련 전문가에게 입주자를 행복하게 하는 더 나은 아파트를 건설하는데 도움을 줄 것으로 확신한다.

아파트는 용도상 주거용도이다. 과거 전통시대의 가장 주된 용도라고 하면, 바로 주거용도인 것이다. 궁궐, 사찰, 서원이라고 하더라도 그곳에는 항상 주거시설이 곁들여 있었다. 그래서 풍수분야에서도 주거용도에 초점이 맞추어진 '양택풍수'라는 범주 내에서 모든 전통건축물을 다루어왔다. 전통건축의 용도별 풍수적용의 문제는 차치하고라도, 현대사회에는 주거용도와는 완전히 분리된 여러 용도의 시설이 생겨난 것에 대해서는 인정하지 않을 수 없다. 주거용도에 있어서도 과거와는 전혀 다른 주거형식인 아파트가 있고, 그것의 집합으로 이루어지는 마을 단위의 아파트촌이 형성되었다. 그래서 전통풍수이론인 '양택풍수'의 내용만으로는 더 이상 이러한 다양한 용도에 대해 대응하기 어렵다. 각 용도에 걸 맞는 용도풍수적 이론이 제시되어야할 필요성이 제기되고 있는 것이다.

현대풍수이론의 정립, 즉 각 용도에 적합한 용도풍수의 시작을 어디서부터 해야 할 것인가? '아파트 풍수'에서 시작하고자 한다. 이 책에서 다루는 아파트 풍수에서는 이해도를 높이기 위해서 전통마을의 풍수, 반가주택의 건축과 풍수를 많이 거론하고 있다. 새로운 이론이라고 하더라도 법고창신法古創新이나 온고지신溫故知新이 되어야 함은 당연한 것이다.

'아파트 풍수'는 '우리시대에 맞는 풍수이론의 정립'에 대한 하나의 결과물이다. 본 책에 등장하는 '양생풍수', '용도풍수' 등의 용어는 과거 어느 풍수고전에서도 등장하지 않는 신조어이며 일종의 밈meme이 될 것으로 기대하고 있다.

『황제택경』에서 "집은 사람의 근본이며, 사람에게 집이란 바로 가문의 성공을 좌우하는 것이다. 거처가 편안하면 대대손손 발전할 것이요, 불안하면 가문이 쇠퇴할 것이다."라고 하였다. '집은 살아있다.' 살아있는 것으로 보는 것에서 풍수는 시작된다. 아파트는 단순히 소유나 투자대상인 부동산이 아니라, 우리의 '삶'을 담은 그릇이다. 그래서 그것을 건립하고 '소유'하는 것 외에 '관리'가 중요해지는 것이다.

이 책에서는 아파트라는 용도에 대해서 있는 그대로 파악하고, 주변의 건물들에 의해서 생성되는 살기殺氣에 대응하는 방법, 양생의 방법을 다루고 있다. 또한 아파트의 구성요소를 7가지로 구분하고 각각을 전통반가주택의 4대 구성 요소와 비교하면서 각각의 특성과 적절한 분위기 만드는 법, 그리고 아파트에서 나침반을 놓고 판단하는 방법, 마지막으로 풍수를 분양광고에 활용하는 방법을 다루고 있다. 풍수에 관심이 있는 분들에게도 고리타분한 풍수가 아니라 현대풍수의 개념을 알고 싶다면, 이 책에서 말하는 '아파트 풍수'로부터 시작해보기를 권한다.

이 책이 나오기까지 응원해주시고 도와주신 분들이 많다. 특히 귀중한 사진을 조건없이 사용할 수 있도록 제공하고 허락해주신 분들에게 감사드린다. 부적의 그림을 그리고 원고 교정에 도움을 준 두 딸에게도 고맙다. 엉클어진 문장을 가지런히 정리해준 출판사 관계자들에게도 감사드린다.

저자 조인철

차례

머리말 4

|제1장| 아파트와 풍수 _ 9

1. 아파트의 탄생   10
2. 사람들은 아파트에서 잘 살고 있는가?   17
3. 풍수로 보는 아파트   42
4. 이것만은 설계단계에서 해결하자!   51

|제2장| 좋은 아파트란? _ 55

1. 청담과 풍석의 살기 좋은 곳 찾기   56
2. 아파트 자리로 피해야 할 곳   61
3. 여기에 자리한 아파트는 어떤가?   68
4. 도로와 주차장의 풍수   79
5. 아파트 단지와 세대의 풍수   88
6. 계단식과 복도식 아파트의 풍수   104
7. 몇 층 · 몇 평의 아파트에 살 것인가?   109

|제3장| 아파트의 뷰View와 풍수 _ 115

1. 뷰를 풍수로 탐색하다   116
2. 산봉우리가 보일 때   120
3. 건물이 보일 때   129
4. 도로가 보일 때   132

|제4장| 아파트세대의 구성요소와 풍수 _ 135

1. 현관玄關(Entrance) — 136
2. 거실居室(Living Room) — 146
3. 부부침실(안방, Bedroom) — 152
4. 공부방(건넌방, 아이들 방, Study Room) — 157
5. 주방(부엌, Kitchen) — 160
6. 화장실(욕실, Bathroom) — 168
7. 발코니(Balcony, Veranda) — 170
8. 아파트 인테리어 풍수, 어떻게 하지? — 174

|제5장| 아파트의 향을 보다 _ 185

1. 남향의 아파트와 동향의 아파트 — 186
2. 나침반으로 좌향 측정 — 188
3. 우선, 살기殺氣의 방위에 대해 대비하자! — 190
4. 자손번창, 명예중시, 부의 축적 — 193
5. 양택삼요법의 적용 — 195
6. 현공구성법의 적용 — 198
7. 손 없는 날, 대장군방의 산정 — 205
8. 수험생이 있으면 방을 바꾸어주라! — 206

|제6장| 아파트 분양광고에서 풍수활용 _ 213

1. 터의 역사성 활용 — 214
2. 단지배치를 명당으로 풀다 — 216
3. 옥녀가 머리카락을 풀어 헤치다? — 222
4. 풍수그림과 스토리텔링 — 240

부록(Check List/부적) 244 / 참고문헌 247 / 찾아보기 251

제 1 장

아파트와 풍수

제1장

아파트와 풍수

1. 아파트의 탄생

아파트를 이해하기 위해서 우선 그 유래, 역사를 간략하게라도 한 번 살펴볼 필요가 있다. 아파트Apart(APT.)라는 것은 아파트먼트Apartment를 줄여서 부르는 것으로 조각조각[apart, 부사]이라는 뜻의 라틴어에서 유래했다고 한다. 고대 로마시대에 사람들이 성내城內에 밀집해서 살았는데, 3~4층 정도의 규모로 여러 세대가 모여 사는 '인슐라Insula'라는 서민층[lower or middle class]의 주택이 있었다고 한다. "인슐라Insula라는 라틴어는 그 복수어로 인슐래insulae라고 하며 그 의미는 섬island이라고 한다. 이 말은 로마시대에 고층 아파트의 주거와 연관된 것으로 도시전체의 건조경관建造景觀(the built landscape)에서 섬처럼 분리된 중정형식을 가진 것이었기 때문에 붙여진 명칭이다."[1] 즉, 어떤 독립된 하나

---

1 Roman domestic architecture : the insula, by Dr. Jeffrey A. Becker : In the Latin language, insula (plural insulae) means "island" and the term has been connected to the high-rise apartment dwellings of the Roman world, presumably since they rose like islands from the built landscape of the city. The insulae of ancient Roman cities provided housing for the bulk of the urban populace.
출처: https://smarthistory.org/roman-domestic-architecture-insula/

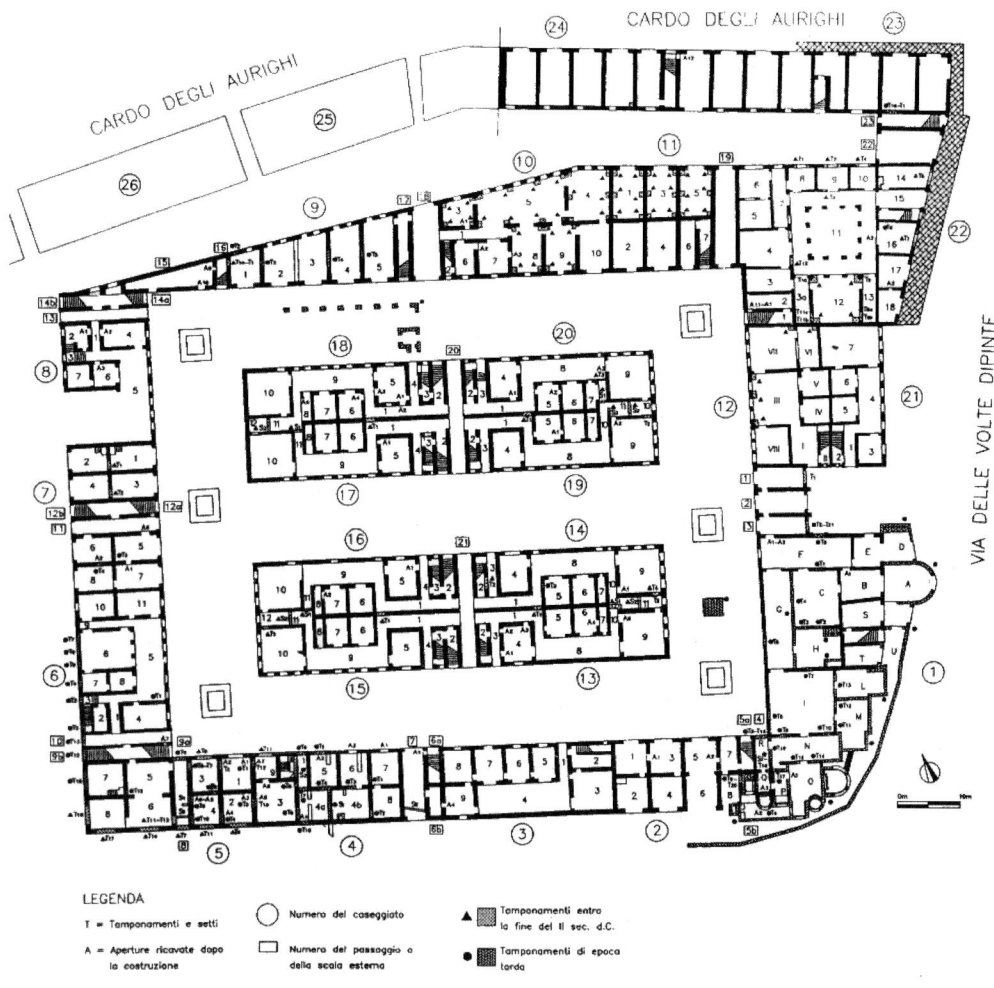

인슐라 1층 평면도
출처: Ostia: Plan of Regio III - Insula IX - Case a Giardino (Garden Houses)
https://smarthistory.org/roman-domestic-architecture-insula/

인술라(insula)
이탈리아, 피렌체, 2019년 촬영

의 건물로 된 집의 공간을 평면적, 단면적으로 조각조각 구분하여 여러 가구가 모여 있는 것을 말한다. 이를 공동주거의 시초로 본다. 4세기경의 로마의 자료를 보면 당시 44,850 동棟의 인슐래가 있었던 것으로 보고되고 있다.[2]

로마시대의 단독주거 형식으로 소위 도무스Domus라는 것이 있었는데, 이것은 소위 저택邸宅이라고 할 수 있는 것으로 인슐라와는 구분된다. 로마시대의 인슐래에서는 오늘날의 상황과는 달리 지층地層(ground level)이 로얄Royal층이었다고 한다. 지층이라고 할지라도, 광정光井(a light well)에 의해서 일조日照를 공급받는데 지장이 없었으며, 화재시 피난이 수월하였고, 구조 변경의 융통성이 더 많았으며, 특히 중요한 것은 도로에 바로 접해 있어서 상업적 용도로 활용할 수 있었다는 것이다.[3]

중국의 경우에도 19세기말이기는 하지만 소위 객가客家에 의해서 건설된 토루土樓라는 다층의 독특한 공동주거형식이 있다. 로마의 인슐라와 중국의 토루를 비교해보면 재미있는 점이 발견된다. 전자는 벽돌을 이용하여 외부벽체를 두껍게 쌓아올린 반면, 후자는 소위 슬라이딩폼sliding-form공법으로 흙을 채워 넣고 다져서 외부벽체를 두껍게 만들었다. 하지만 두 형식 모두 외부로는 폐쇄적이며 배타적인 형식을 띠고 있으나, 내부로는 개방적이고 공유하는 중정中庭을 두고 있으며, 세대 간의 벽체를 제외하고, 각층 내부의 바닥과 칸막이 벽체의 대부분을 목조木造로 하고 있다. 중국의 토루식 공동주택의 경우는

---

2   Roman domestic architecture : the insula, by Dr. Jeffrey A. Becker : A fourth century C.E. source, known as the Regionary Catalog, states that in the city of Rome there were 44,850 insulae and 1781 domus in 315 C.E. Glenn Storey observes that if these figures represent individual buildings, fourth century C.E. Rome had over 45,000 independent structures. 출처: 위 각주와 동일.
3   Roman domestic architecture : the insula, by Dr. Jeffrey A. Becker : The apartment block differs significantly from the townhouse (domus). The domus is essentially a dwelling for a single, extended family unit, while the apartment block contains multiple units. The top-to-bottom arrangement of the Roman apartment block was the inverse of what is true in the twenty-first century: in the Roman world the best apartments were located at ground level, while the lower quality (and more squalid) units were to be found on the upper floors of the structure. There is a good deal of variation in terms of the organization of the structures themselves. Frequently the entire structure centers on an open courtyard which also serves as a light well for the lower floors. The spaces fronting on the street itself were often used for mercantile functions. 출처: 위 각주와 동일.

토루(土樓)
중국 福建省 南靖縣 下洋鎭 初溪村. 2009년 촬영

토루의 세대구분도
중국 福建省 華晏縣 仙都鎭 大地村 二宜樓. 1층에서 4층까지 기본 단위 세대가 차지하고 있다. 1층에 방이 4개가 있고 창고1곳 및 부엌1곳이 있다. 2층에 4개, 3층에 4개의 방이 있다. 4층에 방 2개와 거실[祖廳]이 있다. 2009년 촬영

토루의 세대별 방화벽 구분 중국 福建省 華晏縣 仙都鎭 大地村 二宜樓. 2009년 촬영

대체로 하나의 세대가 1층에서 4층까지 수직적으로 일괄 점유하는 형식을 취하고 있다.

  산업혁명이 일어나고 농경중심에서 산업중심이 됨에 따라, 세계 어디에서나 인구가 도시로 집중되어 주거문제가 사회문제로 크게 부각되었다. 한편, 건축분야에서는 재료가 벽돌이나 목재 중심에서 콘크리크로 일반화되고, 구조가 조적식이나 가구식에서 콘크리트 라멘식으로 변화하게 됨으로써 고층의 집합주거가 가능하게 되었다. 프랑스에서는 근대건축의 아버지라 불리는 르꼬르뷔제Le Corbusier(1887~1965)가 1960대의 인구집중으로 인한 주거문제를 해결하기 위하여 5개 도시[4]에 고층아파트형의 주거형식을 콘크리

---

4 다섯 개의 도시란 마르세이유(Marseille), 낭트(Reze Les Nantes), 포레(Briey-En-Foret), 베를린(Berlin),

프랑스 피흐미니 집합주거(1965) 르꼬르뷔제의 건축 5원칙 즉, 필로티(pilotis), 자유로운 입면(an open facade), 자유로운 평면(an open floor plan), 차양(a sun shield), 옥상정원(a rooftop terrace)이 적용된 아파트이다. 2024년 촬영

트 구조로 건립하게 된다.

    우리나라에서 최초의 아파트라고 하면, 여러 가지 이견의 소지는 있으나[5] 1961년 12월에 준공된 '마포아파트'[6]를 꼽는다.[7] 이후 아파트형 주거는 꾸준히 증가하여 이제는 누가 뭐라고 하더라도 아파트가 대표적인 주거형식이라고 할 수 있는 것이다.

    피흐미니(Firminy)를 말한다.
5 박철수, 『아파트의 문화사』, ㈜살림출판사, 2021, 7쪽. 서울의 을지로4가와 청계천4가 사이에 있는 주교동 230번지에 주식회사 중앙산업이 1956년에 건설한 중앙아파트가 우리나라에서는 제일 처음 만들어진 아파트……
6 박철수, 『마포주공아파트-단지신화의 시작』, 도서출판 마티, 2024. 참조.
7 위의 책, 8쪽, …마포아파트가 오늘날 도농(都農)을 불문하고 지천으로 널린 아파트단지의 전형이 되었다는 점에서 1962년에 도화동에 만들어진 마포아파트는 '단지식 아파트'의 최초사례로 볼 수 있다. (1961년 12월에 준공되었다는 기록이 있으나, 입주기준으로 1962년 건립으로 표기되기도 한다. 필자주)

2. 사람들은 아파트에서 잘 살고 있는가?

1) 공동주택, 브랜드화 된 아파트

아파트는 건축관련법상 공동주택으로 분류되는 용도이다. 그렇다면 과연 '공동주택'은 무엇을 말하는가? 공동주택은 〈주택법〉에서 정의하고 있는데, '건축물의 벽·복도·계단이나 그 밖의 설비 등의 전부 또는 일부를 공동으로 사용하는 각 세대가 하나의 건축물 안에서 각각 독립된 주거생활을 할 수 있는 구조로 된 주택'[8]을 말한다. 그리고 그 중에서 '아파트'는 〈건축법〉에서 '주택으로 쓰는 층수가 5개 층 이상인 주택'[9]으로 한정하고 있다.

아파트라는 주거형식을 풍수적으로 논한다고 할 때, 하나의 촌락으로서 전통마을처럼 다룰 것인가? 아니면 중국의 토루土樓처럼 단일 동별로 생각해야할 것인가? 토루도 〈주택법〉의 정의에 비추어 생각해 본다면, 건축물의 일부를 공동으로 사용하고 각 세대가 독립된 주거생활을 하는 '공동주택'이라고 해야 할 것이다. 중국 복건성福建省 초계촌初溪村 등의 토루에서 볼 수 있듯이 각각의 동별로 집경루集慶樓, 석경루錫慶樓, 복경루福慶樓, 선경루善慶樓 등의 동명棟名(건물명)이 붙어 있고, 그것들이 모여서 하나의 마을을 구성하고 있다. "한 마을里이란 300보 거리의 지형에 모여 있는 25가구정도의 취락으로서 사당이 있고 전야田野의 농경지를 낀 씨족공동체이다."[10]

한국의 아파트는 동별로는 101동이니 108동이니 하는 숫자를 사용하지만, 아파트 단지단위로는 건설회사의 이름을 따서 대림아파트, 현대아파트, 건영아파트 등의 명칭을 붙이는 경우가 많았다. 최근에는 자동차와 같이 일종의 공산품처럼[11] 아파트에 특정 브

---

8   주택법 제2조(정의) 3호 참조. 2024. 1. 18.
9   건축법시행령 별표1. 2항의 가목 참조. 2024. 2. 17.
10 김용옥, 『노자철학이것이다』, 도서출판 통나무, 1989, 260쪽.
11 박철수, 앞의 책, 2021, 61쪽. 한 가족을 위해 어떤 공간을 구상할 것인가는 제품기획이라는 말로 대체되었으며, 안식처로서의 집을 구해 들어갈 사람들은 본의아니게 소비자로 치부되고 건설업체의 분양실적을 높인 사람들에게는 판매왕이라는 칭호가 붙어 다닌다. 마치 구두나 옷 혹은 학용품과 같은 종류의 물건처럼 집이 취급되고 상품으로서의 의미만이 더욱 강조되고 있다.

토루의 배치사례
중국 福建省 南靖縣 下洋鑛 初溪村 배치도, 출처: 세계유산 등재신청서 133쪽.

랜드명을 붙여서 '래미안'이니 '아이파크'니 하는 명칭으로 부르고 있다.

이제, 어떤 자동차를 '소유'하느냐와 마찬가지로 어떤 브랜드의 아파트를 가지고 있느냐가 부富의 척도가 되었다.[12] 심지어 앞에서 말한 건설회사의 이름을 가지고 있던 아파트들도 앞 다투어 브랜드 이름으로 변경하는 현상이 많이 나타나고 있다. 예나 지금이나

---

12 채완, 「아파트 이름의 사회적 의미」, 『사회언어학』 제12권 1호, 한국사회언어학회, 2004. 6, 252쪽. 아파트 상표명에는 현대 한국인이 원하는 삶의 모습이 투영되어 있다. 상품명에 사용된 어휘의 의미 빈도순에 따라 정리해보면, 현대 한국인은 자연 친화적 환경에서, 신분 상승의 꿈을 안고, 지성적이고 첨단적이고 예술적인 생활을 원하며, 가정의 행복이 제일이라는 건전한 생각을 가지고, 꿈과 희망을 잃지 않으며, 기회가 된다면 부자가 되고 싶어 하며 살고 있다.

'잘 살고 못 사는 것'은 삶의 질에 의해 평가되는 것이 아니라 경제적으로 얼마나 부유한지로 판가름되고 있는 것이다. 어릴 때의 기억으로도 '그 집 잘 산다'고 하면 곧 그 집이 부잣집임을 지칭하는 것이었다. 요즈음은 더 나아가 '어디에 있는 어떤 브랜드의 아파트에 거주하느냐'로 '잘 사는 집'인지 '못사는 집인지'가 판가름되고 있는 것이다. 이런 측면에서 보면, 두 말 할 것 없이 '좋은 아파트'란 비싼 아파트인 것이다.

좋은 아파트란 어디를 말함인가? 물어볼 필요도 없고 따질 필요도 없이 일반적으로 말해서 비싼 아파트가 좋은 아파트이다. 물론 비싼 아파트가 좋은 아파트일 가능성이 높은 것이 사실이지만, 비싸지 않는 아파트도 좋은 아파트 일 수 있고, 비싼 아파트라고 해서 반드시 좋은 아파트라고 할 수는 없는 것이다. 또 누구나 비싼 아파트로 갈 수 있는 것도 아니기 때문에 비싼 곳이 아니면서도, 좋은 곳을 찾는 사람이 있을 수 있다. 차선책이기는 하지만, 좋지 않은 아파트를 어쩔 수 없이 선택하였다면 노력과 정성을 기울여 조금이라도 더 좋게 할 수는 있는 것이다.

주거에 있어서만큼은 우리가 '소유냐 삶이냐'의 문제를 따져보아야 한다. 살기 위해서 아파트가 있는 것인지, 소유하기 위해서 아파트가 있는 것인지를 생각해보아야 한다는 것이다. 어떤 경우에는 내가 비싼 자동차를 소유하고 있는 것이 아니라, 비싼 자동차가 나를 소유하고 있는 것 같은 생각이 들 수도 있는 것이다. 에리히 프롬은 소유에 대하여 '생존적 소유[Existential having]'와 '성격논리적 소유[Characterological having]'로 구분하고, 전자는 삶과 존재에 갈등을 일으키지 않지만, 후자는 필연적으로 갈등을 일으킨다고 하였다. 그의 주장이 다소 이상주의적 경향을 띠고 있기는 하지만, 그가 저서를 통해서 말하고자 하는 핵심은 '생존을 위해서 소유해야하는 것이지, 소유하기 위해서 존재하는 삶이 되어서는 안 된다'는 것이다. 만일 '소유가 삶의 목적'이 된다면, 우리 인간도 같은 물건이 되며, 그러한 존재는 삶이 아니라 죽음과 같은 것이 된다는 것이다.[13]

---

13 에리히 프롬, 김진홍 역, 『소유냐 삶이냐』, 기린원, 1989, 104쪽. '소유양식(소유를 추구하는 삶, 필자 주)'에 있어서는 나와 내가 가지고 있는 것 사이에는 살아있는 관계가 없다. 그것과 나는 물건이 되어 버리며 나는 그것을 내 것으로 할 수 있는 '힘'을 가지고 있기 때문에 그것을 '소유'하고 있는 것이다. 그러나 또한 역(逆)의 관계도 성립한다. 〈그것이 나를 소유하는 것이다.〉 나의 주체의식, 즉 정신이 내가 〈그것을〉(그 밖에 될수

인간 생존에 있어서 소유하고, 유지하고, 관리하고 어떤 것을 사용하는 것이 필요하다. 육체, 음식, 안식처, 옷가지, 이러한 필요한 것들을 만들 수 있는 도구가 이에 해당된다. 이러한 형식의 소유를 '생존적 소유(existential having)'라고 할 수 있다……. 그것은 생존하기 위해 추구된 것으로 '성격논리적 소유(characterological having)'와는 비교가 되는 것이다. 생존적 소유는 삶과 갈등을 일으키지 않지만, 성격논리적 소유는 갈등을 일으킨다. 정의롭고 성스러운 사람은 생존적 소유를 원하지만, 대개의 보통사람들은 생존적 소유와 성격 논리적 소유를 모두 원한다.[14]

한편, 소유에 목적을 둔 삶은 사람이 물건을 소유하는 것이 아니라, 물건이 사람을 소유하는 역전현상이 발생할 수 있다는 것이다. 이렇게 되면 '사람도 소유물건'이 되고 '물건도 소유물건'이 된다. 사람이 사람을 물건처럼 소유하게 되면, 착취의 관계가 이루어진다. 남자가 여자를, 여자가 남자를 소유하고 서로를 착취하게 되고, 상하급자가 서로를 착취하는 관계가 된다는 것이다. 인간의 끝없는 소유욕은 자연마저도 소유물로 다루어서 착취한 나머지 자연이 복구불능의 상태에 이르게 되었고, 이제는 자연의 역습이 진행되고 있는 것이다. 그는 이러한 '소유목적의 삶'은 자신을 불행하게하고 파괴할 뿐 아니라 인류전체를 위험에 빠뜨리는 것이라고 경고하고 있는 것이다.

아파트단지는 하나의 성城이다.[15] 어떤 이에게는 다가갈 수 없는 '미지의 성'일 수 있고,

록 많은 것들을) 소유한다는 사실에 의존하고 있기 때문이다……. 그것은 목적어와 주어를 모두 〈물체〉로 만들어 버린다. 그 관계는 살아있는 관계가 아니며, 죽어있는 관계이다.

14 Erich Fromm, *TO HAVE OR TO BE*, CONTINUMM, NEW YORK, 1977, pp. 69~70. Existential Having :⋯⋯ for human existence requires that we have, keep, take care of, and use certain things in order to survive. This holds true for our bodies, for food, shelter, clothing, and for the tools necessary to produce our needs. This form of having may be called existential having because it is rooted in human existence. It is a rationally directed impulse in the pursuit of staying alive—in contrast to the characterological having⋯⋯Existential having is not in conflict with being; characterological having necessarily is. Even the 'just' and the 'saintly', in as much as they are human, must want to have in the existential sense—while the average person wants to have in the existential and in the characterological sense.

15 Franz Kafka, 김덕수 역, 『성(城)』, 홍신문사, 1993, 378쪽. [작품해설] K는 마을에 정주(定住)하면서 성에 들어가기 위해 끊임없이 노력하지만, 여러 가지 장애로 인해 쉽게 뜻을 이루지 못한다. …성의 고관인 클람과 직접 대면하지 못한 K는 신사관에서 클람의 비서와 만나 목적 실현이 가까워지지만, 지치고 피로하여 결국 목적을 이루지 못하고 만다. 정체불명의 사람들, 이상한 분위기에서 탈피하여 K가 끊임없이 도달하려고 하

어떤 이에게는 자신의 '권위'를 나타내는 궁宮인 것이다.[16] 성내에 있는 사람은 '권력과 재산을 가진 자'이고, 성 밖에 있는 사람은 '가지지 못한 자'인 것이다.

> K의 눈에 맑은 공기 속에 윤곽도 뚜렷하게 성이 보였다. 눈의 얇은 층이 전면적으로 고르게 쌓여있어서 모든 물체의 형상을 있는 그대로 그려내고 있었다. …적어도 여기서는 산 위의 모든 건물이 자유롭고 경쾌하게 솟아있는 것처럼 보였다. …탑 하나가 K의 눈에 띄었으나 주택건물의 일부인지 아니면 교회의 그것인지 구별할 수 없었다. 까마귀 떼들이 이 탑을 빙빙돌고 있었다. …그러나 여기에 있는 탑은 눈에 띄는 단 하나의 탑이었다. 아마도 성의 주요부인 듯한데, 그 단조롭고 둥근 건물의 일부에 댕댕이 덩굴이 보기 좋게 덮여 있었다. 작은 창문들은 햇빛을 받아 번쩍거렸으며 그것은 무슨 착란적인 느낌을 주었다. 발코니 모양으로 생긴 것의 끝에 톱니처럼 뾰족 뾰족하게 달려있는 흉벽은 겁을 먹거나 또는 방종한 어린아이의 손으로 그려진 것처럼, 불확실하고 불규칙하게 부서지듯이 울툭불툭 윤곽을 나타내고 있었다. 마치 법의 제재에 의하여 집안의 가장 외진 방에 감금당해 있는 우수에 잠긴 거주자가 자기 자신을 세상에 드러내려고 지붕을 뚫고 가만히 몸을 일으킨 모습이라고나 할 수 있는 그런 모양이었다.[17]

는 이 성은 신의 은총의 집중장소이며, 성이 지배하는 마을은 성의 법칙에 복종하는 믿음을 가진 사람의 공동단체이다. 이 작품은 이러한 상황을 주인공 K와의 미묘한 엇갈림 속에서 비판적인 요소를 담아 표현했으며, 많은 사람들이 자유스러우면서도 확고한 생을 얻기 위해 노력하지만 이 생은 쉽게 얻어지지 않는다는 것을 여실히 보여주고 있다.

16 아파트 단지를 '우울과 자폐의 병리공간'으로 정의하는 학자도 있다. 박철수, 앞의 책, 2021, 12~20쪽. 참조.
17 Franz Kafka, 앞의 책, pp. 18~19.

성(城) 영국 Windsor Castle, 2019년 촬영

조선시대의 성 수원화성 창룡문과 옹성, 2011년 최우성 촬영

토루 외관 중국 福建省 華安縣 仙都鎭 大地村 二宜樓. 2009년 촬영

욕망의 성 아파트는 하나의 성(城)이다. 2024년 촬영

2) 마을의 역사 : 봉건제와 군현제에 의한 마을

아파트를 이해하기 위해서 아파트의 역사를 살펴본 것과 같이 아파트촌의 성격을 이해하기 위해서 마을의 역사를 살펴볼 필요가 있다.[18] 역사적으로 마을 즉 촌락의 형성과 발전은 인간이 무리를 이루어 삶을 영위하던 원시시대부터 따져야 한다. 촌락의 형식은 자연적 조건에 가장 큰 영향을 받는다고 할 수 있지만, 그 외에도 경제적, 기술적, 정치·문화적 요인에 의해 많은 영향을 받는다.

제러드 다이아몬드는 인간사회를 단순히 4가지로 분류하였다. 그것이 바로 무리사회, 부족사회, 군장사회, 국가사회이다.[19] 무리사회는 수십 명의 규모로 사회적 제도가 없는 평등주의적 체제이며, 굶어죽지 않기 위해 무리지어 떠돌아다니며 삶을 영위하는 집단이다. 부족사회는 수백 명의 규모이며 농경과 수렵채집을 겸할 수 있는 풍족한 환경에 정착하여 생활하는 사회이다. 군장사회는 수천 명 이상이며 집단의 우두머리인 군장이 통치하며 '무력을 동원'하여 복잡한 갈등을 해결하며, 필요한 것들도 충당하는 사회이다.

역사시대 이후에 중국의 마을제도[里制]를 규모에 관계없이 정치적 조건에 따라 구분한다면, 봉건제의 마을과 군현제의 마을로 구분할 수 있다.

"봉건封建이 천자가 그 일족 또는 공신功臣을 영주로 봉하여 토지인민을 주고 세습적으로 지배하게 하고 평시에는 공貢을 납納하고 전시戰時에는 원군을 내는 의무를 지게 하는 제도를 의미한다면, 군현郡縣이란 중앙정부가 지방을 지배하기 위하여 관리를 파견하여 지방장관으로 삼고 그를 끊임없이 직접 감독하는 중앙집권적 행정제도를 말한다."[20] 즉, "봉건제에서 군현제로 바뀌어 갔다는 사실은 인간의 역사가 '탈종교적' 방향으로 진행되지 않을 수 없도록 제반 삶의 제 관계를 결정짓고 있는

---

18 김용옥, 앞의 책, 1989, 256쪽. 나는 우리가 인류역사를 너무도 국(國)이나 읍(邑)이나 도(都)중심으로 (모두 고대사의 특수개념들) 기술해왔다는데 가장 거대한 거짓이 꾸며져 왔다고 생각하며 인류의 가장 진실한 역사, 그러니까 충적세 반만년의 가장 진실한 인간의 역사는 기실 '마을'의 역사라고 생각한다.
19 제러드 다이아몬드, 강주헌 역, 『총, 균, 쇠』, 김영사, 2024, 422~475쪽. 참조.
20 김용옥, 앞의 책, 1989, 각주15) 참조.

함수의 변화에 따른 점차적 과정(gradual process)이었다는 것을 의미한다."[21]

여기서 '탈脫 종교적'이 되었다는 것은 하나의 씨족사회에서 동일한 조상에게 제사지내는 종교의식이 무너졌다는 것을 의미한다. 또한 중국역사에 있어서 지방분권에서 중앙집권으로의 변화는 봉건제에서 군현제로의 변화라는 것으로 설명된다.[22] 게다가 춘추전국시대의 신현新縣의 개설은 노자老子[23]의 『도덕경』에 의한 정치철학에서 공자孔子[24]의 육경六經[25]에 의한 정치철학으로 넘어가게 되는 계기가 되었다. 한편, 유가적儒家的 도덕주의[26]는 법가적法家的 실리주의로 이행하지 않을 수 없게 전개되었던 것이다.

---

21 위의 책, 186쪽.
22 위의 책, 183~184쪽.
23 위의 책, 156쪽. 중국 고대사상에 무한한 상상의 영감을 불러일으키는 매력적인 문헌, 이『한서(漢書)』「예문지」가 말하고 있는 도가철학(道家哲學)의 정의로부터 우리는 라오쯔에 대하여 다음의 다섯 가지 사실을 미루어 짐작할 수 있다. 1)『라오쯔』의 저자는 원래 사관(史官)출신이다. 2) 라오쯔의 철학은 역사(古今)의 흥망성쇠와 화복의 이치를 역사적으로 기술하여 얻은 역사 경험적 지혜이다. 즉 역사철학(philosophy of history)을 근간으로 한다. 3) 라오쯔 철학은 군인(君人)이 남면(南面, 통치하다)하는 예술(기술), 즉 남면지술(南面之術)이 그 원래의 내용이다. 4) 라오쯔 철학의 제일 기본 개념은 "청허(淸虛)", "비약(卑弱)", "양겸(讓謙)"류의 것이며 원래 치정방법(治政方法)으로서 그 존재의의가 있었던 것이다. 5) 그런데 후대의 극좌파들이 라오쯔 철학으로부터 정치성을 배제해 버리고 사회적 도덕과 질서를 부정하는 극단적 기피주의(escapism)로 흘러 라오쯔 철학에 대한 그릇된 관념이 형성되었다.
24 위의 책, 214쪽. 산동성(省) 사오양 호수(邵陽湖)의 윗동네, 사수(泗水)의 안구비에 자리 잡고 있는 추읍(陬邑)에서 태어나 곡부(曲阜)에서 자라난 무당 顔氏女의 아들, 그 애비 叔梁紇이가 顔씨녀와 들판에서 야합(野合)해서 난 족보도 모르는 사생아 콩치우(孔丘), 앞 뒤 짱구대가리가 하도 심해서 대가리 꼭대기에서 축구게임이라도 할 수 있을 정도로 평평한 언덕(丘) 같이 생겼다고 해서 치우라고 이름을 붙인 공자(孔子), 그 이름대로 직역하면 공짱구가 될 것이니 얼마나 비천한 소생의 인간이었나 하는 것은 쉽게 상상이 간다.
25 위의 책, 216쪽. 육경(六經, 詩,書,禮,樂,易,春秋)의 등장은 이러한 생활양태의 변화에 수반된 문명은 인위성(artificiality)의 급증한 요구에 의하여 필연적으로 등장된 역사적 과정이며 이러한 '육예(六藝)'의 육경화(六經化)'없이는 제국문명을 건설할 수 있는 정신적 유대의 '풀'(social glue)이 생산될 수 없었던 것이다.
26 위의 책, 217쪽. 역사적 공쯔의 위대성은 바로 자기의 모랄리즘을 구현화시키는 방법론으로서 "사문(斯文)의 해석학적 정립"이라는 구체적이고 기초적인 작업을 수행했다는 사실에 있는 것이며 그것은 곧 육예(六藝)라는 교육커리큘럼의 정립을 의미했던 것이다. 다시 말해 공자(孔子)의 인학(仁學)의 가장 위대한 측면은 인간이 인간이 되는 것을 배우는 (learning to be human) 인문학(人文學)의 기초적 커리큘럼을 동아시아문화권에 있어서 최초로 형성시키려고 노력했다는 데에 있는 것이다.

토루의 종교시설 조당(祖堂)
중국 福建省 南靖縣 下洋鎭 初溪村 集慶樓, 2009년 촬영

토루의 조상신 사당
중국 福建省 華晏縣 仙都鎭 大地村 南陽樓, 2009년 촬영

"법가철학이란 인류의 역사가 분권에서 집권으로, 원시 혈연공동체에서 대규모의 비혈연 행정조직체로 바뀌어 가는 과정에서 자연적으로 발생한 사유체계이다…… 봉건제에서 군현제로의 이행이란 본질적으로 대지 위에 사는 인간들이 커뮤니티를 짓는 방식의 변화, 자기들을 집단화시키는 개념자체의 변화를 의미하는 것이며, 법가철학은 그러한 변화를 지향하는 방법론으로서 태어난 것이다."[27]

군현제 속에서도 토루와 같은 시설은 씨족이 모여 있는 경우로 동일한 조상의 후손들이며 비록 독립된 주거생활을 하고 있지만, 누구 집에 숟가락이 몇 개인지를 알 정도로 끈끈한 유대감이 있었던 것이다. 게다가 건축물의 형식 자체도 외폐내개外閉內開[28]의 형식으로 되어 있어서 외부세력에 대해서 매우 배타적이며, 공동으로 대항하는 체제를 갖추고 있다.

봉건제는 동서양의 차이가 있기는 하나, 지방의 제후들에게 봉토를 나누어 주고 일종의 지방 자치제와 비슷한 형식으로 자치권을 인정해주는 국가운영방식을 말한다. 한편, 군현제는 중앙정부가 행정제도를 수립하고, 특정관리를 파견하여 직접 관리하는 국가운영방식이다. 중국황제의 중앙집권에 의한 군현제의 한반도 실시사례가 바로 한사군漢四郡[29]의 설치라고 할 수 있다. 한편 조선시대의 거대 건축물의 하나인 객사客舍는 군현제[30]에 따른 대표적인 통치시설[31]이라고 할 수 있다.

27　위의 책, 190쪽.
28　과거의 마을들은 외부의 침입이나 전염병으로부터 마을을 잘 보호할 수 있는 풍수적 요건 즉, 사신사의 환포와 외부에 대해 배타적인 두터운 벽체가 건축의 형태를 좌우하였다. 그래서 밖으로 닫혀있고 안으로 열려있다.
29　한사군(漢四郡)은 한무제(漢武帝)에 의해 위만조선이 멸망하고 한반도 북부에 설치된 낙랑, 임둔, 현도, 진번의 사군을 말한다. 후에 진번 대신에 대방군이 설치되었다. AD 313년 고구려에 의해서 낙랑군의 멸망, 314년 대방군의 축출로 한사군의 시대는 막을 내리게 된다.
30　역사학자에 따라서 의견이 다를 수 있으나, 고려초기에 신라지역을 신라왕족에게 통치를 맡긴다든지, 중혼(重婚)에 의한 처가일족에게 성씨(姓氏)를 하사하고 지방의 통치를 맡긴 것을 봉건제의 사례라고 할 수 있다. 또, 조선시대에 와서 중요한 지역에 목사를 파견하여 관리하게 하는 것을 일종의 군현제의 사례라고 할 수 있다.
31　지방관리인 목사 외에 중앙의 관리가 관리감독차 지방에 내려왔을 때 머물 숙소임과 동시에 국가적으로 중요한 날에 왕이 있는 방향을 향해서 예식을 치르는 곳이다. 지방의 목사의 거처나 업무시설에 비해서 규모가

나주객사 금성관(錦城館) 2018년 촬영

　우리나라 촌락의 유형에 대해서 다른 방식으로 논한 것을 살펴볼 필요가 있다. 촌락의 시대별 유형을 원시시대에는 씨족촌氏族村, 통일신라시대까지 평인촌平人村, 고려시대에는 백성촌百姓村, 조선초기까지 사족촌士族村, 조선후기에는 동족촌同族村으로 구분할 수 있다는 것이다.³² 여기서 씨족촌이란 촌락의 주도집단이 혈연에 기초한 씨족집단이다. 평인촌은 '신라촌장적新羅村帳籍'이라는 공문서에 근거하는데, 촌민을 구성하는 대부분이 평인이라는 것이다.³³ 백성촌은 고려를 건국한 왕건이 지역에 기반을 둔 호족에게 성씨³⁴

　　더 크고 웅장하다. 객사는 예제건축의 사례이다.
32　강순돌, 「한국 전통촌락의 형성과 발달에 관한 소고」, 『문화역사지리』 제16권 제1호, 문화역사지리학회, 2004.4, 3쪽. 한국의 전통촌락을 시대에 따라 5개의 유형으로 정리해보았다. 이를 테면 선사시대에서 고대국가 신라에 이르는 시기에는 씨족집단에 의한 씨족촌, 통일신라시대에는 평인집단에 의한 평인촌, 고려시대에는 본관제 성씨집단에 의한 백성촌, 조선 전기에는 양계 친족 사족에 의한 사족촌, 조선후기에는 부계 친족 사족에 의한 동족촌 등의 촌락이 그것이다.
33　위의 논문, 4쪽. 신라촌장적에 나타나는 촌민은 대부분 신분적으로 평인이었다. 평인이 아닌 신분으로는 노비와 촌주가 있다. 노비의 구성비율은 5.4%에 불과하고, 장적에 나타나는 4개촌 가운데 1개의 촌에만 행정촌의 촌주가 있었던 것으로 보아 촌락에서의 주도 집단은 평인이었음을 알 수 있다.
34　김용옥, 『여자란 무엇인가?』, 도서출판 통나무, 1987, 122쪽. 성(姓)은 조상의 혈통을 통괄적으로 말하는 것이고, 씨(氏)는 성(姓)보다는 하위개념으로 일성(一姓)내에서의 계통의 종별을 표시하는 호칭이라고 보

를 부여하고, 해당 지역에 일정부분의 자치제를 허용하는 봉건제를 실시하면서 생겨난 촌락이다.[35] 사족촌[36]은 조선초기의 사족들의 이거移居와 정착과정에서 발생한 이성잡거異姓雜居의 촌락을 말한다. 조선후기의 동족촌[37]은 조선후기의 동성동본同姓同本의 사족촌인 것이다.

3) 조선시대 동족마을과 현대의 아파트촌

조선시대 동족마을의 경우도 비록 단독주택이 모여 있는 경우이기는 하지만, 크게 보면 하나의 보국保局으로써 사신사四神砂가 영역성을 확보해주고 있는 경우가 많다. 조선후기 각종 사화士禍, 두 번의 병란兵亂을 거치면서, 사족들은 자신과 종족의 보전을 위해서 안전과 번영을 보장할 수 있는 곳에 자리를 잡았던 것이다.

이러한 경향을 뒷받침하는 저서가 바로 이중환李重煥(淸潭, 1690~1756)의 『택리지』와 서유구徐有榘(楓石, 1764~1845)의 『임원경제지』의 「상택지」가 있다.[38] 이러한 저서는 그 내용에 있어서 풍수를 위주로 다루고 있지는 않는다고 할 수 있지만, 결국 환란으로부터 안전한 곳이 바로 풍수적으로 좋은 곳이 된다는 점을 거론하고 있다는 점을 부정할 수 없다.[39]

　　　는 것에 대다수의 의견이 일치한다. 따라서 성(姓)은 있어도 씨(氏)가 없을 때가 있으며, 씨(氏)는 귀천(貴賤)의 신분에 따라 귀한 자에게는 씨(氏)가 있으나 천한 자에게는 씨(氏)가 없다. 우리나라의 용례에 비유하면 '광산(光山) 김(金)'이라고 할 때 광산(光山)이 씨(氏)이고 김(金)이 성(姓)에 해당된다고 보면 될 것이다.

35　강순돌, 앞의 논문, 4쪽. 후삼국을 통일한 태조는 당시 지방세력에게 성씨를 부여한 토성분정정책(土姓分定政策)을 실시하여 지방사회를 국가의 지배질서 속에 편제시키려 하였다. 여기서 토는 지연, 성은 혈연이란 뜻이다.
36　위의 논문, 6쪽. 자녀균분상속과 그에 따른 처가 또는 외가 촌락으로의 이주로 사족들이 주도하는 촌락이기는 하지만, 여러 성이 한데 어우러져 거주하는 양계친족에 의한 이성잡거(異姓雜居) 촌락이었다.
37　위와 동일. 동족촌의 형성 시기는 새로운 종법질서가 정착되는 즉 내외친이 망라되는 양계친족에서 장자중심의 부계친족으로의 변화가 보편화되는 17세기 중엽 이후의 일임을 인정할 때, 그 결과로 나타나는 종족촌의 형성 시기는 이 보다 150~200년 늦을 것으로 보았다.
38　이중환의 『택리지』에 대한 여러 번역서가 나와 있고, 서유구의 『임원경제지』는 워낙 방대한 저서이다 보니 부분적으로 번역이 진행되고 있는 중이다. 특히 건축과 풍수에 대한 부분은 「상택지」로서, 서유구, 임원경제연구소 역, 『임원경제지 상택지』, 풍석문화재단, 2019. 참조.
39　강순돌, 앞의 논문, 11쪽. 결국, 전란과 사화로 인하여 불안을 느낀 사족들이 이것을 피할 안전한 장소를 물색하게 되었는데, 이에 중요한 기준으로 작용한 것이 풍수지리사상이었다. 그들은 풍수지리에 근거해 길지를

조선의 동족마을은 사신사의 산줄기로 둘러싸인 공동체사회로서 하나의 아주 큰 토루라고 할 수도 있다. 동족마을의 형성과 토루의 건설은 그 마을의 구성원이나 입주민의 협동심協同心으로 이루어진다. 그래서 공동체 의식이 강하고 집이나 마을에 대한 애착심이 매우 강한 것이 특징이다.[40]

촌락을 조성하는 자와 그곳에 사는 촌민이 동일한 것은 대체로 '자연취락'이라고 할 수 있고 서로 다른 경우의 그것은 '인위취락'인 경우가 많다고 할 수 있겠다.

> "지금 서울 강남에 현존하는 다양한 아파트촌村(마을)과 같은 경우는…자연취락은 아니다. 우선 지리적地理的 자연성에 별로 구애되지 않으며 훼밀리(가정)라는 것 이외에는 기본적으로 어떤 족제적族制的 연대성이나 규제성이 거의 존재하지 않는다. 한마디로 '자연취락의 기본특성인 지연성과 혈연성이 모두 파괴' 된데서 비로소 발생하는 취락형태들이다. 나는 이런 취락형태를 통틀어 인위취락人爲聚落이라는 포괄적 개념으로 처리한다. 다시 말해서 자연취락自然聚落과 인위취락人爲聚落의 양상兩相개념(두개의 상호연관을 갖는 개념)이야말로 우리가 논의해온 인류人類의 이제사里制史의 가장 보편적이면서 통시성과 공시성이 구분이 되지 않는 지속적 개념이다."[41]

사실, 동족마을은 어머니와 같은 곳이었다. 그곳에서 태어나고, 자라고 그곳에 묻힌다. 비록 산업사회가 되면서 학업을 위해서, 출세를 위해서 그 고향故鄕을 떠나 대도시로 나가기는 하였지만, 결국 돌아가고 싶은 곳, 죽어서 묻히고 싶은 곳은 그곳이었다. 그곳은 어머니의 품·자궁 같은 곳[42]이며, 인생의 시작점임과 동시에 종착역인 것이다.

선택한 후 한동안 물과 경지의 확보의 안전성을 확인한다. 그런 연후에 그 장소를 거주화하면서 촌락을 형성한다.
40 위의 논문, 6쪽. 동족촌은 ① 지리적 환경 및 경제적 조건을 공유하는 지연체(地緣體)이면서, ② 동질성과 특수성을 갖는 생활문화공간이며, ③ 행정체계상으로는 군현(郡縣)-면(面)-리·동·촌(里·洞·村)으로 연계되는 말단 사회조직이고 끝으로 ④ 혈연과 신분적 구성체인 것이다.
41 김용옥, 앞의 책, 1989, 300쪽.
42 오선영, 「연풍면 주진리 은티의 마을 풍수와 마을제당」, 『미래무형유산 발굴·육성사업 학술대회 자료집-괴산의 마을풍수와 마을제당』, 국가유산청·충청북도·괴산군·충청북도 문화재연구원 공동주최, 2024. 7.3, 64쪽. 희양산 아래 평지 마을의 땅은 여인의 자궁 모양을 그대로 닮아있다. 그래서 다른 마을사람들은

아파트 재개발지역 사례 인천가정오거리. 가정동 뉴타운이 조성되면 기존의 이런 길과 흔적은 모두 없어진다. 2009년 촬영

아파트촌의 형성과정을 살펴보면, 이미 시작부터 토루나 전통씨족마을의 형성과는 매우 다른 방식인 것이다. 토루나 전통씨족마을이 자연취락을 형성한 것이라면, 특히 도심 내의 재개발은 혈연지연과는 확실하게 별개인 전문가 집단 또는 건축가에 의해서 기존의 가로를 지워버리고 조성하는 '인위취락'인 것이다.

도심지 재개발에서는 기존과는 전혀 다른 도로체계와 다른 주민으로 교체된다. 물론 도심의 산동네 같은 곳의 개발 시에는 그곳에 살고 있었던 주민에게 일부 입주권을 주기도 한다. 하지만, 입주권을 받았다고 하더라도 정작 그곳에 살았던 저소득층의 사람들의 입장에서는 감당할 수 없는 수준의 주거가 들어서는 것이므로, 결국 정든 곳에서 쫓겨날 수밖에 없는 것이다. 그곳은 일정 수준의 재력財力이 있는 외지인으로 교체 또는 점령이

은티를 '자궁동네'라고 말한다. 은티마을이 풍수상 자궁혈이라는 것에 대해 이의를 제기할 사람은 없다.

된다. 재개발이 된 그 곳은 이미 넘보기 어려운 군건한 성城이나 궁宮이 되는 것이다.

> 문헌에 나타나고 있는 신현新縣개설에 관한 수없는 사례를 종합해보면 대체로 다음의 두 가지 유형이 있음을 발견한다. 하나는 타국他國이었던 일부의 점령지에 자국自國의 민民을 이주시켜 거기에 새로운 현縣을 설치하는 유형이며 또 하나는 자국 내의 황무지(변경이거나 내지內地이거나 상관없다.)에 타국他國의 민民을 유치시켜 개간하고 농경을 하게 함으로써 신현新縣을 개설하는 유형이다……. 이 양자兩者 중에서 특히 후자의 경우엔 완전히 새로운 취락의 인위적 형성이 예상되는 것이다.[43]

결국, 철거민의 입장에서는 시행자가 '타국他國이었던 일부의 점령지에 자국自國의 민民을 이주시켜 그기에 새로운 현縣을 설치하는 유형'과 동일한 상황이 된다. 즉, 아파트촌은 전통씨족마을이나 토루처럼 협동심으로 조성되는 것이 아니라, '최대이익의 창출'이라는 목표를 가진 건설회사에 의해서 세워지는 것이다. 재개발 아파트 건설의 초창기에는 여러 곳에서 이에 반대하는 철거민의 강렬한 저항에 부딪치기도 하였다.[44]

그 외에 농경지나 임야를 개발하여 택지를 조성하여 신도시를 만드는 경우는 '자국 내의 황무지에 타국의 민을 유치시켜 신현新縣을 만드는 유형'에 속한다. 중앙집권시대의 신현을 만드는 방식은 현대의 '논두렁아파트'를 만드는 것과 같다. "논두렁아파트는 지역적 특성에 맞는 계획적인 농촌지역개발을 저해하는 주된 요인으로 농촌지역으로의 비경제적인 도시확산이라는 부작용과 더불어 지역의 경관 황폐화와 경작기반의 와해를 부추긴다. 공익에 대한 사익의 침탈인 것이다."[45] 이러한 점에서 중앙집권시대의 신현의 건설과 현대의 논두렁 아파트의 건설은 모두 폭력적인 것이라고 할 수 있다.

---

43 위의 책, 314쪽.
44 박철수, 앞의 책, 2021, 54쪽. 아귀다툼의 현장, 재건축아파트 : 조합과 건설사에 의한 아파트 재건축은 결국 주민의 기대이익이 분출하는 욕망의 현장이라 할 수 있다. 공공의 개입이 거의 없다고 할 수 있는 아파트 재건축사업은 따라서 거주자들의 반목과 이해충돌을 야기하였고, 각종 폭력사태가 빚어지는 등 돈에 대한 욕망의 끝없는 분출구로서 자리하게 된다.
45 박철수, 앞의 책, 2021, 64~65쪽.

동족마을 사례 경북 달성군 묘골마을. 사신사로 둘러싸인 순천박씨 씨족마을이다. 2015년 촬영

묘골마을 육신사(六臣祠) 마을의 가장 높은 곳에 위치하고 있으며 순천박씨 박세당을 비롯한 사육신 여섯 분의 위패를 모시고 제사를 지내는 곳이다. 2015년 촬영

하회마을 경북 안동. 사신사를 대신하는 낙동강으로 둘러싸인 풍산류씨의 동족마을이다. 2013년 촬영

우리가 사는 아파트라는 공동주택은 구조방식이나 이동의 빈도를 볼 때, 우리는 현대적 유목민[46]으로서 여행과정의 어떤 행선지에 있는 호텔과 같이 인생여정에서 거쳐 가는

---

46 위의 책, 14쪽. 스스로는 여전히 '아파트'를 성냥갑이요, 회색의 콘크리트 덩어리이자 갑갑증을 느끼게 하는 주거공간이라고 불평을 하면서도 아파트가 주는 생활의 편리성과 환금성(換金性)에 발목이 묶여 아파트를 대량으로 소비하는 주체로 나서고 있는 것이다. 무슨무슨 빌이니 이런저런 타운이니 혹은 여차저차한 파크니 하는 이름을 좇아 뭉칫돈을 들고 이곳저곳을 기웃거리고, 화려한 가짜집인 모델하우스가 문을 여는 날이

중간과정의 하나의 숙소일 뿐이다. 설사 그곳이 내가 태어난 동네라고 하더라도 그곳은 동족마을의 고향처럼 시작, 시초라고 인식되지 않으며 원초적인 귀향본능을 불러일으키지도 못한다.

4) 아파트촌의 성격에 따른 제도적 장치

아파트촌은 그 성격상 무리사회도 부족사회도 군장사회라고도 할 수 없다. 또한 지방제후가 통치권을 가진 봉건제의 촌락이 아니며, 황제나 왕이 통치권을 가진 군현제에 의한 마을도 아니다. 그렇다고 동족마을도 아니다.

주민 개개인이 자율권을 가진 자유민주주의체제에 의한 마을인 것이다. 굳이 말하자면 통일신라시대의 평인촌 또는 이성잡거異姓雜居의 마을이라 할 수 있겠다. 다만, 그 당시 보다는 훨씬 거주 이전의 자유가 보장되는 그런 마을이다. 반면에 자급경제가 아니라 철저히 교환경제에 의해서 유지되는 곳으로, 상대적으로 공동체의식은 현저히 낮은 마을인 것이다.

한때, 직업군에 따라 무리를 이룬 아파트가 있었다. 그 대표적인 것이 군인아파트, 기자촌 아파트,[47] 교수촌 아파트, 공무원아파트, 특정 회사의 사원아파트 같은 것이 있었다. 동일한 직업군의 집합주거는 내용상 또는 형식상으로 비슷한 사람이 모여서 산다는 점 때문에 공동체 의식을 강화한다는 장점도 있지만, 근무시간 외에도 서로 간의 눈치보기 내지는 간섭, 착취의 관계가 형성되는 단점이 있을 수 있다. 지금은 일부 군인아파트나 사원아파트를 제외하면, 이렇게 직업군에 따라 무리를 이루는 경우를 찾아보기란 쉽지 않다.

면 구름같이 몰려든 사람들을 향해 사모님과 사장님을 외쳐대는 꽃미남들의 빨간 혀에 귀를 기울이는 떠돌이 유목민이 곧 우리의 자화상이 되고 말았다.

47 기자촌은 서울특별시 은평구 진관동에 있던 1969년부터 1974년까지 기자 전용으로 조성된 주택단지를 부르던 이름이다. 현재는 지명으로 그 이름이 남아 있다. 1970년대, 박정희 대통령은 서울특별시 은평구 진관동에 기자 전용 주택들을 만들고, 그곳으로 기자들을 이주시켰다. 출처: 위키백과.

층간소음 방지 포스터
2024년 촬영

'아파트 통행 방해주차'로 검색
2024년 구글 검색

 아파트촌은 토루나 전통씨족마을과 비교할 때 다른 세대에 대한 배려심이나 관심도가 현저하게 낮은 집단인 것은 틀림이 없다. 특히, 공유부분에 대한 주민의 의식을 살펴보면 아파트 단지의 수준과 주민간의 배려심의 정도를 판단할 수 있다.

 공유부분은 아파트 입주민의 공동소유이긴 하지만 '사유지'라는 것 때문에 법적인 허점이 매우 빈번하게 발생되는 곳이다. 아파트 밖의 도로나 공원 등의 공공용지에서는 법의 저촉 때문에 절대 일어나지 않을 일들이 아파트 단지 내의 공유부분[계단, 복도], 내부도로나 주차장에서는 자주 발생한다. 안하무인식眼下無人式의 적치물 방치, 통행방해, 무단주차, 음주운전[48] 등이 사회문제가 된지 이미 오래다.

 또한, 층간소음문제가 사회문제가 된 것은 어제오늘의 일이 아니다. 주민 각자는 이렇

---

48 개정된 도로교통법에 의해 2011년 1월 24일부터 아파트 단지 내의 음주운전도 처벌대상이 된다.

게 외친다. "공유이든 전용이든 내가 가진 것은 내꺼다. 나의 집의 벽과 바닥이 공유되고 있다는 것을 모르는 바가 아니다. 그렇지만, 그것을 인정하기는 싫다. 불가침의 사적私的 공간이고 헌법에서 보장하는 사유재산私有財産이다."[49] 층간소음 문제로 주민 간의 갈등이 심해지자, 드디어, 2014년부터 환경부에서 층간소음에 따른 배상기준을 마련하고 시행하게 되었다. 절차가 복잡하기는 하지만, 막무가내로 이웃에 피해를 입히는 경우 경제적 손실을 피할 수 없는 상황이 된 것이다.[50]

일부 입주민의 아파트 경비원에 대한 갑질[51]과 같은 문제들은 입주민 간의 유대의식이 강한 토루나 가부장적 종법체계宗法體系가 살아있는 씨족마을에서는 일어날 수 없는 일들이다. 한 때, '느그 아부지 뭐하시노?'라는 영화대사[52]가 유행한 적이 있는데, 그것은 '너 누구 집 자식이냐'는 것과 같은 말로 학교 내에서 불량학생을 다스리면서 어떤 경상도 선생님이 쓰던 말이다. 내가 잘못하면, 나만 욕먹는 것이 아니라, 집안 즉 아버지를 욕되게 하는 일이었던 것이다. 전통씨족마을에서 그러한 말은 법이나 규정을 대신하여 사회를 적절히 통제하던 '보이지 않는 손[Invisible hand]'이었던 것이다. 이제 이러한 말들은 그냥 TV 예능프로에서 웃자고 하는 소리일 뿐, 학교에서도 어느 곳에서도 잘 쓰지 않는 말이다. 이런 말들은 봉건시대적 언사이며, 그것은 '꼰대의 갑질언사'이다. 더욱이 집안의 수준에 따라 처벌의 경중을 가리려는 '얍삽한 언사'라는 오해를 불러일으키기에 충분한 것이다.

---

49 에리히 프롬, 앞의 책, 95쪽. 우리는 사유재산, 이윤, 힘을 그 존재의 지주(支柱)로 삼고 있는 사회에 살고 있으므로 판단이 극도로 편향적(偏向的)이다. 취득하는 것, 소유하는 것, 이윤을 남기는 것이 산업사회에 사는 개인의 신성하고 양도할 수 없는 권리가 되어 있다. 재산의 근원이 무엇이냐는 문제가 되지 않는다. 소유가 재산소유자에게 어떤 의무를 지우느냐도 문제가 되지 않는다. "내가 내 재산을 어디서 어떻게 벌었으냐, 또 내가 그 재산을 갖고 어떤 일을 하느냐 하는 것은 내 자신의 문제일 뿐 다른 어느 누구도 상관할 바가 아니다. 내가 법을 어기지 않는 한 내 권리는 제한 받지 않으며 절대적이다"라는 것이 원칙이다.
50 층간소음 수인한도는 기존 5분 평균 주간 55dB(A)/야간 45dB(A)에서 1분 평균 주간 40dB(A)/야간 35dB(A)로 강화됐으며 최고소음도가 주간 55dB(A)/야간 50dB(A)로 신설됐다. 층간소음 배상금액은 수인한도를 5dB(A) 초과할 경우, 1인당 피해기간이 6개월 이내이면 52만원, 1년 이내면, 66만 3,000원, 2년 이내면, 79만 3,000원, 3년 이내면 88만 4,000원으로 각각 책정된다. 출처: https://www.me.go.kr '층간소음 배상액'으로 검색. 2014. 1. 27. 환경부 보도자료.
51 "아파트 경비원 갑질·폭행 사망사건", 『서울신문』, 2021. 6. 2. 기사. 참조.
52 <친구>라는 제목의 영화(2001, 곽경택감독)에서 고등학교 선생으로 연기한 배우 김광규의 대사이다.

아파트촌이 전통씨족마을도 아니고, 토루도 아니라면, 아파트를 어떻게 보아야 할 것인가? 있는 그대로 말하자면, 아파트는 전혀 관계없는 사람들이 배타적으로 살아가는 형식으로, 단독주택들을 단순하게 수평으로 늘어놓고 수직으로 쌓아놓은 것이다.[53] 즉, 이기적 유전자[selfish gene]가 모여서 하나의 큰 개체를 형성하고 있는 '생존기계[survival machine]'와 같은 것이다.[54]

인류사를 지배한 세 가지 힘[권력]은 매력魅力, 폭력暴力, 재력財力이다.[55] 아파트촌은 위의 세 가지 힘 중에서 부동산적 가치 즉 '재력'으로 그룹핑grouping된, 그 이상도 그 이하도 아닌 이상한 마을인 것이다. 다만, 입주와 퇴거는 매우 자발적이다. 입주가능의 여부는 혈연, 지연 등의 출신여부를 전혀 따지지 않는다. 다시 말하면 아파트는 '자연취락의 기본특성인 지연성地緣性과 혈연성血緣性'을 모두 탈피한 마을이다. 어찌 보면 유목민의 임시주거 몽고바오蒙古包(게르)나 유태인의 수카Suka보다도 더 쉽게 무리에 속할 수도 있고 떠날 수도 있는 곳이다. 인생여정의 '과정'에서 좌석티켓을 살만한 여유만 있다면 쉽게 타고 내릴 수 있는 열차에 비유할 수 있는 것이 바로 아파트이다.

유행가 가사[56]처럼 층간소음 때문인지, 무슨 다른 이유 때문인지는 몰라도 "흘러가는 강물처럼, 흘러가는 구름처럼 머물지 못해 떠나 가버린 너를 못 잊어 오늘도 바보처럼 미련 때문에 다시 또 찾아왔지만, 아무도 없는 아무도 없는 쓸쓸한 너의 아파트"인 것이다.

---

53 박철수, 앞의 책, 2021, 16쪽. 개별주택공간은 여전히 평균적이며 균질한 거주환경의 획득을 위해 땅의 조건과는 상관없이 미리 만들어진 레디-메이드(ready-made) 평면으로 구성되고, 이렇게 만들어진 기성품을 옆으로 붙이고 위로 쌓아올리는 기계적 조작을 통해 주거동을 만들어 놓은 뒤 논밭이나 야산을 갈아엎어 평평하게 만들어 놓은 부지에 담장을 두르고 마치 레고 블록 놀이라도 하듯 주거동을 늘어놓아 배열하는 생산방식을 계속하고 있다.

54 리처드 도킨스, 홍영남·이상임 역, 『이기적 유전자』, ㈜을유문화사, 2023, 346~347쪽. 추측컨대 우리의 유전자 하나하나가 공생단위체라는 보다 과격한 생각이 언젠가 받아들여질 것이다. 우리는 공생하는 유전자들의 거대한 집합체인 것이다……우리는 우리자신을 바이러스의 집합체로 간주해도 좋을 것이다. 이 바이러스의 일부는 상리공생적 협력관계를 맺고 정자와 난자에 실려 몸에서 몸으로 이동한다.

55 김용옥, 앞의 책, 1989, 311~312쪽. 나는 인류사를 지배한 힘을, 물리학자들이 우주의 힘을 네 가지로/ 분류하듯이, 세 가지로 분류한다. 그것은 매력과 폭력과 재력이다. 매력이란 심리적 강제력이요, 폭력이라 함은 물리적 강제력이요, 재력이라 함은 경제적 강제력이다. 인류사는 고대로 올라갈수록 매력이 강조되었고, 현대로 내려올수록 재력이 강화되었던 것이다.

56 가수 윤수일이 부른 대중가요 〈아파트〉의 가사 일부분이다.

유목민의 주거와 아파트주거를 비교해서 살펴보면, 둘 다 임시적이라는 것과 수월하게 '이사보따리'를 쌀 수 있다는 공통점이 있지만, 전자가 '생존적 소유[Existential having]' 즉, '삶[To be]'에 주안점을 둔 것이라면, 후자는 '성격 논리적 소유[Characterogical having]' 즉 '소유[To have]'에 목적을 둔 주거형식이라는 것이다.

아파트의 주민은 경제적 여건만 허락한다면 언제든지, 어디로든지 그 마을을 구성하고 있는 다른 구성원들과는 별개로 자신이 살고 싶은 단지 즉 마을로 옮겨갈 수 있다. 자유민주주의제도 하에서는 헌법에 명시된 '거주이전의 자유'가 보장되어 있다. 그래서 마을의 구성원은 수시로 변화한다. 한편, 국회에서 특정 지역의 민심을 대변하는 대표자인 국회의원조차도, 어느 정당의 후보가 되든 손쉽게 자신이 선출되기에 유리한 지역의 아파트로 주거지를 선택하고 그곳으로 전입하여 출마하는 것이 가능하다. 민주주의는 주민이 정치인을 선택할 수 있는 것인데, 아파트문화에서는 역으로 국회의원이 주민을 선택할 수 있는 아이러니컬한 상황이 벌어지고 있는 것이다.

아파트촌은 토루나 전통씨족마을에 비해서 엄청난 익명성이 보장되는 주거형식이다. 이러한 상황에서 공동체 의식이나 동일단지에 사는 사람들 간의 배려를 기대하기는 매우 어려운 일이다. 이점에서 아파트촌을 단지 공동으로 소유하지만 사적인 영역으로만 볼 것이 아니라, 전혀 다른 세계관을 가진 사람들이 각각의 이기적 사고방식으로 살아가는 곳으로 봐야 한다.

아파트촌은 동별로 동대표가 있고, 이들이 모여 입주자 대표회의가 되고, 그것을 대표하는 입주자 대표가 있다. 그렇지만 자신의 이익과 직접 관련되지 않는 한 대체로 무관심하다. 이와는 별개로 국가 행정조직의 구성원인 이장里長이 존재한다. 이런 점에서 볼 때, 전국의 주거형식이 아파트촌화 되어가고 있는 상황에서 군현제형태의 지방행정조직이 남아있는 것이다. 위에서 살펴본 것처럼 아파트라는 주거형식은 봉건제에서 군현제로 바뀌는 것 이상으로 혁신적인 마을구조임에는 틀림이 없다.

아파트촌은 통일신라시대의 촌락형식인 평인촌平人村이다. 단순히 경제적 조건 즉 재력財力의 수준에 의해서 입주의 자격이 결정되는 촌락이다. 카프카의 소설의 성城처럼 외부에 대해서만이 아니라 내부적으로도 서로 배타적인 성격의 촌락인 것이다. 이기적인 유전자를 가진 인간들이 하나의 군락을 이룬 그곳이 바로 아파트촌이다.

이러한 아파트촌의 성격을 확실히 파악하고 있다면, 무위無爲로는 철저히 '인위적인 취락'을 좋은 곳으로 만들 수 없다는 것은 누구나 공감하는 부분일 것이다. 적절한 유위有爲로 중용中庸을 지키면서도 일정한 통제와 아파트 단지 간의 경쟁을 통한 인센티브를 주는 제도가 필요할 것 같다.

아파트가 여러 가지 문제점에도 불구하고 이시대의 대표적인 주거형식임에는 틀림이 없으며, 앞으로도 그 지위는 계속

선거유세 국회의원의 서울 모아파트에서의 선거유세 2008년 촬영

유지 될 것은 분명해 보인다. 발레리 줄레조가 말했듯이 아파트공화국[57]이 될 때, 국가적 경쟁력의 차원에서 분명 강점인 부분도 있다. 인터넷 보급률을 높임으로써 인터넷강국이 될 수 있고, 쓰레기 분리수거를 체계적으로 시행함으로써 탄소저감의 강국이 될 수 있고, 신속하고 정확한 택배시스템을 구축함으로써 소비자 강국이 될 수 있는 것이다. 이러한 부분에서 아파트 단지 간의 경쟁을 유도하여 그 결과에 따라 인센티브도 주고 자긍심도 가질 수 있도록 해야 한다.

아파트 전용면적의 외부인 공동소유의 부분에 대해서는 최소한 공공용지에 준하는 법적인 기준을 마련해야하고, 아파트촌이 재력적財力的이고 자기 과시적 장소가 아니라, 매력적魅力的인 주거형식이 되기 위해서는 풍수적 논의에 앞서 이러한 성격에 맞는 행정적 법적제도가 마련되고 정비되어야 할 것이다.

---

[57] 발레리 줄레조, 길혜연 역, 『아파트공화국』, 후마니타스, 2007; 박인석, 『아파트 한국사회』, 현암사, 2013. 아파트주거형식의 문제점에 대한 관련 문헌이다. 프랑스 지리학자가 한국아파트를 분석한 것이다.

3. 풍수로 보는 아파트

1) 조선시대의 풍수와 아파트 풍수

아파트가 여러 가지 문제점이 있는 주거형식임에도 불구하고, 우리는 다른 주거형식의 대안을 찾지 못하고 있다. "우리나라의 아파트에 대해 글을 쓸 때면 언제나 날카로운 비판과 준엄한 심판을 내세우지만 정작 실천적인 제시기능은 미약하기 그지없다."[58] 그러니깐, 현재 주어진 여건을 잘 조정해서 살아갈 수밖에 없는 것이다. '아파트 풍수'는 미약한 부분일 수도 있지만 현실인정의 실천적 대안 중의 하나인 것이다.

아파트를 풍수로 본다. 아파트는 용도상 공동주택으로서 사실상 전통시대에는 없었던 전혀 새로운 용도라고 할 수 있겠다.[59] 그렇지만, 아파트 단지의 풍수를 전통씨족마을의 풍수에 빗대어 볼 수도 있고, 아파트 동별 풍수를 중국의 토루에 빗대어 논할 수 있을 지도 모른다.

전통풍수이론에서 소위 전통마을의 풍수, 토루의 풍수, 양택풍수[60]가 있다고 하더라도 아파트에 그대로 적용하기에는 무리가 있고 미흡한 부분이 많다. 게다가, '양택풍수론'이라고 하면 향법의 일종인 '양택삼요법'이나 '현공풍수향법'으로 알고 있듯이, 풍수고전에서도 적절한 내용을 찾기가 어려운 것이 사실이다. 간혹, 고전[61]에서 건물의 입지에 대한 것을 간략하게 다루기는 하지만, 건물자체의 풍수적 내용을 찾아보기는 그리 쉬운 일이 아니다.

---

58 박철수, 앞의 책, 2021, 25쪽.
59 아파트와 유사한 주거형식으로서 토루(土樓)를 그 사례로 들 수 있겠다. 토루는 혈연지연성이 살아있는 공동주택이다. 토루의 건축에도 풍수가 도입되었다고는 하나 연구된 바로는 토루의 입지, 토루의 출입구, 토루의 형태에 관한 것이 주된 내용이다. 이것으로 '용도풍수'의 풍수이론이 정립되었다고 볼 수는 없다.
60 과거의 풍수이론에는 음택풍수론과 양택풍수론이 있었다. 공동주택인 아파트 용도는 주거용도로서 전통풍수이론에서 양택에 속하며, 양택풍수론으로 살펴볼 수는 있다. 과거에도 여러 용도가 있었지만, 주거용도가 중심이었고, 주거용도는 일반적으로 다른 용도와 함께 시설되었다. 단적인 예로 궁궐, 사찰, 서원 등의 용도에 반드시 주거용도가 있다는 것이다. 그래서 양택풍수라고 하면 바로 주거용도의 풍수가 되는 것이다.
61 張覺正, 『陽宅愛衆論』, 華齡出版社, 2007; 王君榮, 『陽宅十書』, 華齡出版社, 2009. 참조.

33. 안동 하회마을에 대한 풍수 지리적 설명이다. 이 설명과 제시된 지형도를 바탕으로 하회마을의 특성을 현대적 의미로 재해석한 것으로 적절하지 않은 것은? [2점] (출처: 한국교육과정평가원)

○ 마을과 그 일대는 배가 떠다니는 '행주(行舟)형'의 지세로, 우물을 파는 것은 배에 구멍을 내는 것과 같아 우물을 파지 않는다.
○ 마을이 위치한 곳은 '돌터[주위보다 약간 높은 지형]'라 하여 명당으로 친다.
○ 부용대는 살기(殺氣)를 띠어 주민들이 보지 못하도록 나무를 많이 심었는데, 이곳을 만송림이라 부른다.

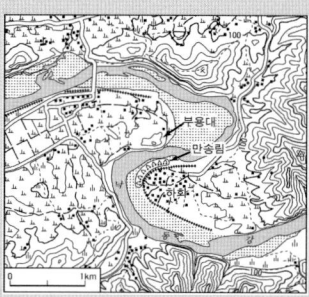

① 하회마을은 집촌의 형태를 띤다.
② 하회마을이 입지한 돌터는 자연 제방이다.
③ 만송림은 겨울철에 한랭한 북서풍을 막아 준다.
④ 하회마을이 입지한 것은 교통의 요지이기 때문이다.
⑤ 하회마을에서 우물을 파지 않는 이유 중의 하나는 하천 범람에 의한 식수 오염이다.

하회마을의 풍수 출처: 2004년 사회탐구 수학능력시험문제

아파트가 전통풍수이론에서 거론된 적이 없다고 해서 우리가 다룰 수 없는 것은 아니다. 왜냐하면 풍수이론이라는 것이 인간 주변 환경에 대한 가치관이고 세계관이기 때문에 어떠한 환경에 대해서도 다룰 수가 있는 것이다. 풍수를 발복發福의 미신적 신앙체계로 보지 않고, 환경 즉 우리를 둘러싸고 있는 세상의 천기, 지기, 인기, 물기物氣를 다루는 분야로 본다면 아파트를 비롯한 어떠한 대상도 다룰 수가 있는 것이다. 그럴 수 없다면, 풍수에 대한 내공이 부족하거나 시대에 뒤떨어진 풍수를 하고 있기 때문일 것으로 감히 말할 수 있다. 풍수의 내공이 부족한 것은 점차 공부해나가면 해결가능한 문제이다. 하지만, 시대에 뒤떨어진 풍수를 하고 있는 경우라면 고정관념에서 벗어나지 않는 한 그 수준을 극복하기 어렵다고 해야 할 것이다. 특히, 자칭 '풍수대가'라고 하는 사람 중에는 아직도 '조선시대의 풍수'를 신봉하고 고집하고 있는 사람이 많다.

경주 양동마을의 풍수 서백당에서 바라본 성주산. 이집에서 3명의 인재가 배출될 거라는 풍수적 예언이 있었다고 한다.
2013년 촬영

全国重点文物保护单位--集庆楼

全国重点文物保护单位集庆楼--永定现存最古老（588年）和结构最特殊（72道楼梯）的圆土楼。按中国传统文化《易经》中的"八卦、九宫、九星、二十四山、七十二河洛"等形式，进行立体的布局及合理的设计，全楼木制结构不用一枚铁钉，与厚达近2米的生土墙一道经历了近600年的风霜雪雨。具有很高的历史价值、科学价值和艺术观赏价值。

集庆楼为何设置9个瞭望台？古代军事家利用"八卦九宫"排兵布阵、抵御外敌。《周易》学说为"九星护卫、镇宅避煞"。同时，登高望远易发现目标，以抗击来犯之敌。至于瞭望台为何按正东6、西北3排列，目前仅有因地制宜南面多靠山一说。其中奥秘，还望过往高人指点迷津。

集庆楼具有聚族而居、安全防卫、防风抗震、防火防潮、通风采光、冬暖夏凉、教化育人等功能，而且生活设施一应俱全，处处体现民居建筑与社会管理、科学和艺术的巧妙结合，是公共建筑、庙堂建筑和民居建筑的综合体，深刻地反映了客家人的社会观、道德观、文化观和家族意识、民系意识。

集庆楼，按天人合一的哲学思想及形式构建。正所谓"水火齐全、阴阳相配；外圆内方、刚柔相济；依山傍水、镇邪避煞"。中外游人由衷地赞叹："集庆楼是隐藏在深山里的人间奇迹"。

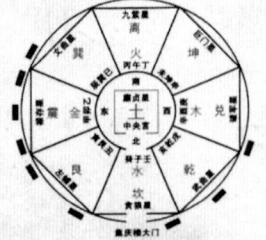

토루의 풍수
중국 福建省 南靖縣 下洋鎭 初溪村 集慶樓의 안내판. 2009년 촬영

2) 시대변화에 따른 풍수의 변화

풍수이론이 환경을 다루는 것이기 때문에, 고정된 것이 아니며, 시대상황을 반영하고 시대가 요구하는 것에 따라서 변화하고 발전해온 것이 사실이다. 그래서 전통풍수이론도 각 시대별로 구분해서 바라볼 필요가 있는데, 원시시대에는 생존풍수·재난풍수, 고대사회에는 샤머니즘·애니미즘적 풍수, 삼국시대와 고려시대에는 불교적 풍수, 조선시대에는 유교적 풍수, 구한말은 미신적 풍수라는 것이다. 그렇다면 현대풍수는 생활풍수 중심이며, 이것을 크게 5가지의 현대생활풍수로 구분할 수 있는데, 도시풍수, 부동산풍수, 건축풍수, 조경풍수, 인테리어풍수가 이에 해당한다.[62]

건축풍수 속에 아파트 풍수가 있는데, 그것은 건축풍수나 부동산풍수의 핵심개념의 하나인 '용도풍수用途風水'로 설명할 수 있다. 그래서 건축물의 용도 중에서 아파트가 주거용도이기는 하지만, 과거에 없었던 용도로 새로운 이론의 정립이 필요한 대상인 것이다. 과거와는 달리 건물의 용도가 다양하게 존재하는 만큼 그에 걸맞게 '기존의 풍수이론'에서 아파트라는 용도에 특히 '강조해야하는 것'이 무엇인지, 또 '새롭게 정립해야할 이론'이 무엇인지에 따라 아파트 풍수의 이론은 각기 다르게 정립될 수 있다.

'조선시대의 풍수'가 아니라, '우리시대의 풍수'에서 가장 먼저 고려해야할 것은 '상대적인 가치'이다. 과거의 풍수, 특히 조선의 음택풍수 즉 묘지풍수는 '절대적인 가치'를 추구하였다. 과거 풍수에서 말하는 명당明堂이나 진혈眞穴의 가치는 절대적인 것이었다. 여기서 절대적이라는 것은 용도에 관계없이, 사용자에 관계없이, 시대에 관계없이 '발복의 효험'이 있는 명당이고 진혈眞穴이라는 것이다.

명당이 절대적인 가치를 가지는 것이라고 생각하였던 것은 주로 구한말의 미신풍수가 성행하던 시기이었다고 본다. 이러한 절대적 명당의 미신풍수가 성행하게 된 것은 당시의 시대상황이 크게 영향을 미친 것으로 볼 수 있다. 게다가 전문가 집단이라고 할 수 있

---

62   그 외의 문화재풍수가 있는데, 이것은 문화재를 대상으로 하는 풍수로서 생활풍수와는 구분되는 것이다.

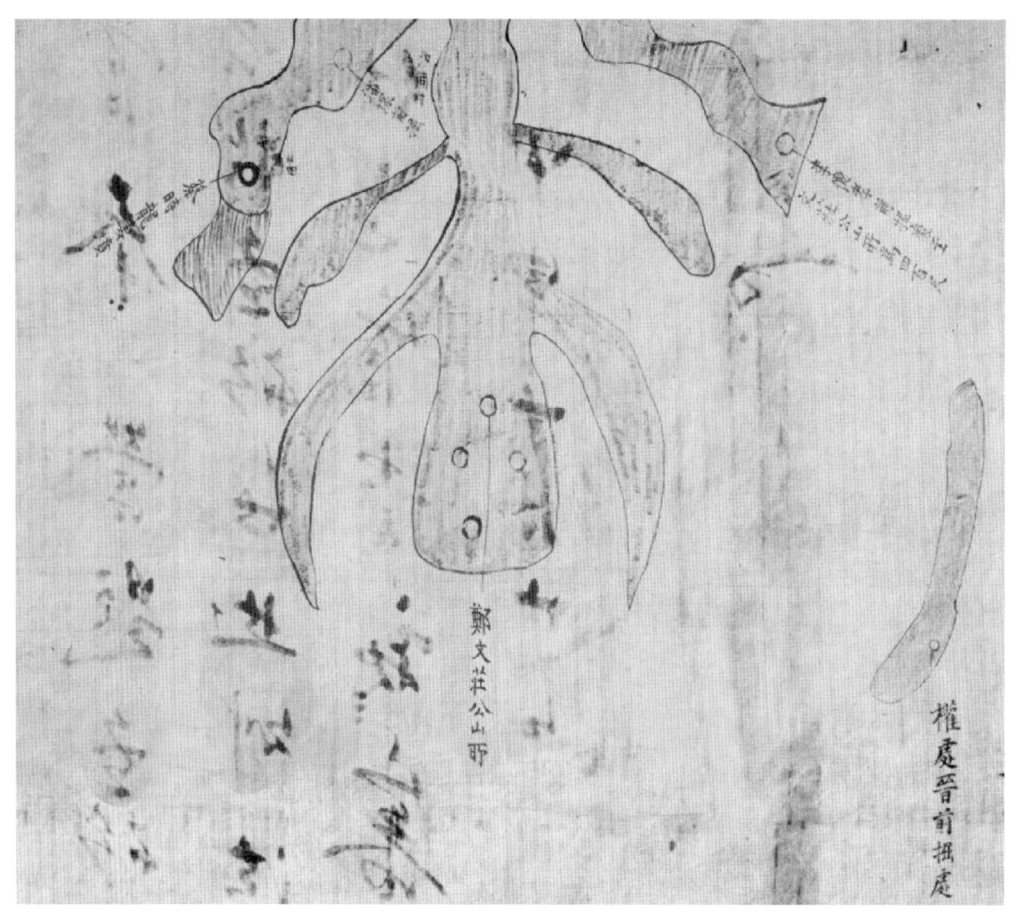

남면지포산도형(南面池浦山圖形) 우복 정경세 묘소 주변의 투장현황도.
출처: 한국학중앙연구원. 도형(圖形)_所志23

는 풍수가들의 잘못된 인식이 한 몫을 했다는 점을 지적하지 않을 수 없다. 그래서 명당이라고 소문이 난 곳은 여지없이 투장, 밀장, 늑장勒葬[63]이 있었던 것이다. 상주의 우복 정경세의 묘소 주변에 '채'씨가 투장을 한 것으로 인하여 묘지쟁송사건은 그 대표적인 사례이다.

---

63   권력자가 타인의 명당을 빼앗아 장례를 치르는 것.

- 영화 포스터 〈명당〉 최고의 명당 중에 하나로 꼽히는 남연군의 묘를 둘러 싼 암투를 그린 영화이다. 원래의 용도가 절터이었던 것을 묘자리로 바꾸고, 누가 묻히던 2대 천자왕, 황제가 날 자리로 간주되었다. 절대적인 가치의 풍수를 하였던 대표적인 사례이다. 출처: 네이버검색
- 영화 포스터 〈파묘〉 흉지에 묻힌 조상묘를 파묘하면서 벌어지는 여러 가지 에피소드를 그린 영화이다. 출처: 네이버검색

    지금도 절대적 풍수를 전수받은 풍수사들이 절대적 가치의 명당론, 진혈론을 강조하고 있는 것을 흔치 않게 볼 수 있다. '용도에 적합한 상대적인 풍수', 그것을 우리는 '용도풍수'라고 부른다. 본서는 용도풍수의 일부분으로 아파트라는 용도에 초점을 맞춘 것이다. 이제는 상대적인 가치를 추구하는 용도풍수의 시대로서 각각의 용도에 적합한 상대적인 명당이 어디며, 적합한 건축이 어떠해야 하는 지에 대하여 주목하는 풍수를 해야 하는 것이다.

3) 아파트 풍수의 주안점

    아파트 풍수의 이론정립은 전통풍수이론에서 말하는 용혈사수향의 이론을 근거로 하되, 그것만이 전부는 아니다. 현대의 천인지물天人地物의 4가지 성격과 그 기운을 반영하

여야만 한다. 천덕天德(방위, 시간 포함), 인덕人德, 지덕地德(水德도 포함), 물덕物德을 모두 고려하되 어느 것에 주안점을 둘 것이냐는 상황에 따라 상대적으로 판단해야 하는 것이다. 그래서 해당용도에 적합한 상대적 풍수이론을 다시 정립해야만 하는 것이다.

아파트라는 용도를 풍수적으로 본다고 할 때, 가장 중요하게 보아야 하는 것은 전통풍수에서 말하는 용龍 즉 집 뒤로 내려오는 산줄기가 아니다. '아파트라는 용도'에서 중요하게 보아야 하는 것이 무엇일까를 다시 고민해야 하는 것이다.

아파트라는 공간에서 일어나는 액티비티(Activity, 활동) 중에서 가장 중요시해야 하는 것은 '잠'이다. 물론, 아파트라는 공간에서 숙식을 비롯한 생식, 육아, 공부, 재택근무, 휴식, 오락 등 그 외의 여러 가지 활동이 있을 수 있다. 현대생활에서 집 외에 다른 어떤 용도시설에서도 충족시킬 수 없는 것이 바로 '잠'이다. 외부의 숙박시설에서 잠을 잘 수도 있지만, 단언하건데 잠에 있어서만큼은 집[아파트]만한 곳이 없다. 그 외의 활동들에 대해서는 모두 다른 용도시설에서 더 잘 충족시킬 수 있다. 심지어 요리, 식사를 단지 내의 시설에서 제공해주는 아파트가 생겨나고 있는 실정이다. 과거 반가주택에서 수용하였던 모든 액티비티를[64] 이제는 세분화, 전문화된 별도의 용도시설에서 서비스하고 있는 시대인 것이다.

그 외에 아파트라는 특수한 현대적 주거용도를 구성하는 7가지 요소에 대해서 기운적氣運 판단기준을 새롭게 정립해야한다. 우리가 어떤 대상을 '풍수적으로 본다'는 것은 꼭 용혈사수향으로 보는 것만을 말하는 것이 아니다. 그 대상을 풍수적 용어를 동원하여 기운적 관점에서 보는 것을 말한다. 풍수적 용어로 풀어주기 위해서는 풍수용어에 대한 확실한 이해가 선행되어야 할 것이고, 기운적 관점에서 본다는 것은 음양오행적 관점을 포함한 동양사상적 관점이 정립된 이후에 가능한 것이다.

---

[64] 과거 반가주택에서는 현재의 아파트에서 수용할 수 있는 모든 것들 외에, 작업, 출산, 혼례, 장례, 교육 등의 활동들이 있었다.

4) 반가주택班家住宅의 4대 구성 요소

아파트 풍수의 이론을 정립하는데 있어서도 과거의 전통을 무시하고 하늘에서 갑자기 뭔가가 뚝 떨어지듯이 전개해나갈 수는 없다. 우선, 주거용도의 과거사례를 살펴보고 어떤 풍수적 내용들이 아파트에 적용할 수 있는 것인지, 그렇지 못한 것은 무엇인지를 가려내어야 하는 것이다. 현재까지 남아있는 주거형식으로는 조선시대의 반가班家가 대표적인 것이라 할 수 있다. 우선, 이러한 것들의 사례를 통해서 과거의 주거용도의 구성은 어떻게 되어 있으며, 풍수가 어떻게 반영되어 있는지를 살펴볼 필요가 있다.

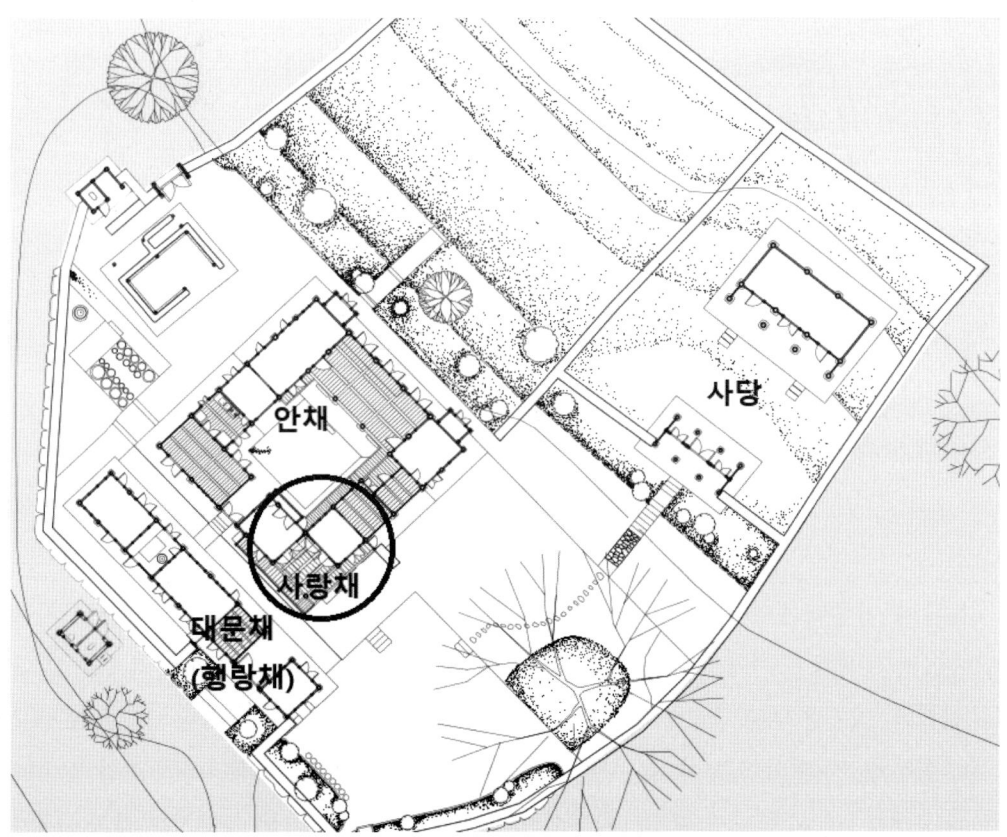

조선반가의 4대 구성요소의 조합1 양동마을 서백당. 출처: 세계유산 등재신청서, 92쪽

조선반가의 4대 구성요소의 조합2 하회마을 양진당. 출처: 세계유산등재신청서, 85쪽

    물론, 반가주택들도 지역에 따라서 다소의 차이가 있을 수 있다. 하지만, 대체로 지금 남아있는 사례들을 근거로 할 때, 반가는 주로 4가지의 구성요소로 이루어져 있다고 할 수 있겠다. 그것은 대문채[행랑채], 사랑채, 안채, 사당을 말한다. 그 외에도 마당을 포함할 수가 있는데, 사실 마당은 이러한 채들이 둘러쌈으로서 얻어지는 비건축적 공간이기 때문에 구성요소로서 별도로 지정하지는 않았다. 어찌되었던 반가의 다양성은 결국 이 4가지 채의 조합방법을 변화시킨 결과로 볼 수 있는 것이다.

5) 아파트의 7대 구성요소

반가주택에서 실室의 명칭과 용도는 해당 실의 사용주체가 누구이냐에 따라 결정된다. 안방은 안방마님, 사랑채는 바깥양반, 행랑채는 머슴, 사당은 조상신이 그 주체가 된다. 현대 아파트의 경우, 사람보다는 가구가 중심이 된다. 거실에는 소파와 TV, 침실에는 침대, 공부방에는 책상, 주방에는 싱크대, 화장실에는 변기가 각기 자기자리를 한자리씩 차지하고 있는 것이다.

전통반가주택의 4대 구성요소의 배치에서 안주인과 바깥주인, 주인과 하인, 산사람과 죽은 자의 관계성, 즉 인덕人德의 배양이 중요한 고려조건이다. 그래서 반가주택은 '물건의 소유보다는 인간 삶의 공간'이었다. 현대 아파트는 가구 중심이므로 각 실에 놓이는 가구의 크기, 위치, 향에 주안점을 두는 것으로 물덕物德의 배양에 치중한다. 그래서 현대 아파트는 '인간 삶보다는 물건 소유의 공간'인 것이다.

4. 이것만은 설계단계에서 해결하자!

아파트는 자연발생적으로 이루어진 전통마을이 아니다. 한 명의 건축가 또는 하나의 설계회사에서 건축법과 주택건설촉진법의 규정에 따라 설계하여 이루어진 인위적 마을이다. 공동주택이기는 하지만, 공동체의식이 옅고 개인주의가 강하며, 바로 이웃세대 간에도 교류가 전혀 없는 주거형식인 것이다. 그래서 계획초기에서부터 공동체의식강화라든가 이웃간의 교류 촉진 같은 것에 주안점을 두고 설계하면 백전백패百戰百敗인 것이다. 오히려 각각의 세대가 완벽하게 독립된 주거생활을 하는데 지장이 없을 정도의 프라이버시와 안전을 확보해주는데 주안점을 두어야 하는 것이다.

아파트의 각 세대를 비롯한 각 시설들은 도면 작성 당시에 한번 정해지면 변경하기가 아주 어려운 대상들이다. 특정한 변경이 일반적인 상식수준으로 보더라도 더 좋게 만드는 것이라고 할지라도 건설현장에서는 받아들여지지 않는 것이 현실이다. 그래서 설계

1. **강원도 삼척시 삼마연립주택** 입구에 구비된 평상과 의자는 주민들의 쉼터가 되면서 동시에 수상한 사람을 가려내는 감시장치라고 할 수 있다. 2022년 촬영
2. **아파트의 출입구와 놀이터를 볼 수 있는 벤치** 2024년 촬영
3. **아파트 단지 내의 벤치** 주민들이 모이는 장소이다 보니, 수상한 사람을 감시한다는 좋은 점이 있지만, 소란으로 인해 저층세대의 민원이 발생하는 곳이기도 하다. 2024년 촬영

자가 분명한 의식을 가지고 설계시점에서 모든 것들을 신중하게 결정해야한다. 특히 설계단계에서 '최소한' 반영되어야할 것들을 나열하자면, 다음과 같다.

- 단지 설계에서 도로살과 건물살에 대한 배려가 있어야 한다.
- 주차장의 주차구획의 폭을 최소 2.6m이상으로 확대해야한다.
- 구급차, 택배용 탑차의 지하주차장 출입을 위해서 출입구의 높이를 최소 2.7m이상으로 확대해야 한다.
- 구조설계시점에서 층간소음에 대한 대비를 확실히 해야한다.
- 현관의 구조는 직선형보다는 꺾이는 'ㄱ자형'이나 'ㄴ자형'이 되도록 해야 한다.
- 현관은 공간을 아끼지 말고 되도록 넓게 해야 한다.
- 화장실의 변기는 출입구를 충衝하지 않도록 비켜서 배치해야한다.

그 외에 범죄예방을 위해서 영역성Territoriality의 확보여부가 매우 중요하다. 특히 영역성이 불분명한 곳에서 범죄가 발생하기 쉽다. 그래서 울타리, 바닥마감의 변화, 구획선의 존재여부가 영역성의 기준이 될 수 있으므로 설계시점에서 이점을 세밀하게 고려해야한다. 또한 범죄예방책으로 소프트웨어적인 방법이기는 하지만, 입구주변에 해당 동의 주민이 나와서 앉아있을 수 있는 벤치 등을 설치해두는 것도 고려할 만하다. 아파트 출입구 부근에 세대주거 노인들이 앉아서 담소하고 쉴 수 있는 공간을 마련한다면, 일상적 외부감시가 이루질 수 있어서 낯선 자의 침입에 의한 범죄를 줄일 수 있다.

어린이놀이터는 후미진 곳 보다는 주민들에 의해 상시 관찰되는 곳에 두는 것이 좋다. CCTV의 남발은 영역성과 감시성은 확보할 수 있으나 주민의 프라이버시가 침해될 수 있다.

제 2 장

좋은 아파트란?

제2장
좋은 아파트란?

1. 청담과 풍석의 살기 좋은 곳 찾기

1) 복거사요卜居四要 : 지리, 생리, 인심, 산수

아파트 풍수에 대한 이론을 전개하려면, 입지의 부분과 건물의 부분을 구분해서 다루어야 한다. 아파트의 입지가 좋은 곳이라고 하더라도 건물이 잘못 지어지면 그것을 '풍수적으로 좋은 것'이라고 할 수 없기 때문이다.

우선, 아파트의 입지에 대해서 살펴보기로 한다. 아파트의 입지로 투자가치가 높은 곳을 소개하는 정보들은 많다.[1] 이 책에서 입지가 좋은 곳이란 살기에 적합한 곳이지 환금성이 좋은 곳을 말하는 것이 아니다. 투자가치가 높은 곳이 살기에 좋은 곳이라고 할 수도 있겠지만, 그것이 꼭 같은 기준으로 평가할 수 있는 것은 아닌 것이다. 서울의 경우, 아파트의 입지가 좋은 곳을 판단하는 조건으로 제일로 꼽는 것은 학군이다. 학군이 좋은 곳을 선호하는 것은 대학입시제도로 인해서 빚어진 비정상적 상황이고, 일반적으로 교통이

---

1 이와 관련된 서적으로는 김지웅, 『지방 아파트 황금입지』, 길벗, 2023. 이 있다.

편리한 곳, 자연환경이 좋은 곳, 대단위로 조성된 아파트 단지를 일단 좋은 곳으로 간주한다.

살기에 좋은 곳이 어디인가? 라는 주제를 다루는 대표적인 고전으로 청담 이중환의 『택리지』와 풍석 서유구의 『임원경제지』의 「상택지」가 있다. 후자는 결국 전자의 내용을 답습하고 있기는 하지만, 좀 더 상세한 자료를 제시하며 부연설명을 하고 있는 특징이 있다.

무릇 살터를 잡는 데에는 첫째, 지리가 으뜸이고, 다음으로 생리生利(生理)[2]가 좋아야 하며, 다음으로 인심이 좋아야 하고, 다음으로 아름다운 산과 물이 있어야 한다. 이 네 가지 가운데 한 가지라도 없으면 살기 좋은 땅이 아니다.[3]

2) 지리

여기서 말하는 지리地理는 풍수를 말한다. 청담은 지리를 논함에 있어서 먼저 수구水口[4]에 대한 이야기로 시작하여 들판의 형세, 산의 조종祖宗, 토질, 물길, 조산朝山, 조수朝水의 6가지로 구분하여 설명하고 있다. 산의 조종이란 전통풍수에서 용龍, 즉 집 '뒤로 연결된 산줄기'를 말하는데, 이에 대한 중요성에 대해서 많은 부분을 할애하여 강조하고 있다.[5] 한편, 풍석은 지리에 대하여 「상택지」에서 더욱 상세하게 논하고 있는데, "산을 등지고

---

[2] '생리'의 한자로 '生利', '生理'를 청담과 풍석의 경우도 섞어서 사용하였는데, 어느 쪽이든 의미상 큰 차이가 없다고 본다.

[3] 이중환, 앞의 책, 177쪽, 346쪽. 大抵卜居之地, 地理爲上, 生利次之, 次則人心, 次則山水, 四者缺一, 非樂土也. 서유구는 『상택지』에서 이를 복거사요(卜居四要)로 규정하였다.

[4] 수구는 물이 들어오는 곳이 아니라 물이 빠져나가는 부분을 말한다.

[5] 이중환, 앞의 책, 179~180쪽. 무릇 산 모양의 조종(祖宗)을 찾는다면, 감여가가 말하는 대로 다락처럼 우뚝 솟은 형세여야 한다. 주산(主山)이 수려하고 단정하며, 청명하고 아담한 것이 으뜸이다. 뒤에서 내려온 산줄기가 끊어지지 않으면서 들을 지나 갑자기 높고 큰 봉우리로 솟아나고, 지맥(支脈)이 감싸돌면서 골을 만들어 마치 궁성 안에 들어온 듯하며, 주산의 형세가 온화하고 넉넉하여 큰 겹집이나 높은 궁전 같은 곳이 그 다음이다. 그리고 사방의 산이 멀리 있어 평탄하고 넓으며, 산줄기가 평지에 뻗어 내렸다가 물가에서 그쳐 들판의 터를 만든 곳이 그 다음이다. 가장 꺼리는 것은 뻗어 내린 산줄기가 나약하고 둔하여 생생한 빛이 없거나, 산 모양이 부서지고 비뚤어져서 길한 기운이 적은 곳이다. 땅에 생생한 빛이나 길한 기운이 없으면 인재가 나지 않는다. 이런 까닭으로 산 모양을 살피지 않을 수가 없다.

호수를 마주하는 곳, 사람이 살 곳은 높고 깨끗하며 넓게 트여야 한다"고 하였다. 용의 다리가 오므려진 곳과 벌어진 곳 등 모두 20가지의 항목[6]을 구분하여 거론하고 있다. 그 외에 수토水土라는 항목[7]에서 수질과 토질에 대한 것으로 12개의 내용을 별도로 다루고 있다.[8]

3) 생리

생리生利라는 것은 돈벌이를 말한다. "사람이 한 세상을 살아가면서 산 사람을 봉양하고 죽은 자를 보내는데 모두 재물이 쓰이는 것이다. 그런데 재물은 하늘에서 내려오거나 땅에서 솟아나지 않는다. 그러므로 사람이 살만한 곳으로는 땅이 기름진 곳이 으뜸이고, 배와 수레와 사람과 물자가 모여들어 있는 것과 없는 것을 서로 바꿀 수 있는 곳이 그 다음이다."[9] 풍석도 생리의 관점에서 살 곳을 고를 때는 "농사와 장사에 편리한 곳이어야 하고, 농지로서 비옥한 곳이어야 하며, 물건을 운반하여 팔기에 편한 곳이어야 한다."[10]고 하였다. 즉, 먹고 살기 위해서는 농사지어서 풍작을 이루든, 장사를 해서 돈벌이를 해야 하는데, 이에 적합한 곳이 좋은 곳이라는 것이다.

6 　서유구, 앞의 책, 2019, 74~96쪽. 論背山面湖, 論人居宜高淨寬暢, 論龍脚收放, 論平地陽基, 山谷陽基, 論四象, 論四方高低, 論方位不足, 論山形, 論野勢, 論水應, 放水雜忌, 宅內出水雜忌, 論水口, 論砂應, 論風射方, 論朝山, 論朝水, 論燥潤, 論向背.

7 　위의 책, 97~142쪽. 論卜居先看水土, 論人居欲土厚水深, 驗壤法, 論土色, 合論水土, 看山相泉法, 論泉品, 論江水, 論井水, 試水美惡法, 域內名泉, 域內瘴土.

8 　『상택지』의 풍수적 내용에 대해서는, 조인철, 「『임원경제지』「상택지」의 내용 중 목성윤도에 의한 방위측정상의 길흉판단에 대한 연구」, 『석당논총』 제74집, 동아대학교 석당학술원, 2019, 137~171쪽; 조인철, 「『임원경제지』「상택지」의 내용 중 풍수에 관한 연구」, 『민족문화연구』, 고려대학교 민족문화연구원, 2019.11, 319~352쪽. 참조.

9 　이중환, 앞의 책, 183쪽. 故人生一世, 養生送死, 皆需賴世財, 而財非天降地湧, 故土沃爲上, 舟車人物都會, 可以貿遷有無者, 次之.

10 　서유구, 앞의 책, 2019, 142~152쪽. 論居宜便農賈, 論卜居先看田地, 論卜居宜便貿遷.

4) 인심

인심人心은 인덕人德을 말한다. 요즈음처럼 이상한 사람이 많은 시대에는, 공기총으로 맞은 편 아파트를 향해 발사[11]하거나, 새총으로 쇠구슬을 쏘는 등[12]의 전혀 예상하지 못한 사건들이 일어나곤 한다.

청담은 맹모삼천孟母三遷의 고사故事를 들어 인심의 중요성에 대해서 강조하였다. "옛날 맹자의 어머니가 세 번이나 집을 옮긴 것도 아들을 교육시키기 위해서였다. 풍속이 올바른 곳을 가리지 않으면 자신에게 해로울 뿐만 아니라, 자손들도 반드시 나쁜 물이 들어서 그르치게 될 염려가 있다."[13] 그리고 조선시대의 당쟁당파黨爭黨派의 폐해에 대해서 장황하게 나열하였다. 한편, 풍석은 살 곳을 고를 때는 마을 풍속을 살펴야하는데, 살면 안 되는 곳으로 절터, 병영터를 포함한 7가지[14]를 제시하였다. 한편, 인심의 측면에서 볼 때, 재화와 이익이 모여드는 곳도 살만 한 곳이 아니라고 하였다.[15] 이점에서 인심人心과 생리生利가 서로 모순되는 측면이 있는데, 생리에 유리한 곳이라고 하더라도 그 중심에 치우치는 것은 옳지 못하다는 것이다.

---

11 '유리창에 총알 자국…강남 고급 아파트에 무슨 일이': 지난 23일, 서울 강남 도곡 카운티 아파트 104동 주민들은 창문에서 총알 자국을 발견하고 깜짝 놀랐습니다. 경찰은 총알이 피해 아파트 맞은편에 있는 도곡 렉슬 아파트에서 발사된 것으로 추정하고 있습니다. 두 아파트 사이 거리는 100m로 다른 건물은 전혀 없는데요. 알고 보니 강남 최고급 주택인 두 아파트가 오랫동안 법적 분쟁을 벌였습니다. 2010년 도곡 카운티 재건축 과정에서 도곡 렉슬 주차장 진입로로 일부가 갈라지자 주민들이 소송을 냈고요. 2004년에는 재건축 전 이 자리에 있던 진달래 아파트 주민들이 일조권 방해를 이유로 소송을 제기해 100억 원이 넘는 배상금을 받았다고 하네요. 출처: JTBC, 2014. 6. 27. 기사.
12 "총을 쏘는 맞은편 아파트", TV조선, 2014. 6. 27. 기사.
13 이중환, 앞의 책, 191쪽, 353쪽. 昔孟母三遷, 欲敎子也, 擇非其俗, 則不但於身有害, 於子孫必有薰染註誤之患.
14 서유구, 앞의 책, 2019, 153~154쪽. 七不可居 : 凡寺廟, 神佛之傍, 不可居也. 顯宦, 財主之側, 不可居也. 前後近河之所, 不可居也. 草房叢聚之處, 不可居也. 窩坊凶暴之地, 不可居也. 娼優相雜之間, 不可居也. 少寡, 蕩子之近, 不可居也.
15 위의 책, 153~155쪽. 論卜居必視謠俗, 七不可居, 論財利湊集處不可居.

5) 산수

산수山水는 문화의 향유享有이다. "산수는 정신을 즐겁게 하고 감정을 화창하게 한다. 사는 곳에 산수가 없으면 사람을 촌스럽게 만든다."[16] 풍석은 "명산과 아름다운 물이 있는 곳에는 별장을 두어야 하는데, 그렇다고 하더라도 높은 산 급한 여울이 있는 곳은 좋지 못하다"[17]고 하였다.

6) 종합

청담과 풍석의 저서를 통해서 조선 사대부가 살만한 곳이 어디냐를 살펴보았는데, 이러한 기준이 우리시대의 아파트의 입지와는 다소 거리가 있는 것이라고 할 수 있다. 그렇다고 하더라도 아파트의 입지를 위의 네 가지 기준인 지리, 생리, 인심, 산수에 빗대어 살펴볼 필요는 있다. 지리는 풍수를 말하는 것으로 본서에서 다루고 있는 내용이므로 생략하고, 생리의 측면에서 보면, 돈벌이를 할 수 있는 곳이나 그 가까이에 아파트가 입지하는 것이 좋다는 것이다. 이것은 교통의 편리성을 말하는 것으로 서울의 중심에서 멀어질수록 아파트의 가격이 떨어지는 것이 이를 반영하고 있다고 할 수 있다.

그 다음 인심의 측면을 우리시대의 관점에서 본다면, 청담이 맹모삼천의 예를 들면서 인심을 논한 것만 보더라도, 이는 소위 말하는 학군이 좋은 곳이 길지吉地라는 뜻이 된다. 학군이 좋거나 명문학원들이 자리하고 있는 서울의 목동이나 대치동의 경우 집값이 비싼 것이 이를 증명한다.

청담과 풍석이 말하는 산수山水는 산 좋고 물 좋다는 것으로, 자연환경이 좋은 곳이 길지라는 것이다. 결국 지방소멸시대에 살고 있는 우리시대의 관점에서 논한다면, "산수가 좋은 곳 가운데는 생리가 박한 곳이 많다. 사람은 자라처럼 살지 못하고, 지렁이처럼 흙

---

16 이중환, 앞의 책, 274쪽, 384쪽. 夫山水也者, 可以怡神暢情者也. 居而無此, 則令人野矣.
17 서유구, 앞의 책, 2019, 156~157쪽. 論高山急湍不宜尊居, 論名山, 佳水宜置別業.

만 먹을 수는 없다. 그래서 오직 산수만 보고 삶을 누릴 수는 없다."[18]라고 한 것처럼 단순히 자연환경을 최우선 조건으로 내세울 수는 없는 것이다. 그렇다면 우리시대의 관점에서 산수는 자연환경 대신에 문화시설로 대체할 수 있겠다. 주변에 도서관, 미술관, 체육시설, 극장 등이 있어서 가끔 힐링Healing할 수 있는 시설들이 바로 산수가 아닐까 싶다. 주변에 도심공원이나 대형쇼핑센타 등이 있는 곳이 상대적으로 선호되는 아파트 입지라는 측면에서 수긍이 될 수 있을 것이다.

청담과 풍석의 저서는 조선시대 소위 엘리트 계층인 '사대부가 살기에 좋은 곳이 어디인가?'의 화두를 가지고 지리, 생리, 인심, 산수의 4가지 기준으로 살펴본 것이다. 풍수를 중심에 두고 아파트의 입지를 판단하는 본서에서, 비록 그것이 과거의 것이고, 조선 사대부의 입장에서 본 것이라고 하더라도 상당히 감안해서 보아야할 내용임에는 틀림이 없다.

2. 아파트 자리로 피해야 할 곳

1) 도심에서는 '생기 넘치는 곳 보다는 살기가 덜한 곳'

우리시대에 청담과 풍석의 길지판단의 기준인 지리, 생리, 인심, 산수를 다시 본다면, 여기서 지리는 너무 지덕地德의 관점에 치중하는 점이 있고, 아파트라는 용도가 주로 도심지에 건립된다고 볼 때, 수구水口를 따지고, 좌청룡, 우백호를 따지는 것이 과연 시대상황에 맞는 것인지에 대한 의문이 들 수 있다. 생리의 관점에서 교통이 편리하고 장사하기 쉬운 곳을 길지라고 하지만, 그에 대한 부작용도 고려해야만 한다. 교통이 편리한 곳은 생리生利 즉 이재利財를 모을 수 있는 곳이기는 하지만, 인심이 사납고, 풍속이 좋지 않을 가능성이 있고, 각종 소음에 시달릴 수 있는 곳이다.

인심의 경우도 위의 두 분의 주장을 그대로 받아들이기는 어렵다. 더욱이 아파트의 생

---

[18] 이중환, 앞의 책, 274쪽, 384쪽. 然山水好處, 生利多薄, 人旣不能饘家蚓食, 則亦不可徒取山水以爲生.

활에서 바로 이웃집과도 서로 교류를 하고 있지 않을 뿐 아니라, 위아래층간에는 층간소음문제로 서로 예민한 상황이므로, 인심을 따져서 길지를 찾는다는 것은 시대상황에 맞지 않는다. '맹모삼천지교'의 기준에 따라 학군이 좋은 서울의 목동이나 강남의 대치동의 경우 집값이 비싸기는 하지만, 과연 아파트입지로서 길지인가에 대해서는 확신하기 어렵다. 그런 곳일수록 서로 잘난 척하는 사람들이 많고, 학교에서도 학폭을 일으킨 당사자의 학부모가 오히려 교사를 압박하고 갑질하는 경우가 많을 수 있는 것이다. 풍석이 "가장 중요한 사실은 마음이 허황되고 말만 번드르르하게 잘하는 자가 주민들 사이에 끼어서, 기분을 잡치게 해서는 안되는 것이다."[19]라고 한 말을 새겨들을 필요가 있다.

어쩌면, 이제는 풍수를 말하는 '지리'보다는 '생리, 산수'가 더 중요하게 고려해야할 시대가 되었는지도 모른다. 한편, 산수의 경우도 단순히 자연환경만 말하는 것이 아니라, 문화시설을 포함한 주변의 인위적인 향락시설을 모두 포함한다고 할 때, 과잉공급에 의한 범람으로 힐링을 시켜주는 것이 아니라 소음공해와 빛 공해를 유발하여 스트레스를 받게 하는 대상이 될 수도 있다는 점도 고려하여야 한다. 또, 오염시설을 커버하기 위해 설치된 문화시설이나. 각종 인공적 조형물, 송신탑, 송전탑, 광고탑 등으로 인한 부작용도 생각해야 하는 것이다.

과거, 『택리지』나 『상택지』를 저술할 시기인 조선중기에만 하더라도 농업을 기반으로 하여 동족마을을 구성하고, 보존된 자연환경이 제공하는 생기生氣를 받으며 삶을 영위하였다고 할 수 있다. 당시에는 주변이 온통 자연의 생기가 있는 곳이니 그중에서도 더욱 생기가 있는 곳, 생기가 뭉친 곳을 복거사요卜居四要 즉, 지리, 생리, 인심, 산수의 기준으로 평가하여 길지여부를 판가름하였다고 볼 수 있다. '복거사요'는 사실상 길지 중의 길지를 고르는 '길지의 기준'인 셈이다.

이제, 아파트라는 현대적 용도가 들어설 입지를 평가함에 있어서 길지를 찾는 기준인 복거사요를 그대로 적용하기는 어렵다. 위에서 살펴본 대로 지리, 생리, 인심, 산수의 조

---

19 서유구, 안대회 역, 『산수간에 집을 짓고-임원경제지에 담긴 옛사람의 집짓는 법』, 돌베개, 2009, 104쪽. [六欲六有]: 而最不可使蓬其心銘其舌者廁於其間以敗人意思. 此其大略也.《金華知非集》

송전탑에 둘러싸인 아파트 2007년 촬영

건은 산업화된 우리시대에 맞게 최대한 수용하고 변용한다고 하더라도, 이미 시대착오적이며, 서로 모순되고 충돌하는 것이 되었다. 우리시대의 아파트가 들어서는 입지인 도시지역은 자연적인 생기가 많은 곳이라기보다는 인위적인 살기가 더 많은 곳이며, 과거 권력이 있는 사대부처럼 입지를 골라서 정할 수 있는 상황도 아니다. 시대상황이 바뀐 지금 복거사요에 근거하여 좀 더 길지인 곳을 찾아야 할까? 아니면 이미 주어진 것 중에서 덜 흉지인 곳을 골라야 할까? 당연히 후자가 위주가 되어야 하며, 현대풍수가 그 답을 내놓아야 하는 것이다.

아파트라는 새로운 용도에 대한 풍수이론을 정립하기 위해서, 『택리지』나 『상택지』에서 당시의 상황에서 강조되었던 '복거사요'보다도, 그 당시에는 그리 중요하게 다루어지지 않았던 '칠불가거지七不可居地'[20]와 '피기避忌'[21]에 주목할 필요가 있다.

---

20 '칠불가거(七不家居)'는 복거사요(卜居四要)중에서 '인심(人心)'의 편인 '이인(里仁)'편에 등장하는 내용이

2) 칠불가거지

풍석이 말한 '칠불가거지七不可居地'는 인심에 대한 내용을 다루는 과정에서 제시된 것이므로 주로, 인심의 관점에서 하나하나 그 의미를 따져볼 필요가 있다. 첫째, 종교시설의 근처 즉 사묘寺廟와 신불神佛의 근처를 불가거지로 삼았다. 둘째, '현이顯宦(벼슬아치), 재주財主(부자)가 있는 곳을 불가거지로 꼽은 것은 위에서 언급한 학군 좋은 곳의 부작용을 지적한 것으로 볼 수 있다. 셋째, 앞이나 뒤의 하천이 있는 곳을 불가거지로 삼았는데, 안전의 문제가 있고, 그 다음 위생의 문제가 있기 때문이다. 넷째, 초가집이 몰려있는 곳을 불가거지로 삼았는데, 화재시에 쉽게 번질 우려가 있고, 주로 생활고에 시달리는 사람들의 주거형식이기 때문이다. 다섯째, 당연히 흉포한 사람들이 몰려있는 곳을 불가거지로 꼽았다. 여섯째, 창녀와 광대들이 모여 있는 불가거지로 선정하였다. 일곱째, 젊은 과부와 탕자가 사는 곳도 구설수가 난무하고, 인심이 사납기는 마찬가지이기 때문에 불가거지가 되는 것이다. 칠불가거지가 인심의 측면에서 불가거지로 꼽은 것이기는 하지만, 셋째와 넷째의 경우는 안전의 관점, 재난풍수의 관점에서 볼 때도 불가거지에 손꼽히는 곳이다.

3) 구불거와 오전지

풍석이 복거사요를 모두 언급한 뒤에 기타사항으로 '〈피기避忌〉' 편을 만들어 제시하였는데, 현대 아파트 풍수의 이론 정립을 위해서 부분적이기는 하지만, 우리가 주목해야 할 내용이 있다. '〈구불거九不居〉'[22]에서 일반적으로 집이 충구衝口를 마주하는 곳에 살지

다. 七不可居 : 凡寺廟, 神佛之傍, 不可居也. 顯宦, 財主之側, 不可居也. 前後近河之所, 不可居也. 草房叢聚之處, 不可居也. 窩坊凶暴之地, 不可居也. 娼優相雜之間, 不可居也. 少寡, 蕩子之近, 不可居也. 서유구, 앞의 책, 2019, 153~154쪽. 참조.

21 '피기(避忌)'는 '복거사요'외에 기타사항으로 제시된 내용으로 피기편에 구불거(九不居), 육기거(六忌居), 십기거(十忌居), 오전지(五箭地), 육불가거(六不可居)가 제시되고 있다.

22 서유구, 앞의 책, 2019, 158쪽. 凡宅當衝口處, 不居. 古寺廟及祠社, 爐冶處, 不居. 草木不生處, 不居. 故軍營,

문충살(門衝殺)
서울 중앙지방법원의 청사의 출입문과 건너편 아파트의 출입문이 서로 마주 보고 있다. 2024년 촬영

않는다고 하였는데, 이는 아파트의 출입구가 서로 마주보는 것은 좋지 못하다는 주장으로 해석할 수 있다.

물줄기를 바로 맞닥뜨리는 곳에는 살지 않는다고 하였는데, 물줄기가 있는 곳에는 언급한 그대로 받아들이면 되지만, 그것을 도로로 치환해서 볼 수도 있겠다. 도로가 바로 맞닥뜨리는 곳에는 '도로의 충살'이 있다. 산등성이와 정면으로 맞닥뜨린 곳에는 살지 않는다고 하였는데, 이를 산 대신에 건물로 치환해서 보면, '건물의 모서리살'이 있는 곳을 불거지로 제시한 것이다. 〈피기〉 편에서 〈구불거〉 외에도 '〈오전지五箭地〉'가 소개되고 있는데, 현대풍수의 관점에서 주목해야할 내용이다.

戰地, 不居. 正當水流處, 不居. 山脊衝處, 不居. 大城門口處, 不居. 對獄門處, 不居. 百川口處, 不居.

오전지는 5가지 종류의 살살에 대하여 언급한 것이다.[23] 5가지 살이란 풍살風殺, 수살水殺, 토살土殺, 석살石殺, 목살木殺을 말한다. 여기서, 풍살은 바람에 의한 살로서 아파트 동 동과 동 사이에 부는 바람으로 대체해서 생각해볼 수 있다. 수살水殺은 예기치 못한 산사태나 물난리 등이 이에 해당하는데, 도로로 치환해서 보면 도로살道路殺이 된다. 석살은 뾰족하고 삐죽한 바위에 의한 살기를 말하는데, 아파트 풍수에서는 주변의 건물이나 이웃하는 아파트 동의 모서리, 교회첨탑에 의한 건물살建物殺을 말한다. 토살은 매립지나 간척지 등에 아파트를 지을 경우 발생하는 악취나 침하 등이 이에 해당한다. 목살은 오래된 아파트 단지에 잘 관리가 되지 않아서 산만하게 자란 수목에 의해서 아파트 저층부에 음침한 기운이 감돌 때, 또는 거목이 쓰러지면서 가해지는 살기를 말한다.

여기에서 말하는 오전지는 "비록 꼭 사고가 생기지는 않더라도 다만, 그것의 정취가 나를 어그러지게 하고, 그곳의 이치가 나를 어긋나게 한다. 그러므로 거리낌 없이 이런 곳들을 멀리하여 후환을 방지해야한다."[24]는 것이다.

4) 터의 역사성

앞의 칠불가거지에서 다룬 '사묘寺廟와 신불神佛의 터', 구불거에서 다룬 '오래된 사찰과 신묘 및 사당과 서낭당, 그리고 대장간의 터', '군영이나 전쟁터'에 대한 것은 터의 역사성과도 밀접한 관련이 있다. 즉, 종교시설이 있었던 터, 많은 사람이 사망한 곳 등은 터의 역사성의 측면에서 좋은 터라고 할 수 없다는 것이다.

---

23 위의 책, 159~160쪽. 卜居, 無居五箭之地, 峯巔, 嶺脊, 陵首, 隨背, 土囊之口, 直當風門, 急如激矢者, 名曰風箭. 峻溪, 急流, 懸泉, 瀉瀑, 衝石走沙, 聖如雷動, 晝夜不息者, 名曰 水箭. 堅剛, 爍燥, 斥鹵, 沙磧, 不生草木, 不澤水泉, 硬鐵腥錫, 毒蟲蟻聚, 散若壞壞者, 名曰土箭. 層崖, 疊巘, 峻壁, 巉巖, 銳峯峭岫, 拔刃攢鍔, 鴛齒露骨, 狀如浮圖者, 名曰石箭. 長林, 古木, 茂樾, 叢薄, 翳天蔽日, 垂蘿蔓藤, 陰森蕭洌, 如墟墓間者, 名曰木箭. 五箭之地, 射傷居人, 皆不可用.

24 위의 책, 154쪽. 居之雖未必就有事故, 但以其勢壓於我, 其情悖於我, 其理拂於我, 不妨遠之以防後患.

삼풍백화점 붕괴사고의 자리에 지어진 아파트
2024년 촬영

삼풍참사 위령자탑(양재동 시민의 숲)
가장 깊숙하고 후미진 곳에 설치되었다. 2024년 촬영

길지吉地의 기준에 의한 길지의 선택이 아니라, 살기등등殺氣騰騰한 현대도시에서 흉지凶地의 기준인 칠불거, 구불거, 오전지를 참고하여 조금이라도 덜 흉지인 곳을 선택해야 한다. 앞에서 말한 그러한 흉지에 자리한 아파트에서는 잠자리가 뒤숭숭하여, 아파트라는 용도에서 가장 충족시켜 주어야 할 '잠'을 편히 잘 수가 없는 것이다.

3. 여기에 자리한 아파트는 어떤가?

1) 아파트의 입지유형

촌락에 관한 기존 연구에서는 입지에 따라 산지촌, 하곡촌, 선상지촌, 충적평야촌, 해안촌 등으로 분류하고 있다.[25] 이는 교환경제보다는 자급경제를 바탕으로 하는 농경시대의 촌락의 입지유형이라고 할 수 있겠다.[26] 이에 반해 우리시대에는 발달된 토건공사기술에 힘입어, 생활에 필수적인 물의 공급이 원활하게 이루어지는 곳이라면 어디라도 아파트의 입지가 가능하다. 이러한 측면에서 아파트 입지를 지형조건에 따라 굳이 구분하자면 크게 평지 아파트, 산지 아파트, 강변 아파트, 해변 아파트로 구분할 수 있다. 산지山地아파트는 산꼭대기입지형, 산중턱입지형, 산곡입지형으로 세분할 수 있고, 강변아파트와 해변아파트는 배산임수형背山臨水形과 그 반대인 임산배수형으로 구분할 수 있다.

현대도시 속에서의 아파트 입지를 평가하는데 있어서 먼저, 어떠한 살기殺氣가 있을 수 있는 지를 살펴보는 것이 중요하다. 따라서 아파트 입지에 대한 풍수는 원시시대의 풍수라고 할 수 있는 '재난풍수'의 관점[27]에서 먼저 살펴보아야 한다.

---

25 홍경희, 『촌락지리학』, 법문사, 1985. 참조.
26 강순돌, 앞의 논문, 7쪽. 동서양에서 공통적으로 거론되는 촌락입지요인으로 자연환경, 그 중에서도 지형조건을 들 수 있는데, …자연은 전통시대에 인간의 삶을 지탱시켜주는 가장 중요한 요인이기 때문이다. …그리고 2차적으로는 경제와 사회문화를 촌락입지요인으로…한 집단은 집단 내외부의 조직과 전통에 근거해 촌락의 입지에 대한 의사결정을 내리기 때문이다.
27 여기서 재난풍수라는 것은 '발복(發福)'을 우선적으로 추구하는 것이 아니라 자연재해, 외부침공으로부터

2) 산꼭대기형과 산중턱형

산꼭대기에 있는 아파트는 멀리 볼 수 있는 좋은 전망처에 자리하고 있다고 할 수 있지만, 풍수논리상으로는 좋은 것으로 간주하지 않는다. 산꼭대기에 또 고층아파트를 짓는 것은 양陽에다 양陽을 더한 형식이 되기 때문이다.[28] 산동네를 재건축한 경우에 이런 산꼭대기형 아파트가 되기 쉽다.

산꼭대기형 아파트에 살 경우, 기운상 수그러듦이 없는 양陽에 양陽을 더한 환경에서 생활함으로 고집이 세거나 완고한 성격이 되기 쉽다. 또한 거센 바람에 그대로 노출이 되어 풍살에 의한 재해를 당할 우려가 있다.

산꼭대기입지형 아파트 2007년 촬영

안전한 것을 최우선으로 고려하는 풍수를 말한다.

28 무라야마 지쥰, 최길성 역, 『조선의 풍수』, 민음사, 1990, 610쪽. 고려 충렬왕 때 관후서(觀候署)가 말하기를, 『도선밀기』에 의하면 '다산(多山)을 양(陽)으로 하고 고루(高樓)를 양(陽)으로 한다. 평옥(平屋)을 음(陰)으로 하는데 우리나라는 다산(多山)이기 때문에 만약 높은 집을 지으면 반드시 쇠멸할 것'이라 하였다.

산중턱입지형 아파트의 건설 산의 경사면을 깎아 평탄화 시킴으로써 대지경계에는 콘크리트 옹벽이 높게 수직으로 들어선다. 2006년 촬영

    산중턱의 경사지에 건립한 아파트에서는 산꼭대기 보다는 덜하겠지만, 급경사지 위에 건립된 아파트이니 만큼 그에 따른 여러 가지 문제점이 있을 수 있다. 아파트는 일반 단독주택과 달리 대지의 조성에 있어서, 경사지를 그대로 살리기보다는 일단 평탄화한 뒤에 단지를 조성하는 방식으로 건립된다. 아무리 경사가 급하고 높은 곳이라고 하더라도, 건립규모에 맞는 법정 주차대수를 확보해야하기 때문에 산중턱의 아파트 건립은 어마어마한 높이의 콘크리트 옹벽을 세워서라도 일단 평탄화 하는 것을 전제로 한다.

    산중턱입지형일 경우는 특정 단지가 개발된 이후에 그 위로 또 다른 단지가 개발되는 경우도 흔히 발생한다. 그렇게 되면, 아랫단에 조성된 대지가 콘크리트 옹벽에서 다소 거리를 두기는 하겠지만, 거의 지하와 마찬가지인 세대가 다수 발생할 수 있다. 이럴 경우 통풍의 문제 외에도 역지세逆地勢[29]로 앉혀진 세대발생시 면벽面壁을 해야 하는 상황이 생기기도 하는 것이다.

---

29   발코니가 있는 쪽이 경사의 높은 쪽을 바라보게 되는 경우를 말한다.

면벽하고 있는 아파트 벤치 아래의 아파트 세대들은 거의 지하아파트로서 콘크리트 옹벽을 바라보게 된다.
2010년 촬영

산중턱입지형 아파트 2007년 촬영

또한 산꼭대기나 중턱에 있는 아파트를 자동차로 접근하기 위해서는 급한 경사로를 이용할 수밖에 없다. 소위 도로살에 따른 사고의 위험성이 상존하고 있고,[30] 눈이 많이 오는 날이면 교통마비의 상황을 감수해야 하는 것이다.

3) 계곡형

계곡입지형 아파트의 경우는 그리 쉽게 볼 수 있는 사례는 아니다. 계곡형의 경우는 계곡의 크기에 따라 적정한 규모로 건립이 되어야 하는데, 개발이익에 대한 욕심 때문에 계곡의 수용능력을 초과하는 난개발이 되는 경우가 많다. 계곡형에는 요풍凹風이라고 하는 골바람이 집중적으로 불거나, 바람이 없을 때는 공기소통이 잘되지 않아서 집안이 습하고, 겨울철에는 결로結露로 인한 곰팡이가 발생하기도 한다.

요풍은 특히 겨울철에 찬바람이 부는 것이므로 이러한 곳에 살면 안면근육이 마비되는 풍瘋에 걸리기 쉽다. 바람이 잘 불지 않을 때는 높은 습도와 곰팡이로 인한 관절염, 호흡기관의 병에 걸리기 쉽다. 이러한 입지의 아파트는 아파트 자체가 하나의 굴뚝처럼 작용하여 바람을 타고 내부배관이나 창을 통해서 순식간에 윗 층까지 병원균이 옮겨갈 수 있다.[31] 사스SARS나 2019코로나 펜데믹의 경우처럼 갑작스러운 전염성 바이러스가 창궐할 때, 계곡형입지의 아파트는 더욱 불리한 조건이 된다.

가장 큰 문제는 태풍으로 인한 집중호우시에 계곡으로 흘러내려오는 급류로 인하여 지반이 유실되는 경우, 큰 재난이 발생할 수 있다는 것이다. 게다가 계곡형은 배수처리가

30　'내리막길 질주해 시동 걸려던 마을버스… 아파트 돌진 12명 부상'. 조용휘 기자. 입력 2014-08-25. 부산에서 24인승 마을버스가 내리막길 추진력으로 시동을 걸려다 아파트 출입문으로 돌진해 12명이 중경상을 입는 사고가 났다. 출처: https://www.donga.com/news
31　초고층 아파트 1층의 공기가 100m 높이에 도달하는데 20초. 굴뚝효과로 인한 집단감염의 가능성/밀폐된 공간으로 인한 정신질환의 발생/ 부산MBC 2006.7.25. 방송기사.

계곡입지형 아파트 2005년 촬영

적절하지 않을 경우, 산의 표면지반이 약화되면서 소위 땅밀림 현상 Land creep(지활)[32]이 발생하고 더 심해지면 산사태로 발전할 우려가 있다.

---

32 '땅밀림현상'에 대한 것은 "경주 토함산 3곳에 산사태보다 위험한 '땅밀림' 현상 발생", 2024. 7. 16., 『연합뉴스』, 이재영기자 기사.

우면산 산사태의 피해를 입은 아파트 2011년 촬영

4) 강변형과 해안형

강변입지형 아파트는 강변을 독점하여 병풍처럼 가리고 있다고 하여 '병풍아파트'라고 불리기도 한다.[33] 강변형의 아파트는 산꼭대기형 아파트처럼 전망이 좋다는 장점이 있으나, 바람에 의해 풍살을 맞기가 쉽고, 흐르는 강물을 바라보고 있다가 쉽게 우울증에 빠지는 단점이 있다. 강변의 아파트는 가끔 공장부지였던 곳이 개발되는 경우가 있을 수 있는데, 그 공장부지가 예전에는 강물이 범람하던 하천부지였을 가능성이 높다. 특히, 강줄

---

[33] 박철수, 앞의 책, 2021, 64쪽. 도시민의 숨통인 산이나 강을 막아서서 시민들의 공유자산인 자연경관을 즐길 수 없도록 장막을 드리우고 있을 뿐만 아니라 숲이나 물과 같은 자연요소와의 교감을 위해 다가갈 수 있는 통로조차도 아파트라고 불리는 거대한 콘크리트 덩어리와 자동차 이동을 위한 전용도로가 나란히 줄서서 막아서고 있다. 그럼으로써 어느 도시를 막론하고 도시의 산과 강은 산은 산이고 강은 강이되 진정 산이 아니고 강이 아닌, 그래서 무미건조한 도시생활을 더욱 권태롭게 만들고 있는 지경에 이르고 있다.

▲ 강변입지형 아파트 2012년 촬영
▶ 강변입지형 아파트의 차수벽설치사례
    2003년 촬영
▼ 반궁수측의 입지1 강줄기의 반궁수측에
    자리한 전남 순천의 모아파트, 2014년 촬영

반궁수측의 입지2
강줄기의 반궁수 측에 위치한 아파트, 2003년 촬영

기의 반궁수反弓水[34] 측에 자리한 아파트의 경우, 강둑이 만들어져 있다고 하더라도 강력한 태풍, 집중호우가 발생하면 쉽게 침수 될 수 있다는 사실을 염두에 두어야 한다. 아파트 지하주차장의 침수로 재산피해, 인명피해가 발생하는 일이 자주 일어나는 곳이 바로 강변입지형이다.[35]

해안입지형의 장단점은 강변입지형과 거의 비슷하다고 할 수 있으나, 해변이니만큼, 더 강력하고 급작스러운 재해가 일어날 수 있다는 점[36]을 간과할 수 없다. 해안입지형의 아파트는 특히 재

해안의 풍살과 굴뚝효과 화재오피스텔 앞에서는 해풍이 불어오고 뒤쪽으로 신축 고층빌딩이 굴뚝처럼 서서 바람의 상승을 유도하고 있다. 출처: 2010년 JH Ryu 촬영

난풍수의 관점에서 살펴보아야 한다. 태풍이나 지진해일의 피해를 입는 경우가 많기 때문이다. 해안형은 낮에는 해풍, 밤에는 육풍이 부는 경계점에 세워진 아파트이기 때문에 바람에 의한 피해를 상시 조심해야한다. 풍수상 '바람이 분다'는 것은 '뭔 일이 일어날 수 있다'는 것인데, 특히 조금만 부주의해도 화재가 발생하여 크게 번질 수 있는 것이다. 더욱이 해안가에 병풍치듯이 서있는 고층아파트가 일종의 바람벽 내지는 굴뚝의 역할을 함으로써 '바람의 시너지효과'가 일어날 수 있는 것이다.[37]

---

34 강줄기가 활모양으로 휘어져 있다고 할 때, 활을 잡아당겨 쏘는 측과 화살을 맞는 측으로 나눌 수가 있는데, 전자를 옥대수(玉帶水)측, 후자를 반궁수(反弓水)측이라고 칭한다. 여기서 옥대수는 옥(玉)으로 만든 허리띠를 두른 안쪽자리에 있다는 것을 의미한다.
35 2022년 9월 6일 태풍 힌남노의 영향으로 포항 냉천이 범람하면서 하천 인근 아파트 지하주차장에서 안내방송을 듣고 차량을 빼기 위해 간 입주민 8명과 주택가에서 대피하던 주민 1명 등 모두 9명이 숨지고 3명이 다쳤다. 출처 : 한국아파트신문. 2025년 2월 13일자. (https://www.hapt.co.kr)
36 "멋지지만 위험한 동네?" '불안한 해안가', 부산 MBC, 2024년 2월 21일 방송. 참조.
37 우신골든스위트 화재(Wooshin Golden Suite火災事故)는 2010년 10월 1일에 부산광역시 해운대구 마린시티내 오피스텔(우신주식회사가 시공) 4층 미화원 탈의실에서 전기가 누전돼 화재가 발생한 사고이다. 출처:

아파트가 들어서는 해안가는 용도지역상 일정부분 건축제한이 강하게 적용되는 주거지역이기 보다는 완화 적용되는 상업지역일 경우가 많다. 아파트를 주거지역에 짓는 것과 상업지역에 짓는 것은 건축규제적 측면에서 아주 큰 차이가 있을 수 있다. 주거지역에서는 '일조권에 의한 높이제한'과 비교적 낮은 '용적률'이 적용되기 때문에 아파트 동 간의 거리가 어느 정도 유지되는 편이다. 완화적용의 상업지역의 경우라면 사정은 달라진다. 상업지역에서는 일조권에 의한 높이제한이 없고, 용적률

우신골든스위트 화재 출처: 위키백과, ⓒ최광모

도 매우 높게 적용되기 때문에 조밀하고도 높게 건설될 수 있는 것이다. 앞에 들어선 고층 아파트로 인해서 오션뷰가 콘크리트 뷰[38]가 될 수도 있고, 뒤에 지어지는 고층아파트로 인해 연돌효과煙突效果가 생기고 그에 따른 대형화재나 전염병이 창궐할 수 있는 것이다.

원시시대의 원시인들이 살터를 고르는데 있어서 터잡이의 제1우선 조건은 자연재해로부터 자신의 생존을 담보할 수 있느냐의 여부이었을 것이라는 것은 쉽게 추정할 수 있다.[39] 즉, 발복發福이라는 이름으로 기대하는 부富와 귀貴가 아니라는 것이다. 우리는 그것을 '원시시대의 풍수'라는 이름을 붙여서 칭한다면 '생존풍수生存風水'라 한다. 생존을 위한 풍수를 '생존풍수', 재난을 고려한 풍수를 '재난풍수'라고 정의한다면, 생존풍수와 재

위키백과
38 "오션뷰가 하루아침에 콘크리트뷰로" 부산 69층 주상복합 날벼락. 이지은 기자, 2024. 1. 14.
   출처: https://www.chosun.com/economy/real_estate
39 강순돌, 앞의 논문, 3쪽. 신석기시대에는 주로 밭농사를 짓고 석기와 토기를 만들었으며, 그들의 촌락은 주위환경으로부터 방어가 되고 하천에서 풍부한 어패류를 채취할 수 있는 지류유역에 자리하고 있었다. 촌락의 규모는 10~20호로 보았다.

난풍수는 원시시대 뿐 아니라 오늘날의 경우에도 '발복풍수' 이전에 가장 기본적으로 고려해야할 풍수라고 할 수 있을 것이다. 부산 해운대나 송도와 같이 해안가에 인접하여 고층건물을 건축하는 것은 수재, 화재, 태풍재난 등에 대해 안전하지 않다는 것은 이미 여러 사례를 통해서 드러났다. 즉, 이러한 아파트는 생존풍수, 재난풍수의 측면이 전혀 고려되지 않은 아파트라는 것이다. 어떤 재난이 일어났다고 할 때, 하나의 단지라면 하나의 형국 내에서 벌어진 일이므로, 같은 동네에서 일어난 일이 된다. '같은 동棟'에서 사건 사고가 일어나면 '같은 집'에서 발생한 것으로 본다. 동棟

아파트 화재발생 현장
서울의 강남구 대치동의 아파트, 2006년 촬영

단위에서 보는 아파트 풍수의 특징 중의 하나는, '길한 것은 함께 길한 것으로, 흉한 것은 함께 흉한 것이 된다'는 것이다.

아파트 용도풍수에서 입지를 평가한다고 할 때, '어디가 아파트길지인가?'를 따지기 보다는, '어디가 재난풍수의 관점에서 안전한 곳인가?'를 더 중요한 문제로 본다.

4. 도로와 주차장의 풍수

1) 진입도로와 입구

아파트와 관련한 도로로 단지 내의 도로와 외부도로로 구분할 수 있는데, 단지 내의 도로는 아파트 단지를 계획하면서 만들어진 것으로 그 소유권과 관리 책임은 아파트 입주민에게 있다. 단지의 외부도로는 국도, 지방도 등으로 구분되며, 국가나 지방자치단체가

경부고속도로의 직충살을 받는 아파트 2004년 촬영   곡선형 도로변의 아파트 곡선형의 도로에서 반궁수살을 받는 경우이다. 2012년 촬영

소유하며 관리한다. 주된 교통수단이 승용차인 아파트 입주민은 인접도로의 체계가 진출입이 편안하고도 수월하게 이루어지고 있는 지를 먼저 따져보아야 한다. 단일 도로에 접한 경우는 어쩔 수 없다고 하더라도 여러 도로에 접한 아파트 단지라면, 일반적으로 통행량이 적은 쪽의 도로로 출입구가 접속되도록 강요된다.[40]

아파트 단지의 출입구와 주변도로가 어떻게 접속되어 있는지에 따라서 그 혼잡도와 교통사고의 빈도가 결정된다. 즉, 도로의 선형과 출입구의 위치, 방향 등이 도로살의 강도에 영향을 준다는 것이다.

도로살은 직충살直衝殺과 반궁수살反弓水殺로 구분된다. 도로의 선형이 직선일 때, 직선의 끝에 자리하고 있다면 직충살을 받게 되는 것이다. 만일, T자형 삼거리형태의 도로 교차로에서 T자의 중심에 자리하고 있는 경우에 강력한 직충살을 받게 된다.

---

[40] 주차장법 시행규칙 제5조 6. 노외주차장과 연결되는 도로가 둘 이상인 경우에는 자동차교통에 미치는 지장이 적은 도로에 노외주차장의 출구와 입구를 설치하여야 한다. 다만, 보행자의 교통에 지장을 가져올 우려가 있거나 그 밖의 특별한 이유가 있는 경우에는 그러하지 아니하다.

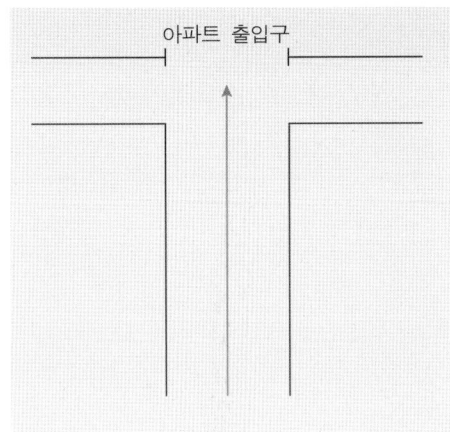

T자형 삼거리에서 직충살
아파트 출입구는 직충살을 받게 된다. 필자 작성

아파트단지 출입구가 직충살을 받는 사례
2024년 네이버 지도에 작업

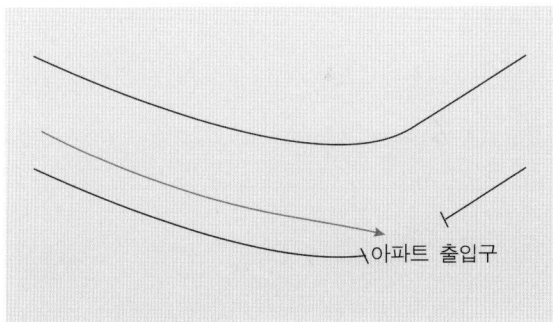

▲ 곡선형 도로에서 반궁수살 아파트 출입구는 반궁수살을 받는다. 필자 작성
◀ 삼거리에서의 직충살 길 건너로 직진하는 위치에 아파트단지의 출입구가 설치되어 있다. 2024년 네이버 로드뷰에 작업

제2장 좋은 아파트란? **81**

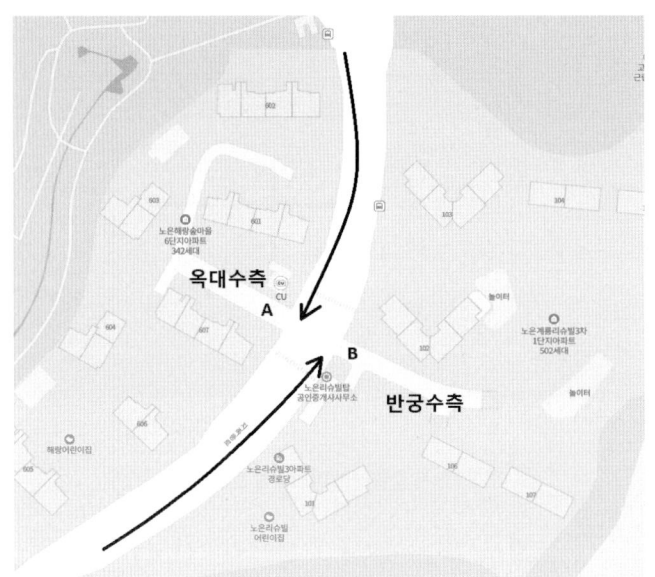

궁수형(弓水形)의 도로 측에 위치한 아파트의 출입구 A는 옥대수측 출입구로 생기, B는 반궁수측 출입구로 살기를 받는 위치에 있다. 2024년 네이버 지도에 작업

반궁수형 도로에 접한 아파트의 출입구 반궁수의 도로살을 받는다. 2022년 네이버로드뷰 작업

산꼭대기나 산중턱 입지형 아파트의 경우, 간선도로와 아파트 진입도로가 서로 교차할 때, 급경사의 도로에 의한 도로살이 발생할 가능성이 높다. 잠룡살潛龍殺은 내리막길에서 발생하고, 비룡살飛龍殺은 오르막의 고개 위에서 발생한다. 경사도가 심한 두 개의 도로가 교차할 때, 소위 잠룡潛龍과 비룡飛龍이 만나는 것인데, 그 접점의 도로지점은 '사고다발지역'이 되기 쉽다.

또한 단지의 입구도로와 간선도로의 접합점이 예각銳角으로 만나는 경우, 섬룡입수閃龍入首의 형식이 되어 섬룡살閃龍殺이 발생하는데, 진출입차량과 통과차량의 충돌사고가 빈번하게 발생할 수 있다. 이런 경우 사고를 줄이기 위해서는 가각街角의 정리 및 여유 공간의 확보가 필요하다.[41]

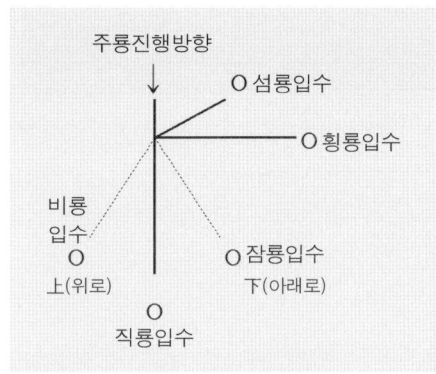

▲ 도로의 경사도에 따른 용의 입수(入首)
필자작성

▶ 섬룡입수처에 위치한 아파트의 출입구
출입구 주변 도로가 경사진 경우 사고다발지역이 될 가능성이 더 높다. 2024년 촬영

41 여기서 잠룡입수는 도로의 경사가 낮아지는 쪽으로 이동하는 것, 비룡입수는 도로의 경사가 높아지는 쪽으로 이동하는 것을 말한다. 잠룡입수에 의해서 발생하는 도로살을 잠룡살, 비룡입수에 의해서 발생하는 도로살을 비룡살이라고 한다. 비룡살은 잠룡살에 비해서 중력의 반대방향인 오르막에서 발생하므로 잠룡살에 비해서 그 강도가 낮으며, 주로 비룡이 끝나는 고개부분에서 발생한다. 한편 섬룡입수는 두 개의 도로가 서로 90도 미만의 예각으로 교차하는 방향으로 나아가는 것을 말한다. 섬룡입수의 지점에는 가각정리를 하든지, 교통광장 등의 여유공간을 만들어서 운전자 시야확보가 될 수 있도록 해야 한다.

아파트단지 진입부분 높은 곳에서 낮은 곳으로 내려가는 잠룡도로와 낮은 곳에서 높은 곳으로 올라가는 비룡도로의 만남. 사고다발지역. 2009년 촬영

2) 단지 내부도로와 주차장

아파트 단지 내의 도로는 주차장과 각동의 출입구를 연결한 통로이다. 아파트 단지 내의 도로살을 줄이기 위해서는 우선 통과교통을 차단해야한다. 아파트의 입지가 서울과 같은 도심지라면, 출입문이 여러 개가 될 경우 시내의 교통이 막힐수록 통과교통이 많이 생기게 된다. 즉, 아파트의 입주민과 관계없는 차량들이 좀 덜 막히는 지름길을 찾아서 아파트 내부를 가로질러 지나다니게 되는 것이다. 물론 아파트 설계자가 전문적인 지식을 바탕으로 잘 계획하겠지만, 거주자, 외래방문객, 기타서비스차량의 통행을 위한 통행 및 주차계획을 잘 수립해야 한다. 통과교통의 차단 외에 단지 내의 도로를 불규칙한 곡선형으로 하여 저속통행을 유도하는 것도 도로살을 줄이는 하나의 방법이다.

통과도로가 된 아파트 단지 내 도로 2023년 촬영

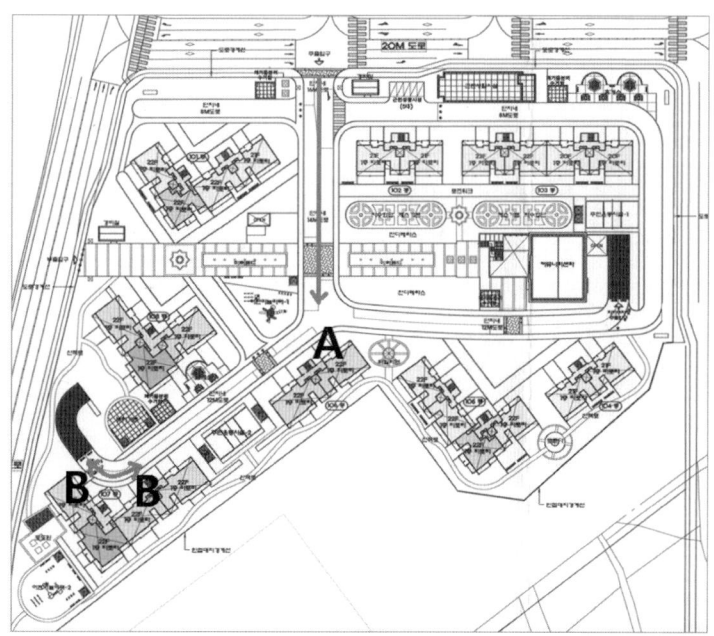

단지 내의 도로계획 A부분은 직충살, B부분은 반궁수의 도로살을 받게 된다. 도면 제공 다원건축

아파트 단지 내의 도로에서도 그 선형에 따라 직충살, 반궁수살의 도로살이 발생할 수도 있다. 도로살을 받게 되는 해당 동은 그 악영향이 매우 크다. 따라서 도로살을 최소화하는 도로선형과 시설배치가 이루어져야 한다. 또한 단지 내의 도로에서 오토바이(배달형

음식)통행으로 인한 소음발생에 대한 대비가 필요하다. 한편, 단지 내의 주동 배치상 가장 음기陰氣가 성한 곳[42]에 도로를 통과시켜 동적인 양기陽氣를 수시 공급하는 것은 범죄예방에 도움이 된다.

아파트는 대체로 고층인 경우가 많으므로, 세대 내에서는 도로가 낮게 보이는 경우가 대부분이다. 그런데, 간혹 아파트의 입지가 고가도로에 근접한 경우, 아파트세대보다 도로가 높게 보일 수가 있다. 아파트 보다 고가도로가 높은 경우는 아무래도 시각적으로나 심리적으로 불안한 상태가 되는 것은 사실이다.

아파트의 주차장은 지상주차와 지하주차방식으로 나누어진다. 최근의 경향을 살펴보면, 지상주차는 소방차등의 비상용주차, 전기차 충전을 위한 주차, 청소차등을 위한 관리용주차로 할애하고, 그 외 입주민의 차량을 모두 지하에 주차하도록 계획하는 경우가 많

▲ **지하주차장 경사로 출입구 직충살** 출입구 맞은편의 아파트는 비룡도로로서 위로 올라가는 경사이기 때문에 직충살 정도가 다소 완화되기는 하나, 야간의 헤드라이트에 의한 빛의 직충살을 피하기는 어려운 상황이다. 2018년 촬영
▶ **아파트 내부도로에 의한 직충살** 화살표의 끝에 있는 아파트는 단지 내의 도로에 의한 직충살을 받게 된다. 2004년 촬영

---

42 오래된아파트의 경우, 아파트 주변의 수목이 성장하여, 음침한 분위기를 자아내는 곳이나, 입주민들의 왕래가 드문 곳은 음기(陰氣)가 강한 곳이다.

다. 요즈음의 추세로 보면, 입주민들은 대체로 지상에 주차장을 두지 않는 방식을 선호하고 있는 것 같다. 지상주차부분을 조경공간으로 할애함으로써 보행자의 안전성과 아파트 외부공간의 쾌적성이 더 높아지는 것이다. 사실, 주거방식이 현대화되어서 위생적이고 안전하게 된 측면이 있기는 하지만, 한편으로는 집이 사람중심이 아니라 실내에서는

고가도로가 옆으로 지나가는 경우 2003년 촬영

가구중심이 되고, 실외에서는 자동차중심이 되버린 감이 없지 않다. 건축계획을 함에 있어서도 건축이 되고 안 되고의 문제는 사람을 먼저 생각하는 것이 아니라 자동차 주차를 몇 대나 할 수 있느냐에 달려있는 것이다.

　주차장법에 의한 일반형 주차구획은 2.5×5m이다.[43] 그런데 소득수준이 높아지고 대형차들이 흔해지면서 소위 '문콕'으로 인한 주민간의 주차시비가 늘어나고 있다. 이러한 문제를 줄이기 위해서는 자동차 문을 여닫을 때, 주의하는 것, 차량 문에 충격방지용 스펀지를 부착하는 것 외에 확장형 주차구획의 설치비율을 높이는 것이 필요하다. 그 외에 택배용 탑차와 엠블란스 차량이 진입할 수 있도록 주차장바닥에서 출입구의 상단 높이를 법규정인 2.3m[44]에 꼭 맞추려고 하지 말고 최소 2.7m이상으로 하여야 한다. 그렇게 되면, 주차장의 규모가 더 넓어지고 높아지는 것에 따른 공사비의 증가는 피할 수 없다.

---

[43] 주차장법시행규칙 제3조 1항2호 일반형 너비 2.5m 이상, 길이 5m 이상, 확장형 너비 2.6m 이상, 길이 5.2m 이상, 제6조 1항 14호 확장형 주차단위구획을 주차단위구획 총수(평행주차형식의 주차단위구획 수는 제외한다)의 30% 이상 설치해야 하며, 환경친화적 자동차의 전용주차구획을 총주차대수의 100분의 5 이상 설치해야 한다. 다만, 시장·군수 또는 구청장이 지역별 주차환경을 고려하여 필요하다고 인정하는 경우에는 시·군 또는 자치구의 조례로 환경친화적 자동차의 전용주차구획의 의무 설치 비율을 100분의 5보다 상향하여 정할 수 있다.

[44] 주차장법시행규칙 6조 5. 지하식 또는 건축물식 노외주차장의 차로는 제3호의 기준에 따르는 외에 다음 각 목에서 정하는 바에 따른다. 가. 높이는 주차바닥면으로부터 2.3미터 이상으로 하여야 한다.

◀ 확장형 주차구획(외부) 주차구획선을 2.6m 간격의 이중선으로 넓힌 경우. 2024년 촬영
▶ 확장형 주차구획(내부) 인천 국제공항의 확장형 주차구획. 공항이용객의 짐을 오르내리는데 필요한 측면공간을 확보한다. 2024년 촬영

5. 아파트 단지와 세대의 풍수

1) 주동의 모양에 따른 구분 : 판상형과 탑상형

아파트 주동에 따라 판상형, 탑상형, 복합형으로 구분된다. 판상형은 초기의 아파트 형식으로 주로 복도식 아파트가 마치 도미노 조각처럼 서있는 형식을 말한다. 판상형의 아파트의 배치가 단조롭고, 앞 동에 의해서 뒤의 동의 전망이 통째로 가리는 상황을 극복하기 위해서 제시된 것이 탑상형이다. 탑상형아파트는 계단실과 엘리베이터를 한 층의 두 세대 이상이 공유하는 형식으로 소위 계단실 형의 변형된 형식이라고 할 수 있다. 아파트가 30층이상 초고층화 되고 한 층에 서너 세대가 엘리베이터와 계단실이 있는 코어홀을 공유하게 되면서 탑상형의 형식이 유행하게 되었다. 복합형은 하나의 단지 내에 판상형과 탑상형이 혼합되어 있는 것을 말한다.

판상형의 아파트는 뒤에 있는 동의 전망을 가리고 배치형식이 단조로워지는 단점이 있다. 판상형을 일자형으로 배치하였을 경우 인동간격을 적절히 유지한다면 모든 세대가 균등하게 일조, 채광, 환기의 조건을 누릴 수 있다는 장점이 있다. 이러한 장점이 초기의 아파트 단지가 거의 모두 판상형 아파트로 건립된 까닭이다. 그런데 아파트라는 용도가 조선시대의 반가주택처럼 모든 액티비티를 담고, 하루종일 거처하는 곳이 아니기 때문에 꼭 남향의 일조를 하루종일 받아야하는 시설이 아니라는 것이다. 일이 없는 휴일이 아니라면 하루 종일 집안에 머무는 현대인은 거의 없다. 물론 남향인 세대가 선호되는 점이 여전히 강하다고 하더라도 그것이 반가주택처

판상형 아파트 2012년 촬영

탑상형 아파트 2023년 촬영

럼 절대적인 선택의 조건이 아니라는 것이고, 그래서 하나의 단지 내에서도, 한 층내에서도 다양한 향을 가진 초고층의 탑상형 아파트가 생겨나게 된 것이다.

　탑상형으로 초고층화 된 것이 소위 코어홀형인데, 홀에서 소음이 발생하기 쉽고, 각 세대별 배치향의 조건에 따라 북향세대나 서향의 세대가 생길 수 있다. 코어홀형에서는 향의 조건에 따른 일조량에 있어서 세대별 수준차가 있을 수 있다. 또 세대내의 각 실의 형태가 사각형이 아닌 사다리꼴형[45] 등이 나올 수 있다. 탑상형의 장점은 건물의 외관을 독특하게 할 수 있다는 것이다. 풍수적으로 볼 때, 앞동에 의해 전망이 완전히 가려지는 상

황에서 오는 '능압살凌壓殺'을 줄일 수 있는 아파트 형식이다. 하지만, 앞 동의 비틀어진 배치로 인해 자칫 '모서리살'의 발생이 일어날 수 있다는 점을 간과해서는 아니될 것이다.

2) 능압살과 모서리살

단지 내에서 나의 세대가 포함된 동의 위치는 대지 경계의 가장 자리에 있을 수도 있고, 대지의 중앙으로 위치하여 단지 내의 다른 동들을 앞뒤와 옆에 둘 수도 있다. 대지경계의 가장자리에 있을 때의 장단점이 있고, 대지의 중앙에 위치할 때의 장단점이 있다. 대지경계에 위치한 동의 장점은 주변이 트여서 전망이 좋다는 것이다.

경계선에 접한 아파트 동 아파트 외벽에 걸린 현수막의 내용을 보면 기존 아파트의 경계선 밖으로 더 높은 층수의 아파트가 건립예정인 모양이다. 2016년 촬영

---

45 실의 형태가 사다리꼴이나 삼각형이 되면, 가구의 배치가 곤란한 경우가 발생한다.

단점이라고 하면, 단지 외의 예상하지 못한 살기殺氣에 직접 노출된다는 것이다. 경계선 밖을 통제할 수 없으므로 어떠한 시설이 들어서느냐에 따라서 좋았던 전망이 가려질 수 있고, 현란한 야간 조명에 의한 '빛 공해'를 겪을 수도 있다. 특히 인접 도로로 인한 소음, 도로살, 풍살에 직접 노출될 수 있다.

단지의 중앙에 있을 때의 풍수적 판단은 아파트의 각 동棟이 어우러져 어떤 영

아파트 단지에서 좌청룡, 우백호
가운데 1122동을 기준으로 볼 때, 서쪽우측동이 우백호, 동쪽좌측동이 좌청룡, 주출입구와 상가가 전주작, 뒤쪽의 35m도로가 후현무가 된다. 2024년 네이버 지도에 작업

안동 하회마을의 부용대 절벽 마을에서 부용대 절벽을 보면 능압살을 느낀다. 그래서 만송림을 조성하여 필터링(Filtering, 여과)하였다. 2011년 촬영

경주 양동마을 향단의
안채 전망
2002년 촬영

전면 능압살 발코니 전면으로 고층 아파트가 벽처럼 서있다. 2015년 촬영

후면 능압살 현관 북도측 능압살. 2012년 촬영

역성을 적절하게 잘 확보하고 있는 지의 여부에 따른다. 이것은 특정 동을 중심으로 주변의 다른 동이 좌청룡, 우백호, 전주작, 후현무로 어우러져 좋은 형국을 만들고 있는가와 상통하는 것이다. 좌청룡, 우백호의 역할을 하는 옆의 동과 전주작, 후현무의 역할을 하는 앞과 뒤의 동이 너무 가깝지도 않고 멀지도 않는 적정한 거리를 유지하고 있는가를 본다.

적정한 높이와 거리를 유지하지 못하고 너무 협착狹窄할 경우 능압살凌壓殺을 마주하기 쉽다. 능압살이란 능멸凌蔑하고 압박壓迫하는 살기를 말한다. 판상형의 아파트가 대세인 시대에 우리는 앞 동의 능압살을 받으며 살았다. 즉, 반가주택으로 본다면 사랑채전망이 아니라 안채전망을 보며 살았다고 해야 할 것이다.

탑상형의 아파트가 많이 들어서는 요즈음의 시기에는 동과 동간에 공간이 생김으로 인해서 능압살은 줄어들었으나, 건물의 모서리살이 많이 발생하고 있다. 여기서 모서리살이란 거실에서 앞 동 아파트의 모서리를 보게 되는 경우를 말한다. 모서리살은 '밥상 모서리에 앉지 말라'는 옛 어른들의 말씀으로 설명된다. 아파트단지내의 경우와는 별개로 단지의 경계에 있는 동의 경우, 인접단지의 다른 건물이 어떠한 형상으로 서있는지, 서게 될 것인지도 주의 깊게 살펴보아야 한다. 앞산을 가리는 콘크리트 뷰도 문제이지만, 그 콘크리트 건물 자체에서 건물살이 발생하는 경우는 더 큰 문제이다. 쉽게 말해서 앞의 건물이 높게 가리고 있으면, 능압살이고, 모서리가 보이면 모서리살이 있다는 것이다.

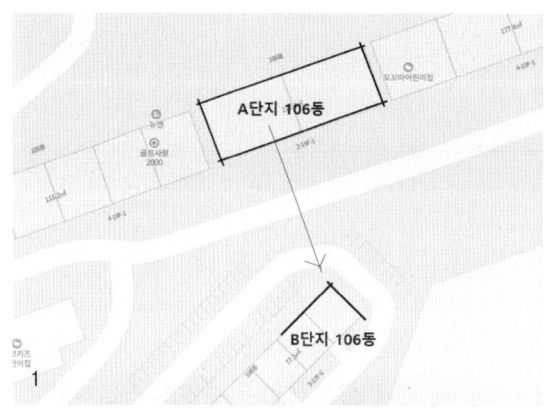

1. **이웃 단지의 아파트에 의한 모서리살** A단지 106동이 이웃 B단지 106동의 모서리를 보고 있다. 2020년 네이버 지도에 작업
2. **모서리살** 거실에서 B단지 106동의 아파트 모서리가 보인다. 2012년 촬영
3. **세대 내에서 보이는 모서리살** 침대나 책상의 위치를 선정할 때, 이렇게 모서리가 보이는 각도는 피하는 것이 좋다. 2012년 촬영

3) 아파트의 관리실과 상가

전통마을에서도 주거를 포함한 마을 단위의 필요시설들이 있다. 우선, 동족 마을에는 종가집이 있다. 종가집에는 그 집의 권위를 드러내는 넓은 마당과 대청마루가 있고, 담장 밖에 불천위不遷位사당이 있다. 종가집은 마을의 운영에 필요한 각종회의가 열리고 단합을 위한 행사가 열리는 곳이다. 동족마을에서 의결기구는 종가집 모임이다. 그곳에서 안건을 결정하면, 그대로 집행이 된다. 그 다음 마을의 안녕을 기원하는 종교시설이 있는데, 성황당 또는 삼신당 그리고 뒷산의 기슭에 자리한 사찰이 있다.

판상형의 아파트 배치에서 상가는 별동으로 지어지는 경우가 많았다. 점차 탑상형의 아파트가 보편화되면서 단일건물의 저층부에 상가, 상층부에 주거부를 배

아파트 단지 내의 상가 2024년 촬영

치하는 주상복합住商複合의 건물 형식이 생겨났다. 이는 로마의 인슐라의 형식과 같은 것이다. 길거리와 레벨을 같이 하는 저층부에는 상가, 고층부에는 주거시설이 있는 것이다.

하나의 건물에 상가와 주거시설이 함께 있을 경우, 법적으로 반드시 출입구를 분리하게 되어 있다.[46] 출입구를 분리하지 않게 되면, 상가를 이용하는 외부인이 무단으로 주거시설

---

46 주택건설기준 등에 관한 규정 (약칭: 주택건설기준규정)[시행 2024. 7. 17.] [①숙박시설(상업지역, 준주거지역 또는 준공업지역에 건설하는 호텔시설은 제외한다) · 위락시설 · 공연장 · 공장이나 위험물저장 및 처

해남윤씨 어초은 불천위사당 종가집 녹우당의 담장 밖 우측에 자리하고 있다. 2008년 촬영

리시설 그 밖에 사업계획승인권자가 주거환경에 지장이 있다고 인정하는 시설은 주택과 복합건축물로 건설하여서는 아니된다. ②주택과 주택외의 시설(주민공동시설을 제외한다)을 동일건축물에 복합하여 건설하는 경우에는 주택의 출입구·계단 및 승강기 등을 주택외의 시설과 분리된 구조로 하여 사생활보호·방범 및 방화등 주거의 안전과 소음·악취 등으로부터 주거환경이 보호될 수 있도록 하여야 한다. 〈개정 2014. 10. 28.〉

종가집 불천위제사 경북 안동 하회마을의 종가집 양진당 대청마루. 제사모임에서 중요한 대소사가 결정된다.
2011년 촬영

로 침입할 수 있게 되어 입주민의 사생활이 침해되는 여러 가지 문제가 발생할 수 있다.

아파트촌의 경우, 동족마을의 종가집 모임처럼 단지별로 의결기구가 있다. 각동의 입주자대표가 모여서 회의하는 곳은 주로 아파트 관리사무소이다. 아파트 관리사무소는 저층의 상가건물에 위치하는 경우가 대부분이지만, 과거에는 별동으로 자리하는 경우도 많았다. 하지만, 관리사무소는 전통마을의 종가집처럼 권위를 가지지 못한다. 아파트 입주자 대표회의에서 결정된 사항이라고 하더라도, 어떤 진상의 입주민 한 명이 지독하게 민원을 제기하는 경우가 발생하면 결정이 번복되기도 한다.

안동 하회마을의 삼신당 나무 2016년 촬영

아파트 관리사무소의 주된 업무는 입주민의 민원을 해결하는 것이다. 따라서 입주민의 입장에서 아파트 관리사무소가 어떤 일을 하고 있는지, 근무상태는 어떤지를 쉽게 파악할 수 있는 곳에 위치하는 것이 좋다. 하지만, 아파트 주동을 배치하고 난 뒤에 남은 자투리의 공간에 별동으로 관리동을 배치하거나, 커뮤니티센터 내에서도 후미진 곳에 설치되는 경우가 많다. 관리동이 입주민들의 시선에서 멀어지면, 궁극적으로 아파트 관리

출입구를 분리한 사례 2011년 촬영

의 신뢰성은 떨어지게 된다. 따라서 아파트 관리사무소장이나 관리원의 업무 스트레스는 높아지고, 업무에 대한 만족도는 낮아지게 되는 것이다.

요즈음 고급아파트일수록 커뮤니티센터라고 해서 주민 운동시설, 독서실, 주민운영카페 등을 아파트 관리실과 함께 묶어서 단지의 중앙부에 설치하는 경우도 생겨나고 있다. 심지어 아파트가 호텔내지는 요양원처럼 변해가는 추세에 있는데, 수동적 관리체계를 넘어 아침 식사를 비롯한 집안 청소 등의 서비스를 제공하는 아파트가 생겨나고 있다.

아파트상가에 입주한 시설용도는 소위 '근린생활시설'에 속하는 것들이다. 상가의 흥망성쇠는 상가를 분양받은 상인 개개인의 역량에 좌우되는 것이기는 하지만, 입주민의 관심과 애정도 큰 몫을 차지한다. 아파트에 부속된 단지 내의 상가가 일정수준으로 유지되지 못하면 입주민에게도 상당한 불편이 초래될 수 있다. 상가가 활성화되기 위한 위치는 아파트 단지의 출입구 부근, 단지의 가장 낮은 곳, 아파트 단지 내의 기운이 모이는 곳 그러면서도 불특정다수가 쉽게 접근 할 수 있는 외부 경계지역이 좋다.

4) 종교시설

중국전통의 다층 공동주택단지라고 할 수 있는 토루촌에는 별동으로 지어진 마을 공동의 종교시설이 있고, 각각의 토루 내에 조상신이나 복록수福祿壽를 가져다준다고 믿는 신神을 모시는 종교시설이 중요자리를 차지하고 있다. 이것은 조선반가의 집안에 사당이 있는 것과 동일하다. 중요한 일이 있을 때나 명절시기에 이곳에 모여 종교의식을 거행한다. 개개인도 먼 곳으로 출타할 때 안녕을 빌고, 돌아왔을 때 무사귀환에 대한 감사의 예를 표하는 곳이다. 이러한 종교시설은 씨족사회에서는 공동체의 의식을 강화시키는데 중요한 몫을 담당하였던 것이다.

아파트 상가에 입주한 종교시설의 경우도 일정부분 위와 같은 역할을 하고 있는 것은 사실이다. 하지만, 특정 종교의 경우 타 종교에 대한 배타적인 성격을 강하게 드러냄으로써 오히려 분열과 갈등을 일으키기도 한다. 종교인이 일반대중을 걱정하는 것이 아니라, 일반대중이 종교인을 걱정하는 시대라고 말하는 사람들도 있다. 종교 간의 분열과 갈등의 문제 외에도, 풍수적 관점, 기운의 관점에서 상가건물에 함께 입주한 다른 상가에 미치는 종교시설의 폐해가 있을 수 있다.

상가건물의 옥상에 종교시설의 상징물 즉 십十자가나 만卍자 등이 설치되면, 첨탑살尖塔殺[47]이 발생된다. 또한 상가의 지붕에 설치된 상징물로 인해 그 종교시설이 상가건물의 전체의 기운을 독점하는 상황이 발생한다. 그러한 옥상의 첨탑이 쉽게 말해서 교회 내지는 사찰이 건물전체를 차지 또는 장악하고 있는 것처럼 되어버린다는 것이다. 이런 점에서 아파트 상가에 입주한 종교시설은 그 상징물을 과다하게 큰 규모로 설치하는 것을 지양해야하고, 다른 상가용도들이 이로 인해 위축되는 일이 없도록 배려해야 할 것이다. 또

---

47 모서리살이 평면적 모서리에 의해서 발생되는 것으로서 칼이나 창을 찌르듯이 눕힌 자세에서 발생되는 살기(殺氣)이라고 하면, 첨탑살은 입면적으로 하늘을 찌를 듯이 뾰족한 칼이나 창을 세운 자세에서 발생되는 살기이다.

토루촌의 도교적 종교시설인 도관(道觀)
중국 福建省 華安縣 仙都鎭 大地村 玄天閣, 2009년 촬영

토루촌의 마당 중심에 설치된 신당 탁자에 '福祿壽'라는 글자가 보인다.
중국 福建省 永定縣 下洋鎮 初溪村 集慶樓. 2009년 촬영

아파트 상가에 교회첨탑이 있는 경우
2008년 촬영

아파트 상가에 교회첨탑이 없는 경우
2010년 촬영

상가 위의 십(十)자와 만(卍)자의 탑 2008년 촬영

상가 위의 쌍십자(雙十字) 탑 한 건물에 두 개의 교회가 경쟁하고 있다. 2009년 촬영

한 이러한 종교적 상징탑을 옥상에 설치할 때는 태풍이나 지진 등에 의해서 전도되지 않도록 특별한 주의를 기울여야 할 것이다.

6. 계단식과 복도식 아파트의 풍수

아파트의 세대접근형식별로 복도형, 계단실형, 코어홀형, 복합형이 있고, 단면형식별[48]로 단층형, 격층형, 테라스형이 있다. 복도형[49]에는 편복도형과 중복도형이 있다. 편복도형은 주로 판상형의 아파트에서 볼 수 있는 구조인데, 도심지 '나홀로' 아파트의 경우 'ㅁ'형의 사면이 막힌 편복도형을 볼 수 있다. 이렇게 폐쇄적인 편복도형이 될 경우, 복도 부분에 음적인 기운이 많이 축적되어 현관문을 열었을 때, 복도 쪽의 음산한 기운이 들어올 수 있다. 로마의 인슐라처럼 중정이 있기는 하지만 상당한 고층으로 둘러싸여 있고, 높이에 비해 폭이 좁아서 풍부한 일조량이 저층부에 전달되지 못한다. 이러한 중정형의 편복도형식은 감옥같다는 평가를 받기 쉬운데, 사면의 어느 한 면의 일부라도 틔워주어서 양기陽氣가 들어오고 외부경관이 보이게끔 해주는 것이 필요하다.

아파트의 경우는 주로 편복도형인 경우가 많다. 중복도인 경우는 오피스텔이나 호텔 용도에서 자주 볼 수 있는 유형이다.[50] 풍수에서 건축물의 복도는 용龍이다. 풍수에서 용이라고 할 때, 그것은 주로 산줄기를 말한다. 용을 크게 3가지로 구분하는데, 생룡生龍, 사룡死龍, 살룡殺龍이다. 생룡은 선형이 구불구불한 것, 사룡은 쭉 뻗은 것, 살룡은 쭉 뻗은 것이기는 한데 그 움직임에 속도감이 있는 것을 말한다.

---

[48] 단층형은 대부분의 아파트의 일반적인 형식이다. 복층형이나 격층형은 단면이 복잡하여 구조, 설비 등의 설계, 시공 및 유지관리비용이 높아질 가능성이 있다. 격층의 접근은 단위세대 내의 계단으로 이루어지므로 작은 평수의 아파트에서 적용하기는 불합리한 것이다.

[49] 복도형은 계단실형에 비해서 발코니 확장성이 적고, 사적 영역성이 확보되지 않기 때문에 프라이버시 침해와 도난 등의 우려가 더 높다는 단점이 있는 반면에 공용부분의 공사비가 비교적 덜 들어가는 장점이 있다.

[50] 아파트에서 중복도형을 보기가 어려운 이유는 각 세대에서 환풍과 채광이 아주 불리한 구조이기 때문이다.

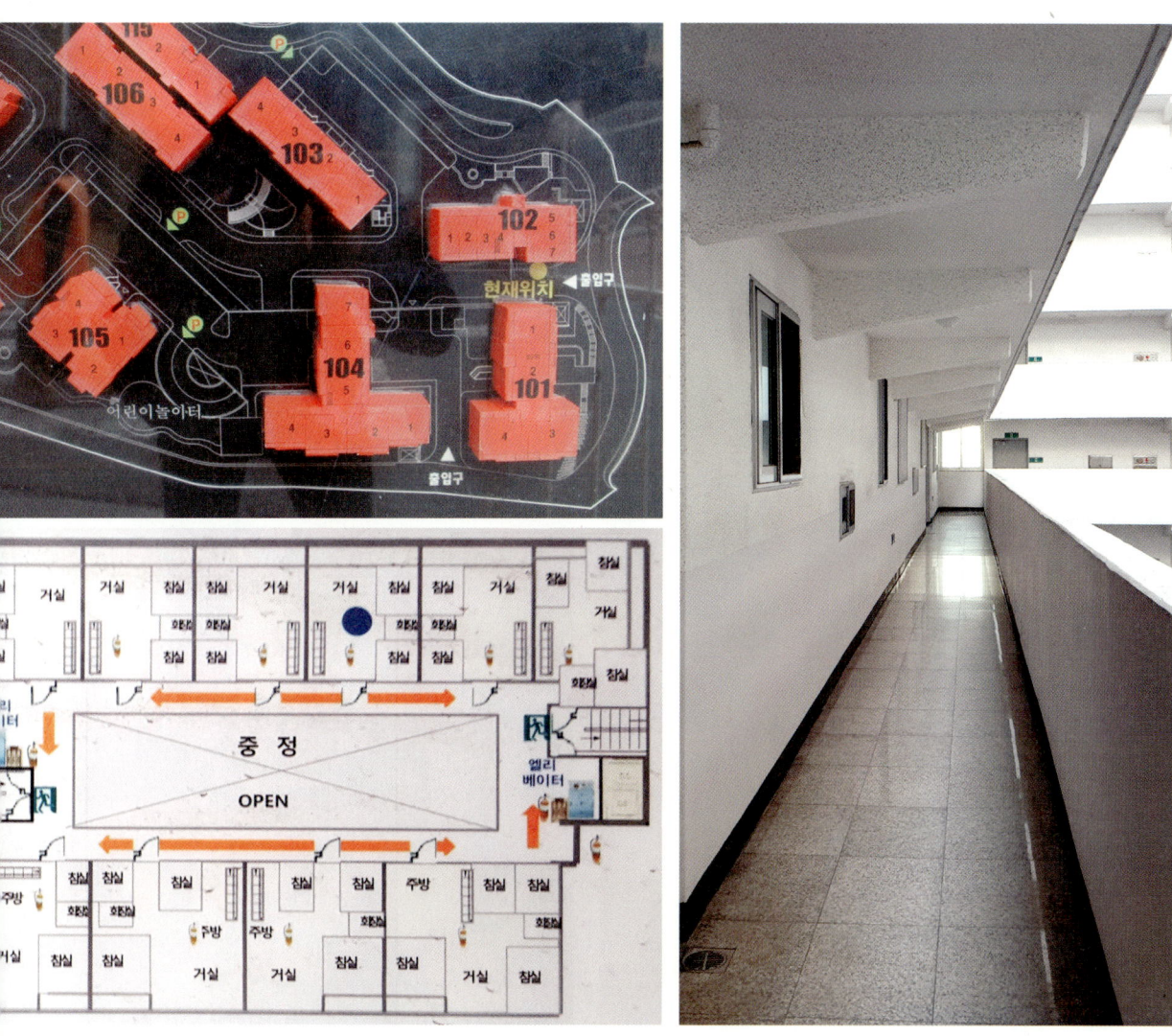

▲ **복합형의 아파트 배치** 101동, 103동은 계단실형, 102동과 104동의 1,2,3,4호 복도형, 105동, 107동, 108동은 코어홀형. 2008년 촬영
▶ **편복도형 아파트** 복도부분의 관리가 잘 되어 있는 아파트 사례. 2019년 촬영
▼ **'ㅁ'형의 폐쇄적 편복도형** 2018년 촬영

사면이 편복도로 둘러싸인 아파트 2018년 촬영
서대문 형무소 2011년 촬영

생룡의 선형	살룡의 선형	사룡의 선형
기어가는 듯이 구불구불하다. 필자 작성	직선인데 힘이 있다. 필자 작성	직선인데 힘이 없다. 필자 작성

　건축물에서 복도는 산줄기에서와 마찬가지로 기운이 흐르는 통로이다. 그런데 아파트의 복도는 주로 일직선으로 뻗어있는 경우가 많다. 아파트의 계단이나 엘리베이터로 해당 층에 올라와서 각 세대까지 이동하는 동안 직선형 복도에서는 직선형의 동선動線을 그린다. 복도가 직선형이면, 어린 아이들이 직선으로 뛰어다닌다. 이것을 세 가지의 용중의 하나로 구분하면 살룡殺龍인 것이다. 한편, 복도에 사람이 없을 때는 기운이 없거나 음산한 사룡死龍이 된다. 그래서 아파트의 통로로서 복도는 대체로 그냥 쭉 뻗은 산줄기로 본다면 살기만 있거나, 생기가 없는 이동통로인 것이다. 이런 점에서 아파트의 복도는 삭막한 거리라고 할 수 있다.

　한편, 용에는 면面과 배背가 있다. 용의 면은 감싸 안으려는 유정有情한 감정이 있다고 보며, 용의 젖꼭지가 있어서 생기生氣를 공급받는 쪽으로 간주한다. 반면, 용의 배는 밀쳐내려는 무정無情한 감정이 있다고 보며, 날카로운 용의 비늘이 있어서 살기殺氣를 받는 쪽으로 본다. 아파트의 복도가 'ㄱ'자나 'ㄷ'자로 꺾이는 구조라면 그것은 생룡生龍이라고 할 수 있는데, 복도의 중심에서 볼 때, 유정有情한 쪽에 아파트 세대가 있는 것이 좋다. 또, 엘리베이터와 계단실이 서로 마주보고 있는 코어홀일 경우, 엘리베이터에서 현관으로 향하는 한 쪽 편의 동선이 유정한 면面이면, 그 맞은 편 계단실에서 현관에 이르는 동선은 무정한 배背가 된다. 물론, 그 반대가 될 수도 있는 것이다. 이런 부분을 살펴보고 출입동선을 결정하는 것이 풍수적 동선결정법이다.

중복도형에서 면(面), 배(背) 전북 완주군 공무원교육연수원. 2015년 촬영

경기도 용인 석성산의 능선길 구불구불하여 면배가 번갈아가면서 나타나는 생룡(生龍)이다. 2024년 촬영

ㄷ자형 복도에서 면배(面背)구분 필자작성

ㄱ자형 복도에서 면배(面背)구분 필자작성

7. 몇 층·몇 평의 아파트에 살 것인가?

1) 아파트의 로얄층

혹자는 아파트의 층수를 숫자의 길흉에 빗대어 7이라는 숫자가 들어가는 것이 좋다, 8이라는 숫자가 좋다, 반대로 4, 13이라는 숫자가 들어가는 것이 좋지 않다고 주장하기도 한다.[51] 한편, 일부 풍수가들 사이에는 과거 로마시대의 인슐라에서처럼 지층 즉, 지기地氣가 닿는 1층이 좋다는 주장을 펼치는 경우도 있다. 우선 아파트 풍수에서 지기 운운하는 것은 음택적 사고방식에 고착된 일부 풍수가의 주장일 뿐이다.

동별 층수와 호수 2024년 촬영

---

51 7이라는 것은 럭키 7이라는 것, 8은 중국어 발음으로 발(發)과 같은 것이라 좋은 효과가 발휘되어 발복(發福)이 된다는 것, 4라는 것은 사(死)와 발음이 같다는 것, 13은 예수의 죽음과 관련하여 13일의 금요일에서 비롯된 것이기 때문에 흉한 것으로 여겨진다.

아파트의 층별 조닝zoning은 일반 입주민과 공인중개사들이 말하는 지상층, 로얄층, 최상층의 구분이 적합하다고 생각한다. 아파트의 층별 선호도는 입주자에 따른 상대적인 기준으로 판단해야 할 것이다. 특히 양기를 주체하지 못하는 남자 어린이가 있는 세대인 경우에는 절대적으로 1층이 좋다. 한참 양기가 충천하는 어린 남자아이가 층간소음의 발생우려 때문에 마음대로 뛰어다니지도 못하도록 주의를 주는 것은 아이에게도 좋지 않고, 그 부모에게도 좋지 않으며, 아래층에 사는 입주민에게도 좋지 않다. 이 경우는 무조건 최저층으로 가야한다. 1층은 엘리베이터를 이용하지 않아도 되는 장점이 있다. 특히, 분양가나 매매가가 상대적으로 값싸게 제시되는 경우가 많다.

그런 어린이가 있는 경우가 아니라면, 소위 말하는 로얄층이 좋다. 대개 로얄층은 전체 층의 2/3에 해당하는 부분의 층을 말하는데, 20층 정도의 아파트라면 10층에서 15층의 부분을 로얄층이라고 한다.

이상은 매우 상식적인 언급이라고 할 수 있는데, 좀 더 구체적이고 풍수적인 측면에서 로얄층의 여부는 전망이 크게 좌우한다고 할 수 있다. 로얄층이라고 하더라도 보는 위치 즉 시점을 좌우상하로 변화시킴으로써 동일한 대상에 대한 경관이 달라진다. 낮은 로얄층에서 일월봉日月峰[52]으로 보였던 것이 높은 로얄층에서 옥녀봉玉女峰[53]으로 보일 수가 있는 것이다. 따라서 풍수적 기운이 달라지고 길흉도 엇갈릴 수 있는 것이다. 이를 이보환형법移步換形法[54]이라고 한다. 발걸음을 옮김으로써 전망이 다르게 보이게 하는 방법을 말한다. 좋은 산봉우리가 멀리 보인다고 할 때, 무조건 높이 올라간다고 해서 좋은 것이 아니라, 그 대상이 가장 아름답게, 길하게 보이는 높이, 층수가 어디인지를 살펴보아야 하는 것이다.

---

52 일월봉이 보이면, 사업번창, 발전을 보장한다.
53 옥녀봉이 보이면 유능한 인재, 시험통과, 고위관직을 보장한다.
54 조관희, 앞의 책, 291쪽. 이보환형법은 등장 인물의 입각점(立脚點, 발을 딛고 서있는 곳)의 변화를 통해 자연경물을 펼쳐 보이는 것이다. 이것은 마치 카메라 렌즈와 같이 인물의 시선에 따라 가까운 곳에서 먼 곳으로 높은 곳에서 낮은 곳으로 등등 다양한 시각으로 자연경물을 담아내 한 폭의 현란한 화면을 구성한다. 이보환형법은 작중 인물의 시각에 따라 외부사물을 그려내기 때문에 자연경물 사이의 공간과 방위 관계를 정확하고 조리있게 기록할 수 있을 뿐 아니라 극히 적절하고 자연스럽게 외형을 그려낼 수 있다. …따라서 인물의 활동에 의해 일종의 전형적인 환경이 만들어지며, 부단히 변화하는 경물을 통해 인물의 심정과 성격이 드러나게 된다.

부산 금정동 모아파트 17층 2호의 뷰
산 너머로 탐스런 일월봉(日月峯)이 보인다. 2012년 촬영

부산 금정동 모아파트 18층 3호의 뷰
일월봉(日月峯)이 옥녀봉(玉女峯)이 되었다. 2012년 촬영

    최고층의 경우, 장점이라면 단연 층간소음이 없다는 것이고, 그래서 예민한 사람이 살기에 적합한 층이다. 최고층은 프라이버시의 침해가 가장 적은 층이라고 하겠다. 최고층은 가장 높이 올라가는 것이기에 가장 멀리 가장 좋은 전망을 얻는 경우가 많다. 외국의 경우 펜트하우스가 로얄층인 경우가 많다. 다만, 풍수적으로 볼 때 막다른 골목의 끝집에 해당한다는 것과 외부에 노출되는 표면적이 크기 때문에 열손실이나 방수(防水)의 문제가 발생할 여지가 다른 층에 비해 높다고 할 것이다.

    서울과 같은 30층 이상의 초고층의 아파트라면, 위로 올라갈수록 톨루엔 등의 유해물질의 증가로 인한 공기질이 악화된다는 연구결과가 있다. 최고층 세대는 잦은 환기 내지는 공기정화시설의 구비가 필수적이다. 또한 초고층 아파트의 상층부는 바람에 의해 흔들리는 진폭이 커지게 된다. 예민한 사람이라면 그 진폭을 느끼게 되는데, 그것이 깊은 수면의 방해요인으로 작용할 수 있다. 따라서 조울증 등의 증상이 찾아올 수 있다.[55]

2) 아파트의 평수

세대 구성원에 비해서 과하게 큰 평수의 아파트는 좋지 못하다. 갈수록 사회적으로 핵가족화 되어가는 추세이기 때문에 경제적 여력이 된다고 하더라도 적정한 평수의 아파트를 구하는 것이 풍수적으로는 좋다. 그래서 어느 정도가 적당한 것이냐고 한다면, 일상생활에서 사람의 '인기人氣가 닿지 않는 공간이 없는 정도'가 적정한 규모라고 할 수 있다. 아무리 냉동시킨 것이라고 하더라도 음식물을 오래 내버려두면 상한다. 마찬가지로 오랫동안 사용치 않는 빈방이 있다면, 거주인에게 좋지 않은 이상한 기운이 자리 잡게 된다.

"더러운 영靈이 사람에게서 나가면, 쉴 데를 찾아 물 없는 곳을 돌아다니지만 찾지 못한다. 그때에 그는 '내가 나온 집으로 돌아가야지.' 하고 말한다. 그러고는 가서 그 집이 비어있을 뿐 아니라 말끔히 치워지고 정돈되어 있는 것을 보게 된다. 그러면 다시 나와, 자기보다 더 악한 영 일곱을 데리고 그 집에 들어가 자리를 잡는다. 그리하여 그 사람의 끝이 처음보다 더 나빠진다."[55]

"사람이 여관旅館이나 오래도록 비워 두었던 냉방冷房에서 잠자던 중에 귀물鬼物에게 가위 눌린 바가 되어 다만 어물어물 소리 내는 것만 들릴 뿐, 문득 사람이 소리 질러 불러도 깨어나지 않는 것이 바로 귀압鬼壓이다. 급히 구제하지 않으면 죽는다." 『동의보감』[57]

아파트 입주 후 시간이 지남에 따라 동일 아파트 단지 내에서도, 같은 동에서도, 같은 평형대라고 하더라도 길흉은 다르게 나타난다. 3년 이상 거주하였는데, 그 동안의 큰 문제가 없었다면, 위의 풍수적 조건들을 모두 무시해도 좋다. 앞으로 생기는 일은 풍수적 이유가 아니라고 보면 된다.

---

[55] 초고층 아파트 1층의 공기가 100m 높이에 도달하는데 20초. 굴뚝효과로 인한 집단감염의 가능성/밀폐된 공간으로 인한 정신질환의 발생/ 부산MBC 2006. 7. 25. 방송기사 참조.
[56] 마태복음 12장 43-45절. 『성경』, 「신약성경」, 한국천주교 중앙협의회, 2005. 9. 20, 29쪽.
[57] 洪萬選, 재단법인 민족문화추진회 역, 『(국역)山林經濟-권2』, 1982, 17쪽.

다만, 10년 이상 머물렀는데, 뭔가 가세家勢가 기우는 듯한 느낌이 자꾸 든다거나 하는 일이 잘 풀리지 않고 정체된 느낌이 든다면, 그때는 한번 분위기를 전환할 필요가 있다. 집안의 기운이 정체되어 가라앉고 있다는 것이다. 오래 묵은 것들을 다시 정리해야 하는데, 3년 이상 사용하지 않는 것들을 과감하게 버려야 한다.

양택적 관점에서 기운을 바꾸는 법 즉 개운법開運法(改運法)으로 여러 가지를 제시할 수가 있다. 첫째, 이사를 한다.[58] 둘째, 인테리어를 변화시킨다. 인테리어를 새로 한다고 할 때 그것이 어느 정도이냐에 따라 개운의 강도가 달라진다. 천정에 전등만 교체하는 것인가, 벽지를 새로 하는 것인가, 바닥재료와 가구를 모두 새로 하는 것인가, 아니면 대청소나 집안의 정리[59]를 어느 정도로 하느냐에 따라 개운의 정도가 달라진다. 셋째, 집을 떠나 여행을 한다. 여행도 해외여행이냐, 국내여행이냐, 기운이 좋은 종교적 성지를 찾아서 가느냐에 따라 개운의 정도가 달라진다. 넷째, 가르마의 방향을 바꾼다. 또는 머리카락의 길이를 획기적으로 짧게 변화시킨다. 다섯째, 지역의 가까운 종교시설에서 기도를 한다. 귀인貴人을 만난다.[60] 만나는 사람도 친구, 상담자, 멘토, 점쟁이냐에 따라서 개운의 정도가 달라진다. 여섯째, 산책이나 운동을 한다. 일곱째, 몸의 기운을 변화시킨다. 즉, 찜질방, 뜨거운 물이 담긴 욕조에 몸 담그기, 샤워하기가 있다. 위의 순서로 나열하기는 하였지만, 어느 것이든 자신의 운명을 바꿀 계기나 아이디어를 만날 수 있는 것이다.

사과나무아래에서 친구랑 차를 마시다가 사과가 아래로 떨어지는 것을 보고 중력의 법칙을 정립한 뉴턴이나, 아르키메데스처럼 목욕하다가 갑자기 '아르키메데스의 원리'를 깨달을 수도 있는 것이다. 여기에는 자신이 이루려고 하는 것에 정성을 다하고 항상 관찰

---

[58] 음택적 방법으로는 묘지를 이장하는 것에 해당하겠지만, 이사(移徙)를 하는 것은 개명(改名)을 하는 정도의 강도로 개운(開運)하는 것이다. 반가주택에 살았던 양반의 입장에서 이사한다는 것이 매우 어려운 일이었겠지만, 아파트에 사는 현대적 유목민인 우리들의 경우에는 그 보다는 쉬운 일이 되었다.

[59] 정리는 책상정리, 방정리, 옷장정리 등이 있으며, 정도에 따라 개운의 정도가 달라진다.

[60] 사람을 만나는 것도 그냥 술을 매개로 만나는 사람이 있고, 서로에게 좋은 영향을 주는 사람이 있다. 일생을 살아가면서 술친구를 만나기는 쉽지만, 자신에게 좋은 영향을 주는 사람을 만나기란 그리 쉬운 일이 아니다. 사람을 만나는 것을 제일 마지막의 개운법으로 소개하기는 하였지만, 어찌 보면 가장 큰 개운법인지 모른다. 귀인(貴人)을 만나면 크게 잘 될 것이고, 악인(惡人)이나 감언이설(甘言利說)로 포장한 사기꾼을 만나면 속된 말로 인생조질 수도 있는 것이다.

하며 주위를 살피는 태도가 필요한 것이다.

 개운하기 위해서 이사를 했는데, 잘못된 곳으로 갔을 경우는 기운이 더 좋지 않은 상황으로 변할 수도 있다. 더 좋은 곳, 더 좋은 방법이냐 아니냐의 판단은 전문가의 조언이 필요하겠지만, 그 변화의 과정에서 어느 정도의 정성과 고행苦行이 요구되느냐로 구분하면 된다. 선함 마음을 가지고 정성을 다하며 일부러 그럴 필요는 없지만 일정한 고통을 감내해야만 이룰 수 있는 곳 또는 방법을 선택한다면 분명히 좋은 기운을 얻어서 원하는 방향으로 개운할 것이다. 그래서 자식이 잘되게 하기 위해서 새벽에 정화수井華水를 장독위에 떠놓고 기도를 하거나, 졸리는 눈을 비비면서도 꼭두새벽에 절, 성당, 교회로 기도하러 가는 것이다. 결국 개운은 너무나 당연한 이야기인 지성감천至誠感天으로 귀결되는 것이다.

이사를 한다
강력한 개운법이다. 2006년 촬영

제3장

아파트의 뷰View와 풍수

제3장
아파트의 뷰 View와 풍수

1. 뷰를 풍수로 탐색하다

　뷰View는 전망前望을 말하는데, 풍수적 뷰는 안산案山이나 조산朝山이 보이는 것을 말한다. 풍수에서 안산案山이란 한자의 의미대로 책상이나 탁자이고, 조산朝山은 탁자를 사이에 두고 마주앉은 손님을 말한다. 만일, 아파트 거실에 앉아서 TV를 본다고 한다면, 앉은 자리 앞에 탁자가 안산이 되고 맞은편의 TV가 조산이 되는 것이다. 풍수에서 안산이나 조산의 형태가 보기 좋은 모양이면 길하고, 보기에 좋지 않은 것이면 흉하다고 본다. 현대도시사회에서는 보기에 좋든 싫든 간에 산이 가까이 또는 멀리라도 보이기만 한다면 모두 좋은 것으로 치부한다. 왜냐하면 고층아파트가 밀집한 도시의 생활이 온통 인위적 살기로 가득한 환경에서 이루어지고 있기 때문이다. 전통풍수가 아닌 현대도시풍수의 관점에서 볼 때도, 다소 길상의 형태가 아닌 산山이라고 하더라도 그것에서 나오는 살기는 건물살建物殺보다는 약하며, 그것에서 나오는 생기는 어떤 인위적인 것에서 나오는 생기보다 강하다고 본다.

산에 대한 풍수적 판단은 산봉우리를 볼 것이냐 산줄기를 볼 것이냐로 나뉜다. 산봉우리를 본다고 할 때, 별[星]로 보며, 산줄기로 볼 때는 용龍으로 본다.[1] 주로 앞의 산을 볼 때는 산봉우리, 뒤의 산을 볼 때는 산줄기를 위주로 보는 것이다. 전통풍수에서는 앞의 산봉우리보다는 뒤의 산줄기를 더욱 중요시하는 경향이 있다.

집의 앞 뒤의 산에서 오는 기운의 통로를 유무선으로 구분하면, 집 뒤의 산줄기에서 오는 생기生氣는 유선상有線上으로 전달되는 것이

리더스 뷰 과연, 리더스(Leaders) 뷰(View)란 무엇을 말함인가? 2024년 촬영

고, 앞의 안산이나 조산에서 오는 생기는 무선상無線上으로 받는 것이다. 풍수이론이 정립된 전통사회에서는 무선보다는 유선으로 전달되는 생기를 더 중시한 측면이 있다.

집 뒤의 산을 주산主山이라 하고, 앞에 보이는 가까운 산을 안산案山, 먼 산을 조산朝山이라고 한다. 집 뒤의 산은 주인처럼 장중하고 조용한 맛이 있고, 집 앞에 보이는 산은 화려하고 발랄한 맛이 있으면 좋다고 한다. 이를 두고 전동후정前動後靜[2]의 멋이라고 한다.

대문을 통해서 들어오면서 보는 산이 주산이고, 나가면서 보는 것이 안산과 조산이다. 대문을 들어오면서 안채의 지붕위로 솟아있는 뒤의 산봉우리를 받들어 좋은 모습을 보고자 하는 것을 녹엽부화법綠葉扶花法[3]이라 한다. 집밖으로 나가면서 열린 대문의 프레임을 통해서 앞산의 좋은 모습을 보고자 하는 것을 개문견산법開門見山法[4]이라고 한다. 소위 마을의 진산鎭山[5]이 그 마을의 성격을 좌우하는 것과 같이 주산의 성격은 바로 그 집의 성격

---

[1] 별로 볼 때, 목성체(木星體)니 화성체(火星體)니 하는 것이고, 용으로 볼 때, 생룡(生龍)이니 사룡(死龍)이니 하는 것이다.
[2] 소위 5대 양택지의 요건은 전저후고(前低後高), 전동후정(前動後靜), 전착후관(前窄後寬), 서고동저(西高東低), 동입서출(東入西出)이다. 여기서 전저후고는 배산임수(背山臨水)와 같은 의미이다.
[3] 조관희, 『중국고대소설기법』, 보고사, 2015, 125쪽.
[4] 위의 책, 13쪽.

과 동일시된다. 그래서 녹엽부화법으로 떠받드는 것이다. 한편 앞에 보이는 산에 대해서는 어느 집에서건 누가 그 기운을 잘 끌어오느냐에 따라 기운을 잘 받고 못 받고 하는 것이 결정된다. 가장 효율적인 방법이 대문을 통해서 그 기운을 집안으로 끌어들이는 것, 대문을 통해서 나가면서 그 기운을 받는 것이다. 그것이 바로 개문견산법이다. 집안의 사람은 집 앞 뒤의 산봉우리를 의식하며, 출입을 통해서 그 기운을 받게 된다.

현대사회는 유선보다는 무선의 시대이며, 유선을 무선 시스템화하는 것이 대세이다. 현대건축에서는 전통풍수에서와는 다르게 뒷배경보다는 앞의 전망을 더 중요시하는 경향이 있다. 특히 아파트에서 현관철문이 있는 뒤가 막혀있고, 넓은 창이 있는 발코니가 앞으로 열려있기 때문에 자연스럽게 뒷 배경보다는 앞의 전망을 중요시하게 된다.

◂ **개문견산법1. 상주 양진당의 대문과 앞산** 대문 프레임 안으로 보이는 산을 자세히 보면, 박쥐모양의 산이다. 2023년 윤여순 촬영
▸ **개문견산법2. 평창 정강원 대문과 맹호출림** 개문견산(開門見山)에 의해서 반드시 좋은 기운만 들어오는 것은 아니다. 굶주린 호랑이가 문 앞에서 기다리고 있다. 2008년 촬영

5 　마을이 접하고 있는 산 중에서 가장 대표적인 산을 진산(鎭山)이라고 한다.

안동 양진당 안채의 출입문과 산 대표적인 문필봉의 형상이나 마늘같이 뾰족하다고 하여 마늘봉이라고 한다. 2009년 촬영

아파트에는 각 세대의 평면 구조상, 반가주택과는 반대로 집의 뒤쪽에 대문 즉 현관출입문이 마련되어 있다. 그래서 개문견산법 보다는 개창견산법開窓見山法을 적용해야할 것이다. 길흉판단의 거의 모든 뷰가 거실의 발코니 창에 의해 확보된다.

아파트의 세대 내에서는 거실의 소파에서 발코니 창을 통해서 바라보는 봉우리의 성격이 중요시되지만, 아파트단지의 정문을 통해서 바라보이는 봉우리의 성격도 중요하다. 아파트 풍수에서의 개문견산법의 적용은 아파트 단지를 출입하는 큰 대문을 설계를 할 때 반영해야할 내용이다. 가능하면 입주민이 드나들 때, 대문의 프레임을 통해서 산봉우리를 잘 볼 수 있도록 그 크기와 높이를 정해야 할 것이다.

2. 산봉우리가 보일 때

1) 단일봉과 겹봉의 구분

발코니의 창을 통해서 멀리 있는 것이든, 가까이 있는 것이든 산봉우리가 보인다면 그것이 어느 정도 길한 것인가를 따져보는 것은 흥미로운 일일 것이다. 앞에서도 말했지만, 발코니 창을 통해서 앞 동의 고층아파트가 가로 막고 있는 뷰가 아니라, 산봉우리가 보이는 뷰를 가지고 있다면 전통풍수적 관점이 아니라 현대 아파트 풍수의 관점에서 볼 때 무조건 길한 것이라고 생각해도 무방하다. 과거 생기가 넘쳐나는 시기에 따졌던 산봉우리의 길흉론을 현대 살기殺氣가 넘쳐나는 우리시대에 그대로 적용하는 것은 다소 무리가 있다. 아무리 흉한 살기를 내뿜는 산이라고 하더라도 특히 한반도의 산[6]이라면 바로 앞의 고층아파트가 뿜는 살기의 강도에 비할 바가 아닐 뿐 더러 그 산에는 살기만 나오는 것이 아니라 많은 생기도 발산하고 있다는 것이다.

발코니의 창을 통해서 산봉우리가 보이는 것은 두 가지의 경우로 나눌 수 있는데, 첫째는 단일의 산봉우리가 우뚝 보이는 경우, 둘째는 앞 뒤의 산봉우리가 겹쳐서 보이는 경우이다. 단일의 산봉우리가 보이는 경우는 목화토금수의 오행산[7]으로 본다. 겹쳐서 보이는 경우는 두 개의 봉우리를 합쳐서 판단한다.

---

6 지형학에서 한반도의 산을 노년기의 산으로 간주하는 경우가 있는데, 노년기의 산이라고 하면 마치 늙어서 더 이상 기력이 없는 그런 것으로 생각하기 쉽다. 그런데 풍수에서는 오히려 지형학의 노년기의 산을 정제되어 살기가 없는 눈룡(嫩龍)의 산으로 보며, 지형학에서 말하는 청년기의 산을 살기가 많고 거친 산, 노룡(老龍)의 산으로 본다. 지형학이 아니라 풍수학으로 말해서 한반도의 산들은 곤륜산에서 출발하여 멀고 먼 길과 백두산을 거치면서 탈살(脫殺)되고 박환(剝換)이 되어 부드러워진 산 즉 생기를 발산하는 눈룡의 산들이라고 할 수 있다.

7 오행산(五行山)을 오형산(五形山), 오성체(五星體)로 불러도 무방하다.

경북 상주 우복고택 사랑채 전망 겹봉으로 일월봉이 보인다. 2004년 촬영

2) 단일봉單一峯

풍수고전『개량입지안전서』에서 산봉우리의 오형 즉 오성체의 모양을 사물에 빗대어 구분하였는데, 목성은 석비石碑, 화성은 여참犁鑱(쟁기와 보습의 뾰족한 끝), 토성은 창고 또는 궤짝, 금성은 반월, 수성은 곡랑曲浪과 수렴水簾의 형태를 닮았다는 것이다.[8]

---

[8] 辜託長老,『改良入地眼全書』, 東田萬樹華仁村, 上海江東書局, 民國元年(1911), 권5사법, 6b쪽.: 金宿頭員如半月 木星身聳似石碑 火類犁鑱 土同倉櫃 水如波浪之動 又似生蛇而走 金有蛾眉太陽 火分廉貞燥火 木辯沖天倒地 水辨曲浪垂簾 土決几案天財 又等玉屏誥軸.

출처: 조인철, 『우리시대의 풍수』, 민속원, 2010, 127쪽

귀인봉(목형산) 강원도 삼척시 신리 너와집과 귀인봉. 2018년 촬영

    한편, 풍수고전『설심부』에서 오형산의 성격을 구분하였는데, 목성을 문성文星, 화성을 녹성祿星, 토성을 재성財星, 금성을 무성武星, 수성을 수성秀星이라고 하였다. 즉, 목성체가 보이면 글발이 좋은 인재가 나고, 화성체가 보이면 관직에 나아가서 녹을 받을 것이고, 토성체가 보이면 재벌의 인물이 나고, 금성체가 보이면 무관으로 성공할 것이고, 수성체가 보이면 수려한 용모의 인재가 배출된다는 것이다.[9]

---

9   卜 應天,『雪心賦辯訛正解』, 孟天其(註解), 上海江東書局, 宣統元年(1909), 권1, 12a쪽. 張子微以 木爲文星, 金

화성체 서울 관악산. 2002년 촬영

　이를 종합해서 보면, 전체적으로 삐죽하되 봉우리 끝단이 조금 둥그스레하면, 목성체이다. 그런 것을 선인봉仙人峯, 또는 귀인봉貴人峯이라고 하고, 집안의 어린 아이를 품위있게 쭉쭉 성장시키는 기운을 준다고 본다.

　목성체에 비해서 봉우리가 더 뾰족하면 화성체이다. 화성체를 다른 말로 문필봉文筆峯, 필봉筆峯이라고 부른다. 마치 붓에 먹을 충분히 묻인 뒤 거꾸로 세워서 그 먹이 아래로 흘러들어가게 하는 상태, 즉, 글씨를 쓸 수 있게 준비된 바로 그 붓의 모양을 하고 있는 산봉우리를 말한다. 이러한 필봉이 보이면 과거에 급제하는 것인데, 요즘은 명문대학에 진학하거나, 국가고시에 통과하는 인물을 배출한다는 것이다.

　봉우리의 상단이 비교적 넓게 평평하면 토성체라고 한다. 이러한 토성체를 시루봉, 창

爲武星, 土爲財星, 火爲祿星, 水爲秀星.

고사倉庫砂라고도 한다. 재물을 모을 수 있는 금고 따위를 상징하며 이러한 것이 보이면 부富를 모을 수 있다는 것이다.

상단이 비교적 넓게 펼쳐져있는데 토성체처럼 평평하지 않고 기복起伏이 연속적으로 보이는 것을 수성체라고 한다. 수성체가 보이면 K-pop의 아이돌로 성장할 미남미녀가 배출된다. 전통풍수에서는 이러한 오성체에 대해서 청탁흉의 3등급으로 구분하고 그에 따른 발응에 차이가 있다고 본다. 산봉우리가 맑고 청순한 모양이면 상급上級, 조금 탁한 형태이면 중급中級, 삐뚤어지거나 깨진 모양이면 하급下級이다.

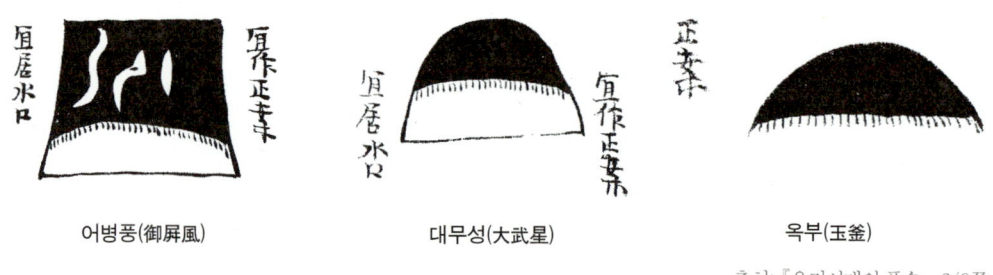

어병풍(御屛風)　　대무성(大武星)　　옥부(玉釜)

출처: 『우리시대의 풍수』, 240쪽

토성체 경북 구미 박정희 전대통령 생가 전면의 천생산. 2003년 촬영

금성체 등운산 고운사. 2000년 촬영

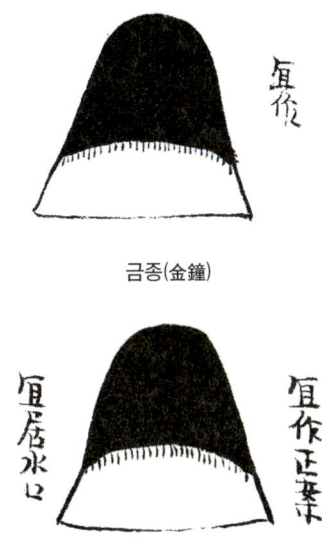

금종(金鐘)

특립무성(特立武星)

출처:『우리시대의 풍수』, 240쪽

금성체 강원도 삼척시 덕산면 덕봉산. 2020년 촬영

수성체 김포 임진강변. 2006년 촬영

3) 겹봉袂峯

발코니를 통해서 보이는 산봉우리가 두 겹 이상으로 겹쳐서 보이는 것을 신조어로 '겹봉袂峯'이라고 부른다. 겹봉은 앞에서 다룬 단일봉인 오형산 보다는 좀 더 구체적인 의미를 가진 것이다. 겹봉의 경우도 상중하급으로 구분할 수 있는데, 상급은 일월봉日月峰, 탁상필봉卓上筆峰, 마상귀인봉馬上貴人峰 등이 있다. 일월봉이 겹봉으로 보이는 경우는 앞의 산위로 뒤의 봉우리가 보이는데, 특히 앞의 산이 서로 겹쳐지는 부분이나 오목하게 파인 부분의 그 위로 뒤의 산이 금성체 봉우리 형태로 살짝 보이는 것이다. 겹봉으로 보이는 뒤의 금성체 봉우리가 바로 태양 또는 둥근달이 되는 것이다.

탁상필봉은 토성체 또는 수성체의 앞산과 화성체인 문필봉이 뒷산으로 겹쳐져 보이는 것을 말한다. 탁상필봉은 탁자 위에 붓을 세워놓은 모습을 연상시키는 것이다. 그다음, 마상귀인봉은 말안장처럼 생긴 봉우리 뒤로 목성체가 겹쳐 보일 때를 말한다. 마치 귀인이 말을 타고 있는 모습과 같다고 해서 마상귀인봉이라고 한다.

태양과 일월봉 경부고속도로상. 멀리 겹쳐 보이는 봉우리가 일월봉이다. 2012년 촬영

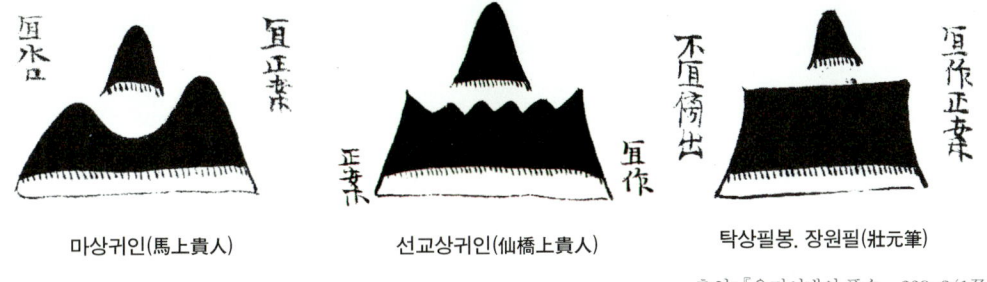

마상귀인(馬上貴人)   선교상귀인(仙橋上貴人)   탁상필봉. 장원필(壯元筆)

출처:『우리시대의 풍수』, 239~241쪽

　겹봉으로 흉한 것이 나타날 수 있는데, 이를 두고 소위 규봉窺峯이라고 한다. 규봉은 겹봉 중의 앞산이 아니라 뒷산을 말하는데, 뒷산의 모양이 청탁흉의 등급에서 흉한 것일 경우에 해당한다. 앞의 산의 윗부분으로 보이는 것을 말하는 경우도 있지만, 특히 앞산의 비스듬한 몸체 부분에 겹쳐 보이는 것을 말한다. 골목길에서 담벼락 뒤로 몸을 숨기고 머리만 삐죽하게 내어서 동정을 살피는 험상궂게 생긴 도둑과 같은 모습을 연상하면 이해가 될 것이다. 춘향전에 나오는 이도령과 같이 잘 생긴 귀인이 담 너머로 쳐다보는 것은 규봉으로 간주하지 않는다. 그래서 겹봉으로 규봉으로 간주하는 경우는 매우 제한적이라고 할 수 있다.

장원필(壯元筆) 경남 거제, 2015년 촬영

규봉(窺峯) 광화문에서 본 문수봉은 규봉이 된다. 2016년 촬영

경북 문경시 경천호에서 본 규봉 2024년 촬영

3. 건물이 보일 때

발코니 창을 통해서 산이 보이는 것이 아니라 건물이 보일 수 있다. 보이는 건물의 모양에 따라 능압살, 모서리살, 첨탑살, 규봉살을 받을 수 있다. 앞에 보이는 건물이 같은 높이 이상의 아파트일 경우는 그냥 벽이 하나 가리고 있는 것과 같은 데 이렇게 면벽의 상태인 전망을 보게 될 때, 능압살을 받게 된다. 능압살은 좌절의 기운이므로 우울증을 유발할 수 있다. 단지의 경계주변에 자리한 아파트동은 비교적 전망이 틔어있는 경우가 많아서 능압살을 받을 확률이 적기는 하나, 주변의 개발이 진행됨에 따라서 고층빌딩이 들어서서 앞을 가리는 경우가 생기기도 한다.

앞의 건물이 전면을 완전히 가릴 때와 건물 간의 조그마한 틈새라도 보일 때의 차이는 크다. 특히 도심지의 아파트의 경우는 앞 동 간의 틈사이로 멀리 산봉우리가 조금이라도 보인다면 매우 길한 전망을 가진 것으로 기뻐해도 된다. 다만, 앞 동이 삐딱하게 서있어서 발코니 창을 통하여 모서리를 마주하게 된다면 모서리살을 받게 된다는 점에 유의해야 한다. 판상형의 아파트의 경우, 일렬로 평행하게 배치되는 경우가 많기 때문에 그럴 일이 별로 없으나, 탑상형의 아파트의 경우 앞 동의 모서리가 보이는 경우가 자주 발생 할 수 있다. 이러한 경우 앞을 완전히 가리는 능압살에 못지않게 불길한 모서리살을 받게 되는 것이다.

한편, 앞에 교회탑이 보일 때, 그 교회의 신도가 아니라면, 좋게 생각할 여지는 별로 없다. 발코니 창을 통해서 뾰족한 교회탑이 가까이 보일 때, 첨탑살尖塔殺, 충천살衝天殺에 해당한다. 분노조절장애, 고혈압 등의 증세가 악화될 수 있다. 팔을 앞으로 쭉 펴고 손바닥 세웠을 때, 탑이 이에 가려서 보이지 않을 정도로 먼 거리에 있다면 별 문제가 아니므로 안심해도 된다.

전망으로 산너머에 다른 아파트의 상층부가 불쑥 올라있는 경우나 앞 동의 건물 위로 광고문구가 보이는 광고탑이 보이는 경우는 규봉살에 해당한다. 규봉살은 보이는 곳의 기운을 빼앗아가기 때문에 재물이나 신체의 쇠약을 가져올 수 있다. 그 외에도 건물로

집안에서 교회 십자가가 보이는 경우 목욕탕 굴뚝과 교회십자가탑이 서로 경쟁하고 있다. 2007년 촬영

인한 살기의 종류는 여러 가지[10]가 있지만 도심지 아파트에 살면서 모든 것에 다 신경 쓸 수는 없다.

저층의 경우, 수목에 가려지게 되든지, 건물에 가려지게 됨으로써 전망을 포기해야하는 경우가 많다. 또 놀이터 부근일 경우 소음에 시달리며, 프라이버시에 대한 침해를 받을 수도 있다. 저층부 세대는 발코니 창이 좋은 뷰를 얻기 위한 것이라기보다는 채광이나 환기용일 뿐이라는 점에 대해서는 감수해야한다.

요약하면, 아파트의 발코니창이나 기타 어떤 창을 통해서라도 산봉우리가 좋든 나쁘든 가리지 말고 조금이라도 보이면 그것을 생기生氣라고 생각하고 잘 보이게 하고, 건물에 의한 능압살, 모서리살, 첨탑살, 규봉살이 보이면 살기殺氣라고 생각하고 차단해야한다.

규봉아파트 경북 구미. 2021년 촬영

---

10   그 외에 귀두청살, 도끼살, 설기살 등이 있다.

건물살에 대해서는 버티컬, 필름시트, 뽁뽁이, 책장, 가구 등으로 가리는 방법이 있다. 아파트 풍수에서는 이미 모두 셋팅이 되어 있는 상태이기 때문에 좀 소극적이기는 하나 가구나 커튼을 활용하여 이러한 살들에 대한 대비를 하여야 할 것이다.

차단하는 것이 싫거나 여의치 않다면, 차선의 방법으로 앞에서 언급한 것처럼 전후좌우로 시점視點을 변경하는 이보환형법移步換形法을 적용할 수 있다. 이보환형법의 적용은 우선, 소파의 위치를 변경하여 흉한 것들을 보는 시점을 피하는 방법이다. 녹엽부화법綠葉扶花法[11]은 길한 것을 더욱 길하게 보기 위하여 적용하는 기법이고, 이보환형법은 흉한 것을 피하기 위해서 시점을 조정하는 것이다. 녹엽부화법은 아파트에서 발코니의 난간 아래의 부분에 필름시트를 붙이거나 화단을 조성함으로써 산봉우리 아래의 지저분한 부분을 가리고 청명한 부분만 보이게 하는 것이다.

4. 도로가 보일 때

발코니 창을 통해서 도로가 보일 경우는 물줄기가 보이는 경우와 같은데, 도로는 생기를 공급하기도 하고 살기를 공급하기도 한다. 물줄기나 도로나 모두 아파트의 뒷면으로 보이는 것은 일단 흉하게 본다. 물줄기가 뒤에 보인다는 것은 대체로 배산임수背山臨水의 반대인 임산배수臨山背水의 역지세逆地勢라는 것이고, 도로가 뒤에 보인다면 전동후정前動後靜의 원칙에 어긋난다. 즉, 뒤가 안정되지 못한 곳으로 좋은 양택지 5가지 원칙중 2가지에 벗어난다는 것이다.

물의 움직임에 따라 발생하는 수살水殺은 직충살直衝殺과 반궁수살反弓水殺로 양분되는데, 물이 직선으로 내려오는 곳에 자리하면 직충살을 받는다고 하고, 물의 반궁수측에 자리하면 반궁수살을 받는다고 한다.

---

11 위의 책, 125쪽. 녹엽부화법은 글자그대로의 뜻은 '푸른 잎이 꽃을 떠받친다'는 것이다. 사람들은 꽃의 아름다움에 눈길을 빼앗기지만, 사실은 푸른 잎이 그 꽃을 떠받치고 있어 꽃의 아름다움이 더욱 도드라질 수 있다.

내부도로에 의한 직충살을 받는 사례
단지 내부도로의 끝에 위치한 아파트 동은 직충살을 받는다. 2024년 네이버 지도에 작업

    도로의 경우도 T자형 삼거리의 중심자리에 위치하게 되면, 도로에 의한 직충도로살을 받는다고 한다. 굽은 도로의 반궁수측에 위치하면 반궁도로살을 받는다고 한다.

제3장 아파트의 뷰(View)와 풍수 **133**

도로 직충살을 받는 위치 위의 아파트는 막다른 도로의 끝에 있는 경우와 같다. 하나의 동에서 어느 부분이 직충살을 받게 되면 전체 동에 영향을 미친다. 2024년 네이버 로드뷰에 작업
직충살을 받는 아파트 세대 내에서 바라봄 2023년 촬영

    앞에서 외부도로와 아파트 단지의 출입구와의 관계에서 직충살과 반궁수살에 대하여 이미 다룬 바가 있다. 주로 저층부 세대 대략 5개층 정도의 세대는 도로살의 직접적인 영향권 내에 있는 것으로 보고, 그 위의 세대의 경우는 간접 영향권에 있다고 본다. 간접 영향권 내에 있다고 하더라도 저층세대에서 사고피해를 당한다면 같은 집에 있는 것처럼 영향을 받는 것으로 간주된다. 아파트 설계자는 이러한 점을 인식하고, 아파트의 출입구를 포함한 단지내부의 동선계획을 함에 있어서, 이러한 문제가 발생하지 않도록 충분한 고려를 해야만 한다.

제4장

아파트세대의
구성요소와 풍수

제4장

아파트세대의 구성요소와 풍수

1. 현관玄關(Entrance)

아파트를 구성하는 요소라고 하면 현관, 주방, 거실, 안방[부부침실], 건넌방¹, 화장실, 발코니를 말한다. 이는 소위 '국민주택규모'라고 하는 전용면적 85.7㎡이하의 아파트 내부를 구성하는 일곱 가지 요소이다. 공동주택에서 현관문은 각 세대를 구분하는 실질적인 '대문'이다. 조선 양반 주택이나 전원주택의 경우 대문은 일반적으로 남쪽의 마당과 서로 연결되어 있다. 아파트에서는 현관이 주로 북쪽에 붙어있으며 현관과 마당이 연결되어 있지 않다. 현관이 북쪽으로 붙어있는 이유는 각 세대로의 접근에 필요한 계단실, 복도 등이 후면에 설치되어 있기 때문이며, 만일 이런 시설과 출입문이 남쪽 전면에 설치된다면 발코니 부분의 일조와 전망을 모두 가리게 될 것이다. 이것이 반가주택과 비교할 때, 아파트가 갖고 있는 큰 특징의 하나이다.

'현관玄關'의 사전적 의미는 깊고 묘한 이치理致에 드는 문. 보통普通 참선參禪으로 드는 어귀를 말한다. 도가나 불가에서 말하는 도道에 이르는 통로를 지칭한다. '현관'이라는 명

---

1 여기서 건넌방은 부부가 거처하는 안방 외에 자녀들의 방을 통틀어서 말한다.

칭이 국내에서 건축용어로 굳어진 것은 일본에서 도입된 〈건축설계자료집성〉[2]에서 비롯된 것으로 보인다. 현대 아파트의 현관이 주로 북쪽에 설치되므로 '어두운 출입구'를 의미하는 것으로, 현관이라고 한 것은 어쩌면 적합한 명칭이 아닐 까 싶다.

아파트에서 현관의 규모는 점차 넓어지는 추세에 있는데, 그 이유는 일단 1인당 소유한 신발의 숫자가 늘어나고, 현관부분의 수납공간에 대한 필요성이 증대되고 있기 때문이다. 이것은 반가주택의 4대 구성요소 중의 하나인 행랑채가 현대 아파트에서 부활하였다고 봐도 무방할 것이다. 반가주택의 행랑채도 복도나 계단 같은 통과동선의 일부가 아니라 어엿한 하나의 '채'인 것이다. 이제, 아파트를 설계할 때, 현관부분을 복도같은 통과공간의 하나로서가 아니라, 하나의 별도의 실室로서 대우를 해주어야 하는 시대가 되었다.

풍수적으로 말해서 외부활동에 쓰이는 것이거나 거칠고 무거운 것들은[3] 아파트 실내 깊숙이 들어가지 말고 현관근처의 수납공간에 보관하는 것이 좋다. 아파트의 현관은 풍수상 수구水口[4]에 해당한다.

> 일반적으로 대장간 풍로 · 기름틀 · 물레방아 · 맷돌은 모두 움직이는 물건에 해당하니, 대체로 수구水口에 두어야 한다. 그 집의 배후에 있는 백호의 머리 쪽 및 주작 · 현무 위에는 이와 같은 물건들을 만들어 두어서는 안 된다.[5]

현관문은 주로 철문으로 되어 있는데, 그것은 그 자체가 방화문防火門으로 기능을 해야 하기 때문이다. 방화문이라는 것은 건축법상 화재시에 화염과 연기를 일정시간 차단할

---

2 『建築設計資料集成 居住』, 일본건축학회 편, 산업도서출판, 2002. 참조.
3 골프채, 자전거, 전동스쿠터, 집안수리공구, 우산 등 자주 사용하지 않고 주로 집밖의 활동에 필요한 것들을 말한다.
4 풍수에서 수구(水口)는 물이 나가는 곳을 말하는데, 마을의 어귀, 동구(洞口)와 같은 말이다. 집에서는 대문이 수구처(水口處)에 해당한다.
5 서유구, 임원경제연구소 이동인외 역, 『임원경제지 상택지』, 풍석문화재단, 2019, 198쪽.

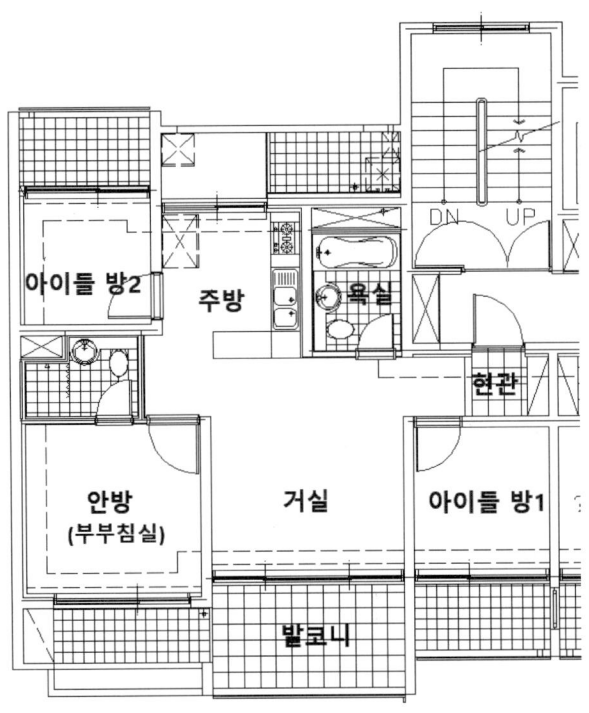

아파트의 7대 구성요소
현관, 거실, 주방, 안방, 건넌방(아이들방), 욕실, 발코니. 김해한일유엔아이 도면에 작업

수 있는 것을 말한다.⁶ 현관문이 설치되는 문지방은 공용부분과 전용부분이 나누어지는 경계부분이다. 현관문의 문지방을 건너서 들어오면 '사적私的인 공간'이 되고, 문지방을 건너서 나가면 '공적公的인 공간'⁷이 된다. 공사의 기준, 안팎의 기준으로 구분한다면, 현관내부는 음陰의 성격, 현관외부는 양陽의 성격이다.

현관문과 반가주택의 대문을 비교해보면, 열리는 방향에서 서로 대비가 된다. 반가주택의 대문은 밖에서 안으로 열리는 구조로 되어 있고, 아파트 현관문은 안에서 밖으로 열리는 구조로 되어 있다. 반가주택의 대문이 안으로 열리는 구조로 되어 있는 것은 여러 가

---

6   관련규정 건축법 시행령 제46조, 건축법 시행령 제64조, 건설교통부령 건축물의 피난, 방화 구조 등의 기준에 관한 규칙 26조, 건설교통부고시 제2005-232호-방화문의 기준 참조.
7   여기서 공적(公的)인 공간이라는 것은 소유권상의 공적이라는 것이 아니라, 사용상의 공적인 공간을 말한다.

지 측면에서 생각할 수 있겠으나, 가장 큰 이유는 '대문의 지도리'가 밖으로 노출되는 것을 꺼리기 때문이다. 대문의 지도리는 판문의 상하를 지지하는 부위이다. 판문의 가장 자리에 튀어나온 것이 아래로는 문지방, 위로는 상인방의 홈에 끼워짐으로써 문지도리가 구성된다. 만일 이 부분이 대문 밖으로 노출된다면, 외부에서 쉽게 이 부분을 훼손할 수 있게 되는 것이다. 문지도리가 파괴되면, 문짝이 뜯어지고 누구든지 집안으로 쉽게 침입할 수 있는 상황이 되는 것이다.

닭실마을 충재고택 대문 2018년 촬영

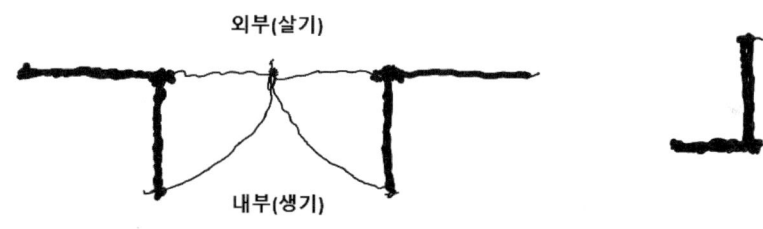

반가주택의 대문 안쪽으로 열리게 되어 있다. 필자 작성
아파트 현관문 바깥쪽으로 열리게 되어 있다. 필자 작성

한편, 아파트의 현관 출입문은 아파트 내부의 다른 각 실의 문들과는 반대로 밖으로 열리게 되어 있다. 이것은 집안의 재난 발생시 빠른 시간에 밖으로 대피하기 위함이다. 아파트 현관문은 방화문의 구조를 갖추게 되어 있으며, 반드시 '피난의 방향으로 열리게 해야 한다'는 조건을 충족시켜야 한다. 열리는 방향으로만 놓고 본다면 반가주택은 외부살기外部殺氣의 침입을 막기 위해서 안으로 열리게 한 것이고, 아파트 현관문은 내부살기內

部殺氣로 부터 빨리 피난하기 위해서 밖으로 열리게 했다는 것이다. 반가주택은 외부의 살기를 가정하였고, 아파트 현관문은 내부의 살기를 가정하고 있다는 점에서 차이가 있다.

아파트 내부 구성요소 중에서 이와 같이 외부와 통하는 부분에 일종의 완충공간緩衝空間(Bubble Zone)이 두 곳 있는데, 그것이 바로 현관과 발코니이다. 이 둘을 놓고 암명暗明을 기준으로 음양을 구분하면, 현관의 공간이 음의 공간이라면 발코니의 공간은 양의 공간이다.

현관문과 엘리베이터 출입문이 마주하는 경우 이중문이 없다면 직충살을 받고, 실내가 외부시선에 쉽게 노출될 수 있다. 2022년 촬영
맞은편 세대와 현관문이 마주보는 경우 이중문이 없다면, 직충살을 받는 경우로 택배물건을 가지러 나오는 이웃과 서로 시선이 교차할 수 있다. 2021년 촬영
현관에서 화장실이 곧바로 보이는 경우 이중문과 칸막이로 시선을 차단하였다. 2021년 촬영

경북 영덕군 용암택의 내외벽
대문에서 안채의 출입문이 바로 보이지 않게 내외벽을 설치하여 차단하였다. 2024년 촬영

현관이 일종의 수구水口이기 때문에 관쇄 關鎖를 시켜서 외부의 살기殺氣를 못 들어오 게 해야 하고, 내부의 유익한 기운이 쉽게 설 기泄氣되지 않도록 해야 하는 것이다.

여기서 현관을 통해서 들어올 수 있는 외 부의 살기殺氣란, 외부의 찬바람, 더운 바람 외에도 외부인의 출입, 외부인의 시선 등을 말한다. 외부시선에 내부가 쉽게 노출될 수 있는 상황이라는 것은 외부인의 방문을 피치 못할 사정으로 허용하였을 때, 맞은 편의 세 대 현관문과 똑바로 마주보는 대칭형의 세대 배치일 경우, 엘리베이터 출입문을 마주하고 있는 경우, 복도형의 아파트일 경우이다. 아 파트를 건축함에 있어서 외부시선으로부터

안방이 보이는 경우 '발'을 이용하여 시선을 차단하였 다. 2019년 촬영

프라이버시를 보호하는 것은 설계단계에서부터 매우 중요하게 고려해야할 사항이다.

현관문을 열었을 때, 문 밖에서도 내부가 훤히 들여다보이는 것은 일단 흉하다고 본다. 특히, 문을 반쯤 열었는데도 불구하고, 방안이 보이거나 화장실의 변기가 보이는 것은 어 떠한 방법을 쓰더라도 차단해야 한다.

소위 '곡절번등법曲折翻謄法'[8]이라고 해서 출입동선을 'ㄱ'자형으로 꺾는 방법이 있다. 현관문을 열었을 때, 첫 번째 보이는 것이 집안의 방이나 화장실이 아니라 벽이나 이중문 이 되는 것이다.

---

8   조관희, 『중국고대소설기법』, 보고사, 2015, 29쪽. 곡절번등법은 양억법(揚抑法), 현념법(懸念法)이라고도 한다. "곡절번등법은 곡필법(曲筆法)이라고도 부르는데, 이야기에 수많은 곡절과 파란이 있어야 한다는 것 을 말한다. 원나라 때 시인인 위안하오원(元好問)은 일찍이'글을 지을 때는 곡절이 있어야(作文要有曲折) 포 대자루의 바닥이 일목요연하게 다 보이는 것을 면할 수 있다(不可作直頭布袋). (우너(吳訥), 문장변체서설(文 章辨體序說))고 말했다. 포대자루는 가장 단순한 형태로 자루의 입구를 열면 그 안에 있는 것이 모두 보인다.

경주 독락당의 곡절번등 일직선이 아니라 여러 번 꺾어서 들어감. 2022년 안갑수 촬영
곡절번등형의 현관 2018년 촬영

　소설에서의 곡절번등법과 현념법은 쉽게 이야기의 전개와 그 결말을 상상할 수 없도록 여러 곡절을 이루면서 진행된다는 것을 의미한다. 전통풍수적 측면에서 '곡절번등'은 생룡生龍의 운동행태를 표현하고 있다고 할 수 있겠다. 이와는 다르게 직선적으로 운동하는 듯이 보이는 용은 사룡死龍(죽은)이 아니면 살룡殺龍(살기를 띤)으로 간주된다.

　건축풍수에서 말하는 곡절번등법은 소위 충살衝殺에 대한 대비이다. 개문견산법에서 문을 열면 저 멀리의 산이 보인다고 하였지만, 그것은 집안에서 문밖을 볼 때의 상황이고, 집밖에서 문안을 본다고 할 때 내부가 바로 보이지 않도록 하는 곡절번등법이 요구되는 것이다. 바깥대문을 열었을 때, 집안이 훤히 보이는 것은 풍수이론에서 극히 흉하게 보는 것 중의 하나이다. 아파트 현관에 현관철문 외에 신발을 벗고 실내로 들어가는 과정에 별도의 중문을 설치하는 것은 바로 곡절번등법의 적용이라고 할 수 있다. 이외에도 조벽照壁이나 내외벽內外壁을 설치하여 시선을 차단하고 동선을 꺾는 것은 곡절번등법을 응용한 것이라고 할 수 있다.

건축풍수에서 말하는 곡절번등법은 시선視線 뿐만 아니라 동선動線도 곡절번등하게 만드는 것이다. 이런 점에서 풍수를 전혀 반영하지 않고 건설된 아파트에서 직선형 동선의 현관이라면, 이중문의 설치는 필수적 조건이라고 할 수 있겠다. 현관 이중문은 시선차단과 열손실을 차단하기 위해서 필요한 조치이다. 또한 애완동물을 키우는 세대라면 동물이 갑자기 튀어나가는 것을 막기 위해서라도 이중문의 설치는 필요하다. 이중문의 형식은 방문과 같은 여닫이 형식보다는 공간을 적게 차지하는 접이식 슬라이딩 문이 좋다. 고정적이고 고가의 이중문의 설치가 여의치 않을 경우, 발, 커튼, 칸막이를 이용하여 외부 시선을 차단할 수도 있다.

아파트 현관의 2중문 설치 애완견이 있는 집. 2019년 촬영
현관에 설치하는 부적 부적. 현관문에는 아름다운 소리가 나는 종을 설치한다거나 부적을 붙이는 경우가 많다. 2022년 촬영

한편, 현관 공간이 허용된다면, 작은 사자상을 설치하면 좋다. 게다가 살기가 아니라 재물을 불러오는 해바라기 그림이나 부적을 적당한 곳에 붙이고, 현관문에다 맑은 소리가 나는 종을 설치한다면 좋은 기운을 받아들이고 나쁜 기운을 차단하는 효과가 있을 것이다.

이사를 하거나 새 아파트에 입주를 할 때, 혹시 집안에 있을지 모르는 잡신雜神이나 탁기濁氣를 제거하기 위해서 일종의 의식이 필요할 수도 있다. 그 의식이라는 것은 종교적인 의식을 말하는데, 천주교 방식의 성수聖水를 뿌리는 것이 있을 수 있고, 불교방식의 향을 피워서 분위기를 전환하는 방법도 있다.

입주의식 바가지 깨기. 2016년 촬영

그런 종교와 무관한 하나의 방법을 소개하면 다음과 같다. 우선, 바가지를 거주하는 사람의 숫자대로 준비한다. 그 바가지는 자연 바가지도 괜찮고 플라스틱 바가지도 괜찮다. 현관철문을 열고 들어와서 철문을 닫고, 집안의 모든 창을 활짝 열어둔다. 현관에서 신발을 벗고 올라서는 경계지점, 이중문이 설치된 경우는 이중문을 열고 들어온 바로 그 자리에 신문지, 골판지를 깔고 준비한 바가지를 엎어놓는다. 그리고 두꺼운 양말 또는 신발을 신은 채로 바가지를 한 사람 한 사람 순서대로 힘껏 밟아서 깨뜨린다. 가능한 바가지 깨지는 소리가 크게 날수록 효과가 크다. 그리고 얼른 가서 창문을 모두 닫는다. 최소한 30분이 지날 동안은 창문이나 문을 열지 않는다. 사람에 따라서 미신이라고 생각할 수도 있는데, 이렇게라도 하고 나면 뭔가 개운開運한 느낌이 드는 것은 사실이다.

2. 거실居室(Living Room)

1) 아파트 거실과 반가의 대청마루

아파트의 거실을 조선시대의 반가班家에 빗대어 보면, 그것을 마당[9]이라고 생각하는 사람도 있겠지만, 그것은 바로 대청大廳이다. 아파트의 거실과 반가의 대청마루가 동선상 집안의 중심이 된다는 것은 동일하다. 반가에서 대문과 대청이 서로 연결되어 있는 것처럼, 아파트에서도 현관과 거실이 한 공간으로 통하게 되어있다. 다만, 반가에서는 대문과 대청이 마당과 함께 일렬로 접근 동선의 순서대로 연결되어 있으며, 같은 방향으로 바라보게 되어있는 반면에, 아파트에서의 현관문과 거실은 서로 반대방향으로 향하고 있다. 남향의 아파트라면 거실이 발코니 쪽을 바라보고 있는데 반해서 현관은 주로 북쪽에 위치하며 북쪽을 향해서 열리게 되어 있는 것이다.

아파트의 공간과 반가의 공간을 굳이 일대일(1:1)로 대응시킨다면, 거실은 대청이고, 발코니는 마당이라고 할 수 있겠다. 농경시대의 작업공간이기도 하였던 넓은 마당이 현대 산업사회에서는 그 규모가 훨씬 축소된 발코니로 대체되었다고 할 수 있는 것이다. 아파트 출입문 쪽에 현관이 있다면, 거실 쪽에는 발코니가 있는 것이다. 외부에 대하여 발코니가 양陽의 성격을 지닌 완충공간이라면, 현관은 음陰의 성격을 지닌 완충공간이다. 현관의 크기가 점차 넓어지는 추세에 있다면, 발코니는 그 규모가 줄어들거나 거실로 흡수되고 있는 추세에 있다. 발코니를 거실로 흡수하여 확장한 경우는 공간을 더 넓게 사용한다는 측면에서 장점이 있겠으나, 내부와 외부의 완충공간이 없어짐으로 인해서 외부의 살기가 쉽게 침범할 수 있는 조건을 만든다는 측면에서는 단점이라고 하겠다.

---

9   박인석, 『아파트 한국사회』, 현암사, 2013. 4부 13장 거실은 마당이다. 참조.

안채 대청마루와 마당 논산 명재고택, 2013년 촬영

아파트 거실과 발코니 2016년 촬영

2) 거실의 뷰

잘 지어진 조선시대 양반주택의 사랑채 마루에 앉아 마당을 통해서 담장너머로 바라보는 경관은 매우 풍수적이면서 감동적인 경우가 많다.[10] 여기서 경관이 풍수적이라는 것은 건물의 향에 따라 선택된 산이 풍수적 가치와 의미를 가진다는 것이다. 감동적인 경관이라는 것은 소위 녹엽부화법綠葉扶花法[11]이라고 해서 그냥 보아도 아름다운 것이지만, 담장[녹엽]에 의해서 걸러져 더욱 맑고 정제된 부분만[花] 보이게 함으로써 더 큰 감동을 주는 것을 말한다.

아파트 거실에서의 전망은 같은 층의 바로 옆의 세대라고 하더라도, 전혀 다를 수 있다. 특히 계단실형의 아파트 동이라면 세대가 대칭적으로 배치되기 때문에 서로 반대쪽의 전망을 가지게 된다. 즉, 멀리 산이 보인다고 할 때 같은 산을 보는 것이 아니라, 각기 반대 측의 다른 산을 볼 가능성이 있고, 전혀 다른 경관을 볼 수도 있는 것이다. 그것을 풍수적으로 말하면, 보이는 산이나 경관으로 인해 길흉판단에 차이가 있을 수 있다는 것이다.

---

10 반가의 사랑채의 마루는 개방적 경관을 가지고, 안채의 마루는 폐쇄적 경관을 가지는 특징이 있다. 아파트의 경우, 개방적 경관을 가지는 거실은 사랑채형, 폐쇄적 경관을 가지는 거실은 안채형이라고 분류할 수 있다.
11 녹엽부화법(綠葉扶花法)은 소설의 기법 중의 하나이지만, 건축에서는 일종의 차경수법(借景手法)의 하나로 볼 수도 있다. 직역하면 '녹엽이 꽃을 더욱 돋보이게 한다.'이다. 그래서 담장[綠葉] 위에 산봉우리[花]를 올려놓으면, 지저분한 아랫부분을 가리고 맑은 윗부분만 보이게 함으로써 더욱 돋보이게 한다는 것이다.

경북 경주 양동마을
서백당의 마당과 성주산. 사랑채 마루에서 보는 마당과 개방형 경관이다. 2013년 촬영

확장형 거실에서의 전망 2023년 촬영

발코니 이중창을 통해서 본 전망 2019년 촬영

3) 거실의 화분 · 운동기구

거실이나 발코니에 화분이나 장식물을 가져다 놓는다고 할 때, 거주하는 사람의 키 높이보다 더 큰 것을 가져다 놓거나 그렇게 크게 키우는 것은 좋지 않다. 화분을 천정에 매다는 것도 주의가 필요하다. 운동기구처럼 거친 형상을 하고 있는 것을 거실에다 두는 것도 기운적 관점에서 꺼린다. 이런 것들은 거주자와 기싸움을 하거나 좋지 않은 기운이 깃드는 대상이 될 수 있기 때문에 결국은 거주자에게 좋지 않은 영향을 주는 것이다. 기운의 관점에서 거실을 평가하면, 그 중심기운은 토±기운으로서 목화토금수의 기운이 모두 들락거리는 곳이다. 그래서 아이들의 입장에서는 운동장이나 마찬가지다. 그래서 발랄한 어린애가 있는 집이라면, 청소하기에 번거롭고 설치비용도 소요되지만, 거실바닥에는 반드시 충격방지용 바닥재를 설치해야한다.

가지가 천정에 부딪히는 화분 2011년 촬영

층간소음 방지용 바닥마감 2015년 촬영

거실은 여러 가지 액티비티를 수용하는 공간이다. 거실에는 반드시 소파를 두어야 하는 것으로 인식하고 있는데, 비워둘수록 좋다. 거실은 열이 많은 사람에게는 침실이 되기도 한다. 특히 갱년기에 있는 주부의 경우는 번듯한 침실을 놔두고 거실에서 잠을 청하기도 한다. 이때는 소파보다는 자리를 깔고 잠을 청하는 것이 필요한 시기인 것이다.

3. 부부침실(안방, Bedroom)

1) 잠, 좀 자자!

부부침실은 아파트 세대 내에서도 프라이버시의 강도가 가장 높은 곳이다. 부부침실은 세대주 부부의 사생활이 특별하게 보장되어야 하는 공간이다. 침실은 깊숙하면서도 환기와 채광이 잘 이루어져야 한다.

아파트의 용도풍수에서 '핵심 공간'은 바로 침실이다. 그것은 아파트에서 가장 충족되어야 할 기능이 바로 '좋은 잠자리의 제공'이기 때문이다. 잠을 잘 자기 위해서 우선 자리가 편안해야하는데, 이에 필요한 침대, 베개, 이불, 매트리스에 대한 상품광고가 넘쳐난다. 베개는 머리를 받치는 것이므로 바람이 잘 통하는 재료로 베개 속을 채우는 것이 좋다.

베개 속에 넣는 것으로 목화솜, 메밀 껍데기, 라텍스, 편백나무 큐브 등등이 있다. 목화솜은 바람이 잘 통하지 않아서 머리가 더워질 수 있다. 메밀껍질은 시간이 오래되면 부서져서 먼지가 나기 쉽다. 어떤 것이든 잠을 자는 동안 머리가 뜨거워지지 않고, 너무 단단하지 않으며, 바람이 잘 통하는 것을 선택하면 된다. 베개의 높이는 베기는 하되 낮을수록 좋다.

침실의 잠자리로는 침대보다는 옛날식으로 자리를 펴고 접는 방식을 권장한다. 특히 좁은 안방이라면 공간의 효율성을 높이기 위해서라도 공간을 차지하는 침대를 들여놓지 않는 것이 좋다. 더욱이 침대는 사람이 누운 그 자리로 끌어당겨 자꾸 눕게 만드는 기운이 있으므로, 사람을 병자病者로 만들기 쉽다.

2) 침대의 위치 · 방향

침대를 놓을 때, 침대머리의 방향에 대한 여러 가지 설說이 있다. 먼저, '머리를 북쪽으로 하면 안 된다'는 설[12]이 있는데, 이것이 마치 풍수적 이유로 생겨난 것으로 오해하는 분들이 많은데, 사실은 그렇지 않다. 이러한 설은 중국 위진 남북조 시대의 동위지역의 낙양북쪽에 북망산이 있었는데, 이곳이 주로 죽은 자의 무덤이 많이 있었으므로, 그 쪽 방위를 피한다는 의미에서 비롯되었다.

아파트 풍수에서 침대를 놓거나 잠자리를 깔 때, 다음과 같은 몇 가지 원칙에 따른다.

---

12 "북쪽으로 머리를 두면 안 좋다는 이야기"는 중국의 하남성(河南省) 북쪽에 있는 산인 북망산(北邙山) 공동묘지가 있었기 때문에 비롯된 것으로 그리 신경 쓸 것은 아니라고 본다. 풍수이론에서 무조건 북쪽으로 머리를 두어서는 안된다는 내용은 발견할 수 없다.

첫째, 지세향地勢向으로 머리를 둔다. 둘째, 창쪽으로 머리를 두는 것을 피한다. 셋째, 방문을 열었을 때 바로 머리가 보이는 것을 피한다. 가장 근원적인 기준으로 지세향을 내세우기는 하였지만, 지세향은 사실 좀 멀리 있는 조건이다. 풍수상 근중원경近重遠輕의 원칙에 따라, 고려해야 할 조건 중에서 가장 가까운 조건이 가장 큰 영향을 미치는 것으로 본다.

지세향은 멀리 있는 조건이고, 침대와 문의 관계는 가까이 있는 조건이다. 그래서 우선 안방의 출입문 위치와 열림 방향을 보아야 한다.

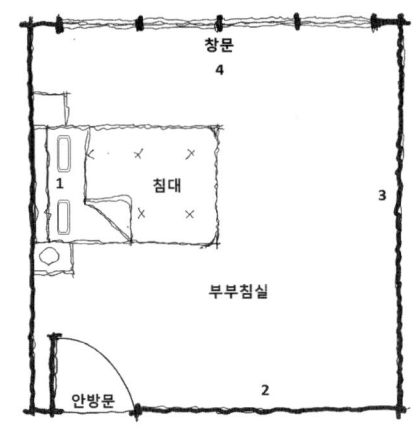

연애운을 높이는 침대의 위치
1번 자리와 방향이 가장 좋고, 그다음 2번 자리, 3번과 4번은 문을 마주보고 있어서 피하는 것이 좋다. 필자 작성

문을 열었을 때, 침대의 머리가 보이지 않게 문 뒤로 숨는 것이 좋다. 즉, 문을 살짝, 조금만 열었을 때는 침대에 누운 사람의 발끝만 보이게 하는 것이다.

침대머리를 문 뒤로 놓을 수 없는 경우가 있을 수 있다. 머리 쪽으로 붙박이 장이나 안방 화장실 출입구가 놓여 있다든가 할 경우이다. 어찌 되었던 침대머리가 방문이랑 직충直衝하지 않도록 침대의 위치와 방향을 정하는 것이 좋다.

침대머리가 보이는 사례 2015년 촬영

침대머리가 문 뒤로 숨은 사례 2020년 촬영

3) 침실의 크기와 밝기

과거에 안방의 크기는 가장 큰 방으로 불릴 만큼 규모가 있었는데, 이제 침실은 그리 클 필요가 없다. 현대 아파트에서는 안방 보다는 주로 거실에서 많은 시간을 보내며, 안방은 실질적인 침실로서 '잠을 편히 자는 공간'으로 '잠자는 시간'을 담당하고 있는 것이다.

> 막 잠자리에 들려던 산티아고는 행렬의 길잡이가 되어 주고 있는 별 쪽을 바라보았다. 사막 위로 반짝이는 수백 개의 별들 때문에, 지평선이 조금 더 낮아진 듯 보였다. "저기가 오아시스요." 낙타몰이꾼이 별 있는 쪽을 가리키며 그에게 말했다. "그런데 어째서 우리는 지금 당장 저곳으로 가지 않는 거죠?" "지금은 잘 시간이니까."[13]

현대인들 중에는 잠들지 못하는 사람이 많다.[14] 내일 해야 할 일, 앞으로의 걱정, 오늘 있었던 일 등에 대한 생각으로 잠들지 못한다. 부부간에 서로 의견이 맞지 않아 다투다가도 잘 시간이 되면 자야한다. 침실을 '잠을 자는 공간'으로 또 연애운戀愛運을 높이려면, 우선 공간이 작아야 한다. 공간이 클수록 아늑함이 줄어들고, 탁기濁氣가 쌓이기 쉬우며, 심한 경우 잠을 자다가 가위눌리는 경우가 자주 생길 수 있다. 부부침실에 텔레비전을 두는 것은 연애운을 높이는데 도움을 줄 수 있을지 몰라도, 숙면에는 방해가 된다.

우리가 치매에 걸리지 않도록 끊임없이 뇌를 활성화시키는 것도 필요하지만, 그러한 양뇌陽腦를 쉬게 하고 음뇌陰腦(무의식)를 활성화하는 것도 필요하다. '노인네는 잠이 없다'고 하는데, 나이가 들수록 잠을 잘 자는 것이 건강유지를 위한 첫째조건이다.

현대 도시는 인공적인 빛을 밤새도록 발산하여 순수한 어둠을 오염시키고 있다. 현대

---

13 파울로 코엘로, 최정수 역, 『연금술사』, 문학동네, 2004, 144~145쪽.
14 스와미 라마, 박광수 · 박지명 역, 『히말라야성자들의 삶』, 아힘신, 2019, 197쪽. 밤에 깨어있는 사람은 세 종류다. '요기'와 '보기(bhogi)'와 '로기(rogi)'다. 요기는 명상 속에서 축복을 누린다. 보기는 관능적 쾌락을 즐긴다. 그리고 로기는 아픔과 절망으로 밤을 지새운다. 세 종류의 사람이 깨어있기는 마찬가지이나, 참으로 복 된 자는 명상에 잠긴 요기다. 순간적 쾌락을 맛본 보기는 그 순간을 지속시키고 싶어서 밤을 지새운다.

도시인은 한밤중에도 청량한 별빛을 가까이 할 수가 없다. 공기, 물만 오염된 것이 아니라 밤하늘도 오염되어 우주의 기운을 제대로 받을 수가 없다는 것이다. 나의 별자리와 소통하고, 나의 신장神將(수호신)과도 소통하고 조상신과도 소통해야한다. 이러한 소통 속에서 삶에 대한 방향을 찾고, 번득이는 아이디어를 얻을 수가 있는 것이다.

"인간과 우주는 가장 근본적인 의미에서 연결돼 있다. 인류진화의 역사에 있었던 대사건들 뿐 아니라 아주 사소하고 하찮은 일들까지도 따지고 보면 하나같이 우리를 둘러싼 우주의 기원에 그 뿌리가 닿아있다."[15] 인간은 매일 자기가 사는 지역, 지구, 태양계를 떠나 먼 우주로 여행을 해야 하는 것이다. 우리가 히말라야의 성자들과 같은 삶을 살 수는 없지만, 로봇이 아닌 인간의 삶을 살려면 최소한 밤의 시간에는 우파니샤드에서 말하는 브라흐만Brahman[16]의 세계로 나아가야하는 것이다.

인간을 이기적인 유전자의 집합체 내지는 개체유전자의 생존기계로 파악한 리처드 도킨스의 견해에 따르더라도 우리는 잘 때 자고, 일할 때 일하는 주기를 지켜야한다. 그래야만 제때 필요한 세포분열을 할 수 있고, 치사유전자[17]를 속여서 장수할 수 있는 것이다. '노인네는 잠이 없다.' 아직 젊은데도 잠이 없으면 몸속의 치사 유전자가 늙은 몸인 줄 착각하고 그 작동의 스위치를 켤 수도 있다.

생물 종에 따라 정도는 다르나 발생 중의 세포분열은 정해진 순서대로 진행되며, 이 순서는 생활사가 반복될 때마다 재현된다. 각 세포는 세포분열등록부에 위치와 [작동]시간이 정해져 있다. …지구의 자전주기와 공전주기를 우리가 우리 생활을 계획하고 순서를 매기는데 얼마나 편리하게 이용

---

15 칼 세이건, 홍승수 역, 『코스모스』, 서울 ㈜사이언스북스, 2020, 22쪽. 칼세이건 서두.
16 스와미라마, 앞의 책, p.522. 남성명사로 쓰일 경우 바라문(婆羅門) 즉 인도 카스트 제도 계급 중 최고 지위인 사제·승려 계급으로 베다의 성스러운 지식에 정통한 사람을 말한다. 중성명사로 쓰일 경우에는 우주의 궁극적 실체, 우주적 자아, 최고의 존재, 두루 퍼져있는 우주적 기운, 우파니샤드의 근본원리를 뜻한다.
17 리처드 도킨스, 홍영남·이상임 역,『이기적유전자』, 을유문화사, 2023, 인간의 수명을 연장할 수 있는 두 가지 방법이 있다. 하나는 어떤 연령, 예컨대 40세 이전에는 번식하지 못하도록 하는 것이다……두 번째의 방법은 유전자를 속여서 자신이 들어있는 몸을 실체 연령보다 젊다고 생각하도록 하는 것이다……젊은 몸의 화학측성을 흉내 냄으로써 후기에 작용하는 유해한 유전자의 스위치가 켜지는 것을 막을 수 있지 않을까?

하고 있는지 생각해보기 바란다. … 특정 유전자의 스위치는 특정시기에 켜지거나 꺼질 수 있다. 병목/생장주기의 달력이 특정시기에 확실히 그렇게 되도록 보증하기 때문이다. 그처럼 잘 조절된 유전자 활동은 복잡한 조직이나 기관을 만들어 낼 수 있는 발생과정이 진화하는데 필요한 전제조건이다.[18]

잠을 잘 때, 우리의 정신은 꿈속에서 우주와 소통할 수 있어야 하며, 우리의 육체는 생체 스위치가 잘 작동할 수 있도록 해야 한다. 잠을 잘 때, 침실, 침대, 잠자리는 우주를 비행하는 우주선이다. 밤에 잠자리에 들 때는 침실만큼은 '순수한 어둠'을 만들어야 한다. 전자기기의 작은 불빛은 잘못된 항해로 이끌 수 있으며, 숙면에 방해가 된다. 어린 아기를 재울 때나, 완전한 어둠을 무서워하는 어른이 있다면 어쩔 수 없이 불을 켜놓아야 하는데, 그 때는 광원이 보이지 않는 간접조명으로 해야 한다. 간접조명도 최소한의 조도를 유지하여 깊은 수면에 방해가 되지 않도록 해야 한다.

그래도 잠이 오지 않는 분들에게는 요가명상을 권한다. 필자가 경험한 바에 따르면 '소[吸]', '함[呼]'의 호흡법은 다른 것은 몰라도 정말 잠에는 효과가 있다.

4. 공부방(건넌방, 아이들 방, Study Room)

거실이 전용공간 속의 상대적인 공적공간公的空間이라면, 부부침실과 공부방은 사적공간私的空間이 된다. 아파트에서 안방이 부부의 방이라면, 건넌방은 아이들 방이 되는데, 요즈음의 세태에 비추어 프라이버시의 정도를 비교하면, 건넌방의 강도가 훨씬 높다. 아이들은 안방에 마음대로 드나들면서, 자기들 방에 들어갈 손치면 매우 질색을 한다.

부모와 자식 간의 사랑은 '내리사랑'이므로, 부모는 어린 자식을 키우는데 중점을 두고

---

[18] 위의 책, 475쪽.

모든 힘을 기울인다. 특히 아이들이 어리고 공부해야 할 시기일 때, 주로 학업운學業運에 대해서 관심이 많다. 그 후 성장하여 자기 직업을 가지게 되면, 직업운職業運, 재물운財物運, 연애운戀愛運에도 점차 관심을 가지게 된다.

학업운과 재물운을 기운적 관점에서 살펴보면, 학업운은 목木기운을 받아야 하고, 재물운은 금金의 기운을 받아야 한다. 즉, 아이들 방과 관련하여 학업운을 높이기 위해서는 목기운을 불어 넣어주고, 재물운을 높이기 위해서는 금기운을 불어 넣어주어야 하는 것이다. 또, 기운을 불어넣을 뿐 아니라, 아이들 스스로 원하는 기운을 추구하는 것이 필요하다.

기운의 추구는 동선의 방향에 따라 달라진다. 북쪽의 현관에서 들어와 좌측으로 선회하면, 목기운 즉 학업운을 추구하는 것이 되고, 우측으로 선회하면 재물운, 직업운을 추구하는 것이 된다. 어떤 것을 성취하려면 그것을 원하는 사람이 그 쪽 방향으로 끊임없이 추구하는 노력을 기울여야 하는 것이다. 목기운을 매일 쌓아가려면 좌측에 있는 방으로

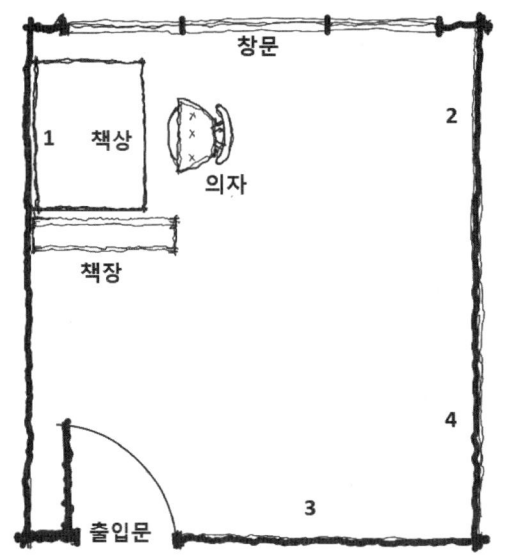 

학업운을 높이는 책상 위치의 우선순위 출입문과 창의 위치를 고려한다. 책상 위치와 방향으로 1, 2, 3, 4의 순위가 매겨진다. 필자 작성
아이들 공부방 문을 열었을 때, 아이의 뒤통수를 보게 된다. 2015년 촬영

들어가야 하는 것이고, 금의 기운을 매일 불어 넣으려면 우측의 방으로 들어가야 한다는 것이다.

안방에서 '침대의 방향'을 중요시 하였다면, 아이의 공부방에서는 '책상의 방향'이 중요하다. 아이가 어릴수록 부모의 입장에서는 보살핀다는 명분으로 아이가 공부를 하고 있는지, 컴퓨터 게임을 하고 있는 지를 감독하고 싶을 것이다. 하지만, 아이의 입장에서는 어느 정도의 프라이버시를 갖고 싶어 할 것이기 때문에 일정부분 서로 간의 타협이 필요하다. 안방에서 침대와 마찬가지로, 아이들 공부방에서는 방문을 열었을 때, 아이와 직접 눈이 마주치지 않고 측면으로 고개를 돌려서 볼 수 있게 책상을 배치하는 것이 좋다.

책상위치의 선정에 있어서는 방문 뿐 아니라 창을 고려해야한다. 벽을 향해서 책상을 놓되 측면에 창이 있으면 좋다. 집중도를 높이기 위해서는 독서실의 칸막이처럼 삼면이 벽으로 둘러싸인 것이 좋다. 하지만, 오랜 시간 책상에 앉아있게 하려면, 면벽面壁수행만을 강요하지 말고 책과 씨름하는 중간 중간에 간혹 외부 창밖을 바라보며 멍 때리는 시간도 가질 수 있어야 하는 것이다.

아이들의 방에서는 우선 책상을 배치하고 난 뒤, 잠자리의 위치와 방향을 정한다. 아이들 방에서도 가능한 자리를 차지하는 침대를 두지 말고 잠자리를 깔고 접는 방식을 추천한다. 잠자리에서 몸을 일으켜 세움과 동시에 방바닥에 깔린 자리도 함께 일어나야 하는 것이다. 그렇게 하지 않으면 누웠던 그 자리가 내 몸을 다시 눕히려고 계속 유혹을 할 것이다.

아파트에 가구를 들여놓을수록 삶[To be]보다는 소유[To have]가 인생의 목적이 된다. 만일 침대를 두고자 한다면, 안방의 사례에 따라 침대의 위치와 향을 정하면 될 것이다.

5. 주방(부엌, Kitchen)

1) 밥솥의 위치와 방향

반가주택에서 주방의 위치는 대체로 서쪽에 있다.[19] 즉, 집안에서 밖으로 본다고 할 때, 주로 오른쪽에 있다. 안방에서 침대, 건넌방에서 책상의 위치와 방향을 중요하게 다루었다면, 주방에서는 밥솥의 위치와 방향이 중요하게 다루어진다. 반가에서 부엌 안의 중심에서 볼 때, 가마솥은 동쪽에, 방이 있는 쪽으로 붙어 있다. 그래서 오른 손에 밥주걱을 들고 가마솥의 밥을 푼다고 하면, 밥주걱을 집 안쪽, 즉 집의 뒤쪽으로 스윙swing하게 된다.

반가주택에서는 부엌의 아궁이가 대체로 난방을 겸하는 취사용이기 때문에 그 위치의 변동은 상당히 제한적이다. 하지만 현대 주택에서는 난방과 취사가 완전히 분리된 시스템으로 운용되고 있다. 그래서 아궁이에 해당하는 가스레인지와 쿡탑, 특히 밥솥의 위치를 비교적 자유롭게 정할 수 있다.

요즈음 젊은 신혼부부가 아파트에 입주한다고 할 때, 다른 가전제품에 우선하여 밥솥을 제일 먼저 마련해서 가지고 들어간다고 한다. 이러한 풍습은 아마도 굉장히 오랜 전통을 이어온 것이라고 할 수 있겠다. 성냥이나 라이터가 없는 시대에 새로 시집온

---

19 신영훈, 『한옥의 미학』, 한길사, 1987, 100쪽. 施竈皆在戶西, 三國志魏志東夷傳弁辰傳.

160 아파트 풍수

운조루의 안채 부엌의 가마솥
오른 손잡이의 밥푸는 방향이 집 안쪽으로 향하도록 배치되어있다. 2005년 촬영

며느리가 제일 먼저 관리해야할 것은 '불씨'이었던 것이다. 마치 올림픽기간 중 성화불꽃이 계속 타올라야하는 것처럼 불씨를 계속 살려두어야 하는 것이다. 그래서 예전에 이사할 때, 연탄화덕에 불을 피운 채로 이사를 하다가, 이삿짐 화물차가 이동 중에 불이 나는 경우도 종종 있었던 것이다.

즉, 가마솥을 제일 먼저 집안에 들여다 놓는 풍습은 바로 이 불씨를 안전하게 옮겨놓기 위함이다. 아궁이에 불씨를 가져다 놓고, 그 불씨를 안전하게 보존하기 위해서 그 위에다 물을 채운 가마솥을 먼저 올려놓아야 하는 것이다. 그런데 요즈음에는 불씨에 대한 걱정을 할 필요가 없는 상황임에도 불구하고, 또 가마솥이 전기밥솥으로 바뀐 상태인데도 불구하고 그 관습이 이어지고 있는 것이다. 물론, 이러한 풍습이 꼭 불씨를 보존하기 위한 목적만이 아니라, 새로 입주하는 집에서 최소한 밥을 굶는 일이 없기를 기원하는 의미도 있다. 요즈음 형편이 어려워도 밥 굶는 경우가 흔치 않은데, 과거에 우리 어머니, 할머니 세대에는 먹고 살기 힘든 시기가 있었고, 그만큼 가마솥, 밥솥에 대한 집착이 남달랐던 것이다. 특정 종교 창시자의 호가 증산甑山, 소태산少太山인 것[20]도 모두 이러한 형편을 반영하고 있는 것이다.

풍수적으로 본다고 할 때, 밥솥을 제일 먼저 들고 오든 늦게 들고 오든, 부엌에서 신경 쓸 것은 밥솥의 위치에 따른 '밥 푸는 방향'이다. 반가주택에서 지켜야 할 금기사항 중의 하나가 바로 집 밖[마당]을 향해서 밥을 푸거나 빗자루 질을 하지 말라는 것이다. 그 이유는 집 밖으로 쓸거나 푸면, 복福이 함께 빠져나간다는 인식이 있었기 때문이다. 물론 자기 집 쓰레기는 자기 집에서 해결해야한다는 윤리적인 측면이 있었다는 주장도 일리가 있다.

---

20 증산교의 창시자 강일순(姜一淳, 1871~1909)의 호가 증산(甑山)인데, 떡시루를 의미한다. 원불교의 창시자 박중빈(朴重彬, 1891~1943)의 호가 소태산(少太山)인데, 밥솥을 의미한다. 소태산의 연구로는 조인철, 「원불교 영산성지의 풍수적 의미에 관한 연구」, 『원불교사상과 종교문화』 51집, 원광대학교 원불교사상연구원, 2012. 3, 63~100쪽;「소태산 박중빈의 형세론적 풍수관에 관한 연구」, 54집, 2012. 12, 289~319쪽;「소태산의 '예언'과 초기 원불교의 '상징'에 대한 풍수이기론적 해석」, 57집, 2013. 9, 1~36쪽. 참조.

부엌이 안채의 서쪽에 자리하게 된 배경 중의 하나가 바로 밥 푸는 방향에 대한 이러한 의식적 고려 때문이었다고 할 수 있겠다. 남향의 집에서 집의 서쪽 끝에 부엌이 있고, 부엌의 동쪽에 붙어 있는 방의 난방 때문에 아궁이에 불을 지피기 위해서는 아궁이는 결국 동쪽 벽에 붙어서 서쪽을 향해 열려 있어야 하는 것이다.

　아궁이에 놓인 가마솥의 밥을 풀 때, 동쪽을 보며 푸게 되고, 오른 손잡이라면 북쪽의 뒷산 쪽으로 푸는 것이다. 부엌의 위치, 아궁이 방향, 그 위에 놓인 밥솥이 모두 오른 손잡이에 맞추어서 셋팅setting이 되어 있는데, 갑자기 왼손잡이 며느리가 들어와서 밥을 푸면 복이 나가는 방향으로 밥을 푸게 된다. 그래서 우리의 따님들이 왼손으로 밥숟가락을 들고 밥을 먹을 손치면, 어머니, 할머니의 불호령이 내려지게 되는 것이다. 밥상예절에서 강조되었던 '밥상모서리에 앉지마라', '밥숟가락을 왼손으로 들지 마라', 이것들은 모두 우리시대의 풍수에서도 그 가치가 인정되는 엄마와 할매의 '밥상풍수'인 것이다.

경주 양동마을 초가삼간의 부엌의 위치 집안에서 밖으로 볼 때는 오른쪽에 남향집이라면 서쪽에 아궁이가 있는 부엌이 배치된다. 2008년 촬영

이러한 금기사항은 그것이 과학적이든 아니든 너무 오랫동안 지켜온 관습이기에 아파트 생활에서도 지켜주는 것이 좋다. 그렇다면, 아파트에서 바깥방향이라는 것을 어느 방향으로 볼 것인가의 문제가 대두된다. 반가에서 바깥방향이라면 당연히 마당 쪽 즉 대문 쪽을 향하는 것이다. 현대 아파트의 대문은 현관이고 마당은 발코니이다. 그런데 문제는 현관과 발코니가 서로 반대방향에 위치하고 있다는 것이다. 아파트에서는 현관 쪽이든 발코니 쪽이든 모두 바깥으로 향해서 열리는 구조이므로 어느 쪽으로 푸든 모두 금기를 범하는 것이 된다.

다만, 그나마 다행인 것은 밥푸는 주방에서 현관문이 보이지 않게 설계되어 있다는 것이다. 그래서 한 쪽 방향 즉, 거실 쪽, 발코니 쪽을 피해서 밥을 풀 수 있도록 밥솥의 위치

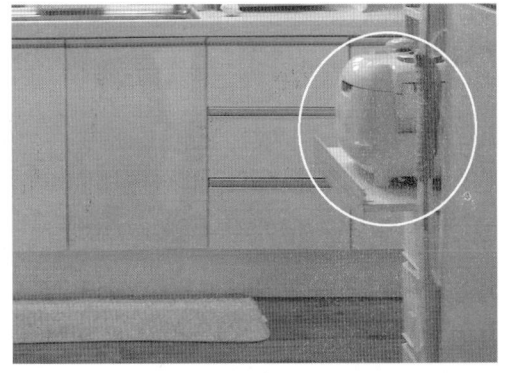

1	2
3	

1. **서쪽에 붙어 있는 밥솥** 남쪽 거실 쪽 발코니를 향해 밥을 푼다. (남향아파트 기준). 2011년 촬영
2. **동쪽에 붙어있는 밥솥** 집 뒤로 밥을 푼다. (남향아파트 기준). 2016년 촬영
3. **밥솥이 가운데 놓인 경우** 2014년 촬영. 필자 작성

를 정하면 된다. 물론 쿡탑이나 전자레인지를 사용하는 경우와 전기밥솥을 사용하는 경우가 각기 다를 수 있다. 그나마, 반가에서처럼 밥 푸는 방향을 조정하기 위해서 아궁이를 통째로 수리해야하는 번거로움이 없다는 것이 다행이다. 현대아파트 주방에서는 전기밥솥을 사용하는 경우, 전기 콘센트의 위치를 변경하면 된다. 압력밥솥의 경우는 밥이 되고 나면 밥솥을 들어서 그 위치와 방향을 변경하면 되는 것이다. 잘 모르겠다고 생각되면, 밥솥을 주방의 싱크대 가운데 놓고 밥을 푼다면 대체로 문제가 없다.

간혹, 주방에 붙박이식으로 전기밥솥을 놓는 슬라이딩 선반이 장착되어 있는 경우를 볼 수 있는데, 주방 중심에서 볼 때, 붙박이장이 동쪽 벽[21]에 설치되지 않고 서쪽 벽에 설치된 경우라면 금기사항을 어기는 것이 될 수 있다. 밥솥이 서쪽 벽에 붙어 있을 경우, 냉장고나 다른 장식장으로 가려서 거실이나 발코니 쪽으로 밥기운[福]이 나가지 않게 차단하는 것도 하나의 양생법이 될 수 있다. 밥솥의 방향이나 위치의 원활한 변경을 위해서 싱크대의 배치는 일자형 보다는 'ㄱ'자형이 유리하다. 건축계획적 측면에서도 'ㄱ'자형은 요리하는 사람의 동선을 줄일 수 있는 방식이라고 평가된다.

아파트의 평면 구조상 주방과 현관문이 서로 트인 상태로 보이는 경우는 주로 1베이

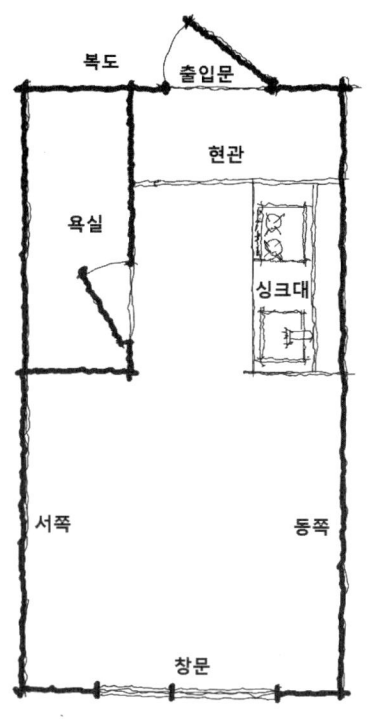

1BAY형 원룸 아파트 싱크대에서 출입문과 발코니창이 양쪽으로 보인다. 오른손, 왼손잡이에 관계없이 어느 쪽으로 푸더라도 바깥으로 푸는 꼴이 된다. 필자작성

---

21 동쪽과 서쪽의 문제는 남향의 아파트를 기준으로 말한 것이며, 싱크대를 바라보고 서있다고 할 때, 동쪽 벽은 오른쪽이 되며, 서쪽 벽은 왼쪽이 된다. 전통반가에서의 부엌의 위치와는 서로 동서가 바뀌었다. 하지만, 그 의미는 같은 것이다.

(BAY)형의 원룸형이나 아주 소형의 아파트일 경우이다. 이 때, 주방의 싱크대가 동쪽 벽에 붙어 있다면 밥을 풀 때 현관 쪽으로 푸는 것이 될 것이고, 서쪽 벽에 붙어 있다면, 발코니 창을 향하여 푸는 것이 될 것이다. 왼손잡이의 경우는 그 반대가 될 것이다. 어느 쪽으로 푸든 지 모두 바깥쪽을 향해서 푸는 꼴이 된다. 이때는 밥솥을 싱크대가 아니라 바닥이나 탁자에 놓고 현관, 발코니 쪽이 아니라 양쪽 벽을 향해서 푸면 된다. 발코니 이외의 주방의 작은 창이나 다용도실 쪽의 창을 향하는 것은 무방하다.

2) 주방의 기운

주방은 사고발생이 쉬운 곳이다. 요리 중에 사용하는 칼이나 가위로 인해서 상해를 입기도 한다. 주방에서 칼 종류. 날카롭게 보이는 주방기구들을 보이지 않는 곳으로 수납한다. 기운적 관점에서 보면 주방은 화기운이 있는 공간이지만, 수기운이 함께 공존하는 곳이다. 화기운과 수기운은 가만히 두어도 서로 충돌하는 기운이다. 그래서 이러한 고기압과 저기압의 두 개의 기운이 공존할 때는 천둥과 번개가 발생한다. 주방의 기운이 이렇게

주방의 화기(火氣)와 수기(水氣) 2011년 촬영

불안정하기 때문에 여러 가지 사건 사고가 발생하기 쉬운 것이다. 고전에서 말하고 있는 것처럼, 주방에서 요리하고 있는 사람에게 심각한 이야기나 자극적 이야기를 하지 않는 것이 좋다. 가뜩이나 기운이 불안정한 공간이므로, 불안정한 기운을 폭발시켜서 사건사고가 일어나지 않도록 조심하고 삼가 할 필요가 있다는 것이다.

3) 부엌의 금기사항[22]

- 칼이나 도끼를 부엌 위에 두어서는 안 된다.
- 부엌을 향해서 꾸짖으면 상서롭지 못하다.
- 부엌을 마주보며 시를 읊거나 노래를 하고 울어서는 안 된다.
- 부엌의 불로 향香을 피워서는 안 된다.
- 부엌문은 그 집의 대문과 마주보게 해서는 안 된다. 그렇게 하면 주로 구설수에 오르고 질병이 생긴다.

4) 주방의 채광과 환기

주방에서는 화기운과 수기운의 상극기운을 누그러뜨리고 냄새와 습기를 차단해야한다. 아무리 인공적 환풍기를 잘 설치한다고 하더라도, 주방 가까이 환기, 채광, 전망을 제공하는 창이 있어야 한다. 주방의 창을 통해서 사계절의 시간적 변화를 느낄 수 있도록 해야 한다. 그날의 날씨에 따라서 요리종류가 달라질 수 있는 것이다. 어린애가 있는 집일 경우, 주방의 창을 통해서 외부의 어린이 놀이터가 보이면 더 좋다. 물론 집안 내에서도 주방에서 요리하는 동안 어린이를 관찰할 수 있는 시야확보가 필요하다. 현대아파트의 생활이 집에서 요리를 하거나 손님을 맞이하는 경우가 점점 줄어들고 외식과 배달음식의 문화가 발전하는 추세이기 때문에 주방의 규모가 갈수록 작아지고 있는 것이다.

---

22 서유구, 앞의 책, 2019, 181쪽.

6. 화장실(욕실, Bathroom)

1) 화장실의 기운

아파트가 국민주택규모 이상이 되면, 일반적으로 세대 내의 화장실은 2개가 설치된다. 화장실에는 기본적으로 변기와 샤워시설이 갖추어진다. 욕조가 있는 경우도 있고 없는 경우도 있다. 이렇게 개인의 주택 내에 욕실이 갖추어진 아파트주거양식이 일반화되면서 동네의 대중목욕탕을 찾아보기 힘든 시대가 되었다. 아파트의 화장실은 이름 그대로 화장하는 공간이다. 그곳은 하루의 일과를 시작하는 곳임과 동시에 하루일과를 마무리하는 공간인 것이다. 용도기능적 관점에서 볼 때 화장실은 12포태[23]의 처음단계인 '포태胞胎'의 공간임과 동시에 마무리 단계인 '사묘死墓'의 공간이라고 할 수 있다. 그래

직충(直衝)의 변기 화장실의 변기가 문을 향해 충(衝)하고 있는 경우. 이런 경우 가평상시 화장실 문을 절반이상 닫아두어야 한다. 2024년 촬영

서 기능적 관점에서 볼 때, 시작의 목기운과 마무리의 수기운이 공존하는 공간이다. 화장실은 수기운이 많은 공간이기 때문에 설계단계에서부터 환기와 온도조절이 잘 되도록 해야 한다.

화장실이 두 개라면, 한 곳에는 욕조가 있으면 좋다. 특히 겨울철이나 환절기에 몸이

---

23 12포태라는 것은 세상의 모든 것을 일종의 생명체로 보고 그것의 생왕사묘를 12단계로 나누어서 평가하는 관점이다. 여기서 12단계란 '胞胎養生浴帶官旺衰病死墓'를 말한다.

으슬으슬하고 감기의 기운이 살짝 오르려고 할 때, 비를 맞았거나 등산으로 땀을 많이 흘렸을 경우에 따뜻한 물을 받아서 몸 전체를 담그고 나면 개운改運할 것이다. 온수에 전신을 담그는 것은 그냥 뜨거운 물로 샤워만 하는 것에 비할 바가 아니다. 뜨거운 물에 몸을 담그거나 샤워를 하는 것은 낮은 단계의 개운법이다.

2) 변기[馬桶]의 방향

화장실의 설계에서 주의해야할 것은 변기의 위치와 방향이다. 변기의 앞부분이 욕실 문을 향하지 않도록 설계해야 한다. 중국에서는 변기를 마통馬桶이라고 하는데, 마통의 말머리 즉, 변기의 앞부분이 욕실 문을 바라보는 것도 일종의 충衝으로 본다. 말머리가 화장실 문을 치받고 있는 것을 충이라고 하고 흉凶한 것으로 간주한다. 화장실문을 열었을 때 변기의 앞부분이 바로 보이는 경우, 평상시 화장실 문을 반 정도 이상을 닫아두어 변기의 앞부분이 보이지 않게 해야 한다.

화장실 변기가 문의 측면으로 설치된 경우
2016년 촬영

3) 변기의 관리

변기의 뚜껑을 닫아두는 것이 좋으냐, 열어두는 것이 좋으냐의 논란이 있다. 일을 본 이후에는 변기의 뚜껑을 아래로 내려 닫은 후에 물을 내리는 것이 좋다. 변기뚜껑을 닫은 채 물을 내리는 것은 개인의 위생 뿐 아니라 대장균 바이러스가 집안에 퍼지지 않도록 하기 위한 조치이다. 다음으로 평상시 변기 뚜껑을 항상 닫아 둘 것인가, 열어둘 것이냐의 문제인데, 매일 사용하는 경우라면 닫아 두고, 장시간 집을 비우고 사용하지 않는 경우라면 뚜껑을 열어 두어야 한다. 왜냐하면, 장시간 사용하지 않는데, 뚜껑을 닫아두면, 특히 여름철에 변기 안의 습도가 높아져서 변기 뚜껑 안쪽으로 곰팡이가 생길 우려가 있다. 장기간 해외여행을 하고 와서 변기 뚜껑을 열어보면 그 뚜껑에 곰팡이가 붙어있는 경우를 자주 목격할 수 있을 것이다. 그 곰팡이는 변기 안에서 발생한 것일 수도 있지만, 그냥 집 안의 공기 중에 떠돌아다니던 포자가 변기안의 습기에 붙어서 발생하였을 가능성도 있다. 이러한 문제들의 근본인 화장실의 습도 조절과 환기를 위해서는 작은 창이라도 있는 것이 없는 것 보다는 훨씬 낫다. 설계단계에서 비용은 올라가겠지만, 다른 부분에서 절약하고 작게라도 환기창을 만들어 주는 것이 좋다.

7. 발코니(Balcony, Veranda)

1) 발코니의 정체

발코니는 노대露臺 또는 양대陽臺라고도 하며, 건물의 외벽에서 돌출되어 있고 난간이 설치되어, 나가 볼 수는 있으나, 상부의 지붕이 없는 공간을 말한다. 아파트의 경우는 위 아래층이 동일한 발코니가 있으므로 자연스럽게 지붕이 있는 공간이 되었다. 로마 바티칸 교황청의 발코니는 매우 중요한 상징과 의미를 가지고 있다. 교황이 선출되거나 교황이 광장에 모인 군중들을 향해서 그 모습을 드러내는 매우 중요한 권위적 공간인 것이다.

이에 반해 베란다는 발코니 보다는 넓은 공간을 말하며, 식탁이나 의자 등을 놓고 여러 사람이 식사를 할 수 있는 공간을 말한다. 베란다는 지붕을 갖추고 있는 공간이다. 이러한 측면에서 현대아파트는 발코니로 시작해서 베란다의 형식으로 변화한 것으로 볼 수 있다. 엄격하게 말하면 건축법상 발코니는 건축면적에 포함되지 않지만, 베란다는 건축면적에 포함되는 공간이다. 그런 점에 미루어 볼 때, 건축법규상의 의미로 현대 아파트의 발코니는 건축면적에 포함되지 않으므로 베란다가 아니라 발코니가 맞다.[24]

로마 교황청 바티칸의 이층 발코니 2019년 촬영

2) 발코니 확장?

발코니를 반가班家의 마당이라고 하였는데, 그 마당을 어떻게 관리할 것인가가 관건이다. 주된 관심사는 '발코니를 흡수하여 거실이나 방으로 확장할 것이냐 말 것이냐'일 것이다. 당연히 거실확장에 따른 장단점이 있을 수 있다.

장점이라면, 거실이나 방을 넓게 사용할 수 있는 것이고, 단점이라면 완충공간緩衝空間이 없어짐으로써 열손실 등의 기운설기氣運泄氣, 살기침입殺氣侵入이 있을 수 있다는 것이다. 즉, 발코니 공간을 흡수 통합하는 것은 외부환경에 대하여 그만큼 직접 노출되는 상황을 만드는 것이다.

---

24 건축법상 지붕이 있는 것은 그 바닥면적을 면적산정에 포함하는 것이 원칙이다.

현관의 중문설치는 시선차단용으로 일종의 인기人氣에 의한 살기차단의 성격이고, 발코니의 존재는 도로살이나 건물살을 포함한 살기에 대한 차단용인 것이다. 발코니가 없으면 유청무당有廳無堂의 상황이 된다. 유청무당이라는 것은 대청은 있으나 마당이 없는

아파트 발코니 부분 2015년 촬영

반가주택 안마당. 논산 명재고택 안마당 2013년 촬영

것으로 풍수상 꺼리는 상황이다. 마당은 풍수상 명당明堂이다. 발코니를 없애는 것은 명당을 없애는 것과 다름없다. 득생기得生氣보다는 피살기避殺氣에 주안점을 두는 시대에 발코니의 공간이 없다면, 살기殺氣가 바로 침입할 수 있는 조건이 된다. 그래서 풍수적 관점에서는 발코니확장이 집안의 생기가 쉽게 빠져나가고, 외부의 살기가 쉽게 들어올 수 있는 상황을 만드는 것이므로 권장하지 않는 것이다.

3) 화분과 운동기구

발코니에 화분을 두는 경우라면, 가능한 깨끗하게 관리하는 것이 필요하다. 어느 곳이든 깨끗하게 관리해서 나쁠 것이 없지만, 특히 화분은 목기운[25]이므로 주기적으로 깨끗하게 관리하지 않으면 쉽게 지저분해진다. 발코니에 운동기구를 두는 경우도 있는데, 운동기구의 모양새가 깔끔하지 못하고 뭔가 삐죽하게 튀어나온 것이라면 그것이 생기生氣를 강화하기 위한 것이 아니라, 살기화殺氣化될 수 있다는 것을 잊으면 안 될 것이다. 운동을 열심히 하겠다고 마음먹고 런닝머신, 철봉, 거꾸로 매달리기 등의 운동기구를 발코니에 들여다 놓기도 한다. 대부분 작심삼일作心三日이고 이러한 기구들은 방치되는 경우가 허다하다. 이렇게 되면, 자리를 차지하고 있고 사용하지 않지만 아까워서 버리지 못한다. 막상 버리고자 할 때는 또 폐기물 수거비도 물어야하기 때문에 억울해서라도 못 버리고 그냥 두게 된다. 운동기구를 들여놓지 말고 아파트 자체에서 운영하는 피트니스센터나 가까운 전문 운동센터에 등록하여 다닐 것을 추천한다. 다시 말하지만, 아파트에 가구 등을 가져다 놓을수록 그 삶은 '자아실현을 위한 삶'이 아니라 '소유를 목적으로 하는 삶'이 되기 쉽다.

무엇이든 소유하게 되면 그때부터는 즐길 수 없을 뿐 아니라 날이 갈수록 성가셔진다. 결국 소유

---

25 목기운은 주로 불러일으키는 기운이다. 그 반대는 금기운이다. 목기운을 가만 놔두면, 너무 불어나서 지저분해진다는 것이다. 이때 금기운으로 다듬어주고 청소도 해야 하는 것이다.

는 다른 사람을 위해 물건을 맡아두는 것과 다름없다. 또 더 많이 소유할수록 친구보다 적이 많아지는 법이다.[26]

거실 앞에 설치된 주 발코니 외에 주방 쪽에 붙어 있는 다용도실이 있는데, 이곳에는 주로 세탁기, 김치냉장고, 재활용품 정리대와 같은 것이 자리하게 된다. 이것은 반가주택에서 뒷마당에 비유된다. 남향 아파트세대의 중심에서 볼 때 다용도실의 방위는 건방乾方내지는 간방艮方이 된다. 건방이면 그것은 집안의 아버지 방위이고, 간방이면 막내아들의 방위이다.[27] 그곳을 잘 관리하면 아버지나 막내아들에게 득得이 될 것이고 그렇지 않으면 해害가 될 수 있다. 다용도실은 그 특성상, 깨끗하게 관리하기 어려운 공간이지만, 최대한 정리하면서 살아야 한다.

8. 아파트 인테리어 풍수, 어떻게 하지?

1) 아파트인테리어 풍수 개요

아파트는 공동주택으로서 이미 다 만들어진 상태에서 입주하는 경우가 많다. 그래서 개성있는 집으로 만들 수 있는 방법은 단지 인테리어에서 변화를 주는 것뿐이다. 인테리어라고 하면 가구, 바닥, 벽, 천정의 마감재료, 조명, 커텐이 그 대상이 된다. 그냥 인테리어가 아니라 인테리어 풍수를 한다고 한다면, 단순히 예쁘게 한다는 것 보다는 기운을 좋게 하기 위한 양생풍수의 개념에서 접근해야 한다. 물론 개인의 취향이 풍수의 논리에 우

---

[26] Baltasar Gracian, 강정선 역, 『아주 세속적인 지혜』, 페이지2북스, 2024, 263쪽. 너무 많이 소유하지 마라. 참조.
[27] 8개의 방위를 가족 구성원에 배당하면, 건방(乾方, 북서)은 아버지, 곤방(坤方, 남서)은 어머니, 간방(艮方, 북동)은 막내아들, 손방(巽方, 남동)은 큰딸, 감방(坎方, 북)은 중자(中子), 리방(離方, 남)은 중녀(中女), 진방(震方, 동)은 큰아들, 태방(兌方, 서)은 막내딸이다.

선할 수는 있다.

2) 가구의 선택

아파트의 가구라고 하면, 주로 거실의 소파, TV장식장, 주방의 싱크대, 식탁과 의자, 침실의 침대, 공부방의 책상을 말한다. 현대 아파트의 실명室名이 가구에 의해서 정해질 만큼 가구가 중요한 시대이지만, 풍수적으로 볼 때는 가구를 가능한 들여놓지 않는 것을 권장한다. 공간의 활용에 있어서 자리를 차지하고 있는 가구로 인해서 융통성의 제한을 많이 받는다. 전통반가주택에서 마당을 텅 비게 유지하는 것은 최대한의 융통성을 확보하여 어떠한 액티비티도 수용할 수 있게 하기 위함이다. 한편, 가구가 유용한 측면은 동선의 풍수를 조정할 수 있다는 점이다. 적절한 위치에 가구를 놓음으로써 흉한 동선을 길한 동선으로 변화시킬 수 있다.

아파트에서 가구는 가능한 원목가구는 피하고, 이사를 가거나 인테리어를 새롭게 할 때, 쉽게 교체할 수 있는 실용적이면서 저렴한 것이 좋다. 가구를 잘못 들여 놓으면 골치덩어리가 될 수도 있다. 공간은 한정되어 있는데, 가구가 자리를 차지하고 있지만, 아까워서 버릴 수도 없고, 놔두기도 불편한 대상이 되는 것이다.

3) 벽지 등의 컬러선택

흔히 풍수에서 색채를 논할 때, 오방색五方色이라는 것을 기준으로 한다. 오방색은 오행원리를 바탕으로 동서남북과 가운데의 방향에 따라 다섯 가지의 색깔을 배분한 것을 말한다.

거실의 벽지는 모든 가족의 공용공간이므로, 가족 모두의 의견을 듣거나 바깥주인의 의견을 중심으로 하나의 색채를 정하는 것이 좋다. 풍수에서 특별히 거실에는 어떤 색채의 벽지를 정해야한다는 원칙은 없다. 한편, 주방의 타일 색이나 싱크대 마블의 색채를 정할 때는 안주인의 취향에 따라 고르면 된다. 화장실의 타일 색은 가능한 밝은 색이 좋은

데, 아주 흰색보다는 밝은 회색으로 하면 쉽게 더러워지지 않아서 관리하기 편하다.

그 다음 부부침실은 안주인의 생년에 따라서 그 생년에 해당되는 색이나 아니면 그 색을 생해주는 색을 정하면 좋다. 그 다음, 애들 공부방은 그 공부방을 사용하는 아이의 생년에 해당되는 색이나 그것을 생해주는 색을 정하면 좋다.

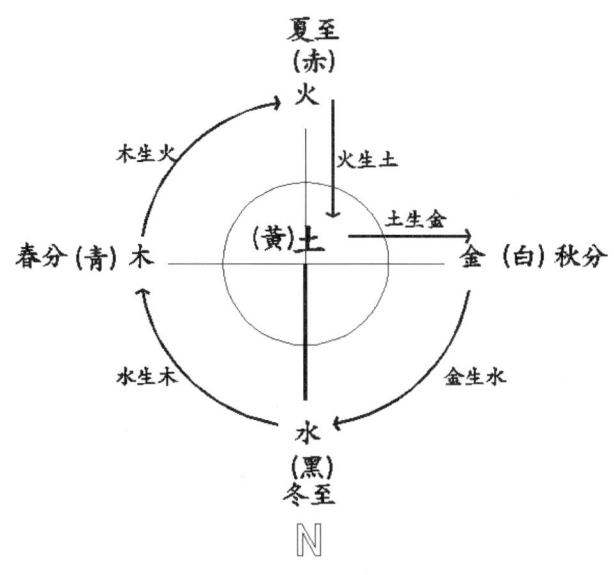

오방색의 배분 필자 작성

예를 들어, 1984년생의 남자라면 오행이 금金에 해당한다. 금의 색채는 위의 그림에서 '백白'으로 되어 있으므로 흰색으로 정하거나, 흰색을 생해주는 황黃으로 정하면 된다. 꼭 원색으로 백색 내지는 황색일 필요는 없다. 그러한 색이 들어간 취향의 색으로 정하면 된다. 하나의 예를 더 들어본다면, 2014년생 여자 어린이의 공부방이라면, 오행이 토土에 해당한다. 그래서 황색이나 이를 생해주는 붉은색 계통의 색으로 정하면 된다. 출생년도별 본명궁은 〈양택삼요법〉에서 적용하는 팔괘의 방위별 배당에 의해서 결정되는데, 〈표 4-1〉을 참고하면 된다.[28] 각방 마다 벽지의 다른 색깔, 다른 재질로 한다는 것은 현실적으로 번거로운 일일 수 있다. 그런 경우라면 위의 논리에 적합한 공통된 색채 중에서 하나를 골라서 통일하면 된다.

표 4-1. 출생년도별 본명궁(出生年度別 本命宮)
〈하원갑자(下元甲子) : 西紀 1984年-2043年生〉

出生年度		男子本命宮		女子本命宮		出生年度		男子本命宮		女子本命宮	
西紀	干支	宮位	오행	宮位	오행	西紀	干支	宮位	오행	宮位	오행
1984	甲子	七 兌	금	八 艮	토	2014	甲午	四 巽	목	二 坤	토
1985	乙丑	六 乾	금	九 離	화	2015	乙未	三 震	목	三 震	목
1986	丙寅	五 坤	토	一 坎	수	2016	丙申	二 坤	토	四 巽	목
1987	丁卯	四 巽	목	二 坤	토	2017	丁酉	一 坎	수	五 艮	토
1988	戊辰	三 震	목	三 震	목	2018	戊戌	九 離	화	六 乾	금
1989	己巳	二 坤	토	四 巽	목	2019	己亥	八 艮	토	七 兌	금
1990	庚午	一 坎	수	五 艮	토	2020	庚子	七 兌	금	八 艮	토
1991	辛未	九 離	화	六 乾	금	2021	辛丑	六 乾	금	九 離	화
1992	壬申	八 艮	토	七 兌	금	2022	壬寅	五 坤	토	一 坎	수
1993	癸酉	七 兌	금	八 艮	토	2023	癸卯	四 巽	목	二 坤	토
1994	甲戌	六 乾	금	九 離	화	2024	甲辰	三 震	목	三 震	목
1995	乙亥	五 坤	토	一 坎	수	2025	乙巳	二 坤	토	四 巽	목
1996	丙子	四 巽	목	二 坤	토	2026	丙午	一 坎	수	五 艮	토
1997	丁丑	三 震	목	三 震	목	2027	丁未	九 離	화	六 乾	금
1998	戊寅	二 坤	토	四 巽	목	2028	戊申	八 艮	토	七 兌	금
1999	己卯	一 坎	수	五 艮	토	2029	己酉	七 兌	금	八 艮	토
2000	庚辰	九 離	화	六 乾	금	2030	庚戌	六 乾	금	九 離	화
2001	辛巳	八 艮	토	七 兌	금	2031	辛亥	五 坤	토	一 坎	수
2002	壬午	七 兌	금	八 艮	토	2032	壬子	四 巽	목	二 坤	토
2003	癸未	六 乾	금	九 離	화	2033	癸丑	三 震	목	三 震	목
2004	甲申	五 坤	토	一 坎	수	2034	甲寅	二 坤	토	四 巽	목
2005	乙酉	四 巽	목	二 坤	토	2035	乙卯	一 坎	수	五 艮	토
2006	丙戌	三 震	목	三 震	목	2036	丙辰	九 離	화	六 乾	금
2007	丁亥	二 坤	토	四 巽	목	2037	丁巳	八 艮	토	七 兌	금
2008	戊子	一 坎	수	五 艮	토	2038	戊午	七 兌	금	八 艮	토

28　사주명리에서 말하는 연주(年柱)와는 다른 값이 나올 수 있다. 집에 관한 것이므로 양택풍수향법을 근거로 한 것이다.

2009	己丑	九離	화	六乾	금	2039	己未	六乾	금	九離	화
2010	庚寅	八艮	토	七兌	금	2040	庚申	五坤	토	一坎	수
2011	辛卯	七兌	금	八艮	토	2041	辛酉	四巽	목	二坤	토
2012	壬辰	六乾	금	九離	화	2042	壬戌	三震	목	三震	목
2013	癸巳	五坤	토	一坎	수	2043	癸亥	二坤	토	四巽	목

* 목(木) - 청(靑), 화(火) - 적(赤), 토(土) - 황(黃), 금(金) - 백(白), 수(水) - 흑(黑)

4) 마감재료의 재질

인테리어를 새롭게 하는데 있어서 마감의 재질을 어떻게 할 것인가? 소위 점철성금법 點鐵成金法이라는 것이 있는데, 점차 집안 깊숙히 들어갈수록 부드러운 재질로 변화시키는 방법이다. "점철성금법은 쇠를 달구어 황금을 만든다는 뜻으로, 나쁜 것을 고쳐서 좋은 것으로 만드는 것을 이르는 말로 점석성금법點石成金法이라고도 부른다."[29]

현관에서 거실을 거쳐 침실이나 공부방으로 들어간다고 할 때, 현관 부분은 다소 거칠은 재료나 금기운의 석재, 타일 등으로 마감하는 것은 좋다. 그것이 내구성이나 위생적 관리의 측면에서 유리한 재료인 것은 분명하다. 그러나 최종 목적지인 침실이나 공부방의 마감재질은 가능한 부드러운 재질로 하는 것이 좋다.

침실은 특히 인간의 신체가 완전히 외부 살기로부터 무장해제된 공간이기 때문에 금기운이나 거칠은 기운의 재질은 피해야 한다. 금기운과 거칠은 기운은 모두 숙살肅殺의 기운이다. 그래서 침실바닥까지 대리석이나 타일 같은 것으로 마감하는 것은 좋지 못하다. 옛날 온돌방처럼 장판지로 할 수 없다면, 최소한 목재질의 강화마루 정도는 허용할 수 있다.

---

[29] 조관희, 앞의 책, 307쪽. 건축풍수에서 점철성금법이란 목적지를 향해서 나아가는 동선 상에 외부에서 내부로 나아갈수록 점차 정제된 재료와 형태를 보여주는 것이다. 이는 건물의 안정감을 주기 위한 것으로 르네상스식 건축에서 소위 러스티케이션(Rustication)이라 부르는 건축기법과도 일맥상통하는 것이라고 할 수 있다. 풍수에서는 용론에서 행룡 중에 용이 허물을 벗고 부드러워진다는 의미의 용어, 박환(剝換)이라는 것과 통한다.

5) 소품

그림으로 좋은 것은 아름다운 풍경화, 꽃그림이 좋다. 풍경화 중에는 앞에서 보여준 길봉吉峯이 보이는 산수화가 좋고, 꽃그림 중에는 재물을 상징한다는 해바라기 그림이 좋다. 해바라기가 좋다는 것은 노란색 꽃이 황금黃金을 상징하고, 비슷한 기운끼리는 서로 불러들이는 성향이 있다는 것에 근거한다. 비단잉어의 그림도 마찬가지 의미인 것 같다. 코끼리, 부엉이, 도약하는 말, 동전 물고 있는 두꺼비 등의 동물상을 갖다 놓는 경우도 유사한 사례이다. 코끼리상은 부처님의 태몽과 관련이 있고, 코끼리를 한자로 표현하면 상象인데 길하다는 상祥하고 발음이 같다. '태산석감당'은 충살, 도로살, 건물살을 막는데 효험이 있다고 한다. 건물 밖에 설치하는 큰 바위는 갖다 놓을 수 없으니 조그마한 돌에 붉은 글씨로 쓴 것을 가져다 놓는 것은 허용할 만하다. 하지만, 수석을 즐기는 분들은 수석을 가져다 놓기도 하는데, 이러한 금의 기운을 집안에 가득 채우는 것은 풍수상 바람직한 것이라 할 수 없다.

금성체[재물운] 산봉우리 사진 2014년 촬영

해바라기 그림과 금 거북이 2019년 촬영

태산석감당 중국 산동성 태산, 2010년 촬영

6) 부적符籍

부적은 그 효험에 따라 여러 가지로 구분한다. 집안의 좋지 않은 기운을 누르기 위한 부적을 진택부鎭宅符라고 하고, 집안을 평안하게 하기 위한 부적을 안택부安宅符라고 한다. 기타의 부적에 대해서는 시중에 이에 관한 서적이 많이 나와 있으니 참고하면 될 것이다. 특히 건축과 관련된 부적은 중국의 건축의 신이라고 불리는 노반魯班이 저술한 것으로 알려져 있는 『노반경』에 수록된 것이 있어서 소개하고자 한다. 원래는 '상량일지례上梁日之禮'라고 하여 상량일에 대들보에 붙이는 것이나, 입주일에 붙여도 되고 이사일에 붙여도 된다. 이사를 하고 이 책을 봤다면, 지금이라도 아래와 같은 주문을 7번 외우고 붙이면 된다.

바닥용 수맥차단 히란야 모 수녀원. 2007년 촬영

노반선사魯班先師의 비부일도秘符一道와 염주운念呪云.

저는 태상군太上君의 칙령勅令을 받습니다.

백물百物이 길상吉祥으로 변하게 해주소서.

급급율령急急律令[31]

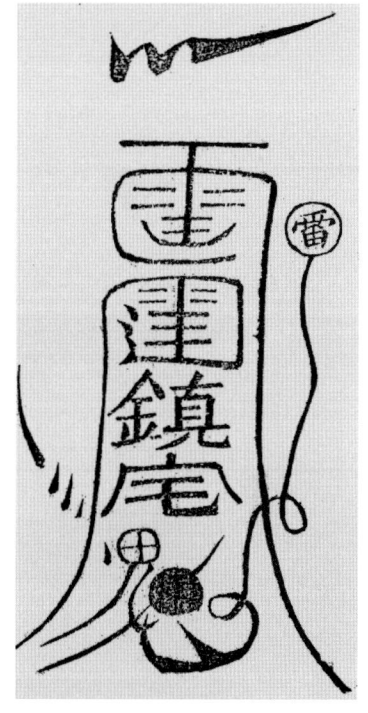

진택부적(鎭宅符籍)
출처: 『노반경』, 10a쪽[30]

그 외, 달마도를 걸거나, 수맥차단용 히란야 문양을 쓰는 경우도 있다. 그렇지 않으면 십자가를 사용하기도 한다. 본인의 믿음에 따라 차용하면 될 것이다.

7) 기타

일반적인 사항을 말하자면, 건축재료에 있어서 출입구에서부터 무거운 재료에서 점차

---

30 『魯班經』, 崇德堂 藏版, 咸豊庚申春刊, 1860, 春, 중국 북경 청화대학 도서관 소장본.
31 조인철, 「안택부·진택부에 대한 연구-노반경의 비결선기전서를 중심으로」, 『석당논총』 제88집, 동아대학교 석당학술원, 2024, 360쪽. 참조.

가벼운 재료, 색채에서 가벼운 재료, 밝은 색채로 변화시키는 것이 좋다. 고급호텔과 같은 곳은 잠시 머물 곳으로 주로 품위, 권위를 강조하기 위해서 내부 마감재료로 음적인 성격을 강조하는 무거운 색채의 것을 사용한다. 주거공간은 가능하면 가볍고 밝은 색채로 하는 것이 좋다. 가구의 위치변경을 통해서 동선을 변경할 수 있는데, 직선적으로 나아가기 보다는 곡선적 형태의 동선을 만드는 것이 좋다.

어두운 색채마감의 주방 2023년 촬영

식탁의자 다리와 테니스공 2024년 촬영

가구에 있어서 기본 원칙은 가능한 집안으로 들여놓지 말라는 것이다. 거실의 소파, 침실의 침대가 대표적인 가구인데, 이런 것을 없애고 바닥생활할 것을 권장한다. 특히 보기에 흉한 운동기구, 애완동물을 위한 캣 타워와 침대 오르기 계단 같은 것은 풍수적으로 볼 때, 좋지 않은 것들이다.

식탁의 경우는 공부용, 식사용으로 사용할 수 있으니, 가능한 좀 넓직한 것으로 들여놓고 식탁의자의 다리 밑에는 끌림에 의한 층간소음이 발생하지 않도록 쿠션 장치를 설치해야한다. 테니스공을 의자 밑둥의 쿠션재로 이용하면 좋다. 테니스공을 다리에 좀 빡빡하게 끼워 넣을 만큼 십자로 살짝 홈집을 낸다. 이것을 식탁다리 아래에 끼우면 의자가 끌리는 소음도 방지하고 아주 오랜 기간 사용할 수 있다. 거실의 장식대에는 길한

고의적으로 뒤집어 쓴 복(福)
2022년 서울 계동에서 촬영

소품 한 두 개 정도를 놓는다. 과거의 반가 주택에서는 조충도, 석류도 등을 걸거나, 가구에 박쥐문양이나 거북이 문양 등을 새겨 넣기도 하였다. 박쥐문양은 박쥐가 한자로 복蝠인데, '행복幸福'이라고 할 때의 그 복福과 발음이 같다고 해서 길상으로 본다. 간혹 '복福'이라는 글씨나 문양을 뒤집어 놓기도 하는데 이는 뒤집어질 도倒나 도착할 도到가 또한 같은 음이기 때문에 '복이 도달하였음'을 의미한다. 이에 비해 소의 코뚜레나 북어 같은 것은 상점이나, 작업장에 매달 수는 있지만, 집안에다 설치하는 것은 미관상, 위생상 적절하지 못하다.

발코니에 놓는 화분은 취향대로 선택할 수 있는데, 가능하면 발코니의 난간높이 이상으로 자라는 큰 화분은 좋지 않다. 벽에 거는 것은 종교적 상징물, 가훈, 좋은 말씀, 아이들 작품그림, 해바라기(황금색의 그림), 바라보기 좋은 풍경이면 허용된다.

제 5 장

아파트의 향을 보다

제5장
아파트의 향을 보다

1. 남향의 아파트와 동향의 아파트

대개의 아파트의 향은 동향東向 아니면 남향南向이다. 남향의 아파트는 다른 향의 아파트보다 좋다고 할 수 있다. 겨울철 난방비의 소비를 훨씬 줄일 수 있고, 집안의 화초를 생생하게 키울 수 있다. 풍수적으로 말해서 남향인 아파트는 집안의 생기生氣를 유지하는데 일단 유리한 조건을 갖추고 있다.

> [논거실의향論居室宜向南]:
> 인가의 방은 남향이 가장 좋고, 동향이 그다음이며, 북향이 또 그다음이지만, 절대로 서향으로 지어서는 안 된다. 문이 서쪽으로 향하면 이롭지 못한 점이 많기 때문이다. 사람이 사는 방은 반드시 남향으로 지어서 양기를 받아들이게 해야 한다. 집터가 자좌子坐(정남향으로 앉은 자리)에 있거나 유좌酉坐(동쪽을 향하여 앉은 자리) 또는 묘좌卯坐(서쪽을 향하여 앉은 자리)에 있거나 상관없이, 일반적으로 사람이 사는 방에 관계된 것이라면 모두 남향으로 낸 창이 없어서는 안된다.[1]

---

1 서유구, 앞의 책, 2019, 175쪽.

아파트의 일조와 저층부의 그늘짐 2024년 촬영

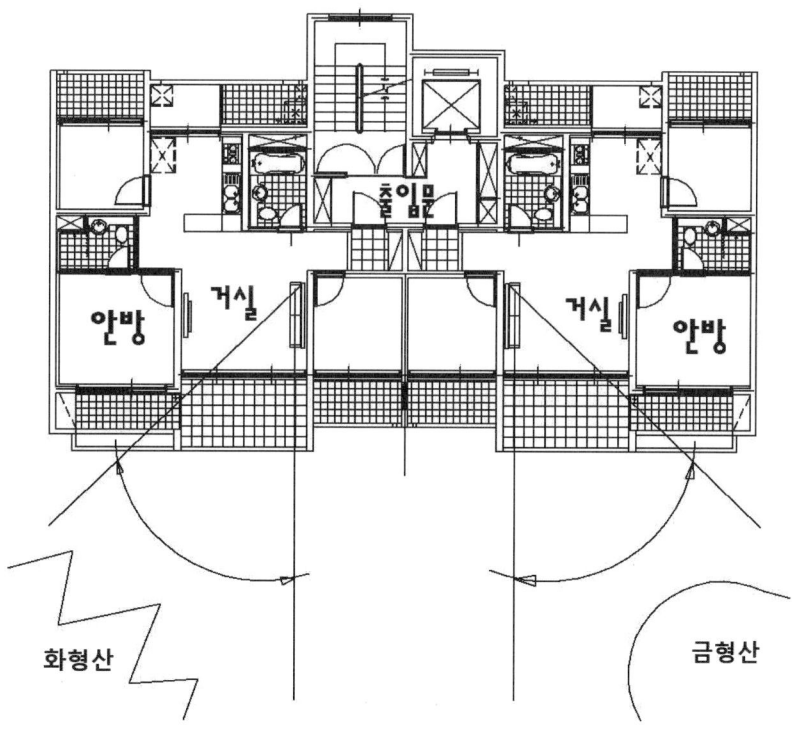

거실의 전망과 길흉관계 거실의 소파에 앉아서 매일 쳐다보는 산의 모양이 금형이냐, 화형이냐에 따라 그 효험이 달라질 수 있다고 본다. 김해 한일 유앤아이 평면도에 작업

남향의 아파트라고 할지라도 저층인 경우는 조경용 수목이나 앞의 아파트 동에 가려서 충분한 일조의 혜택을 볼 수 없게 되기도 한다. 대개의 일조권의 법적 기준에 따르면, 동지일을 기준으로 하루 2시간 이상의 일조를 얻을 수 있어야 한다.[2]

　아파트는 공동주택으로서 어떠한 길흉판단을 할 때, 일단 하나의 단지 또는 동이 전체적으로 동일한 영향권에 있다고 할 수 있다. 한편, 같은 동, 같은 층수에 있다고 하더라도 세대별로 길흉판단이 전혀 다른 경우가 있을 수 있다. 특히, 같은 동의 같은 층의 인접세대인 경우, 서로 대칭적인 구조로 되어 있기 때문에 서로 상반되는 경관을 바라보게 된다. 즉, 거실에서 바라보는 향이 90도에서 120도 정도의 차이가 생긴다는 것이다. 아파트의 거실에서 바깥쪽의 경관이 한 쪽은 오션뷰Ocean View 또는 리버뷰River View가 되는데, 다른 한 쪽은 마운틴뷰Mountain View가 될 수 있다는 것이다. 또는 같은 마운틴뷰라고 하더라도, 한 쪽은 금형金形의 산을 보는데 다른 한 쪽은 화형火形의 산을 볼 수 있는 것이다.

2. 나침반으로 좌향 측정

　우리가 아파트의 향을 말할 때, 동향아파트라고 하든가 남향아파트라고 말한다. 요즈음은 탑상형 아파트가 생겨나면서 북향아파트, 서향아파트도 더러 보인다. 그런데 이러한 4방향의 아파트의 향에 대한 언급은 나침반을 놓지 않고 대략, 태양 빛이 어떠한 방향으로 들어오느냐를 두고 판단하는 일조日照의 향이다. 그렇지만 여기서 말하려고 하는 좌향은 그 방위에 따른 길흉을 판단하기 위한 것으로, 주로 24방위로 나누어서 측정한다. 24방위는 360도의 원을 각 15도씩 24등분하여 동서남북에 자오묘유의 지지를 넣고 나머지 각 칸에 천간과 지지 그리고 사유四維(팔괘 중 4가지)인 건곤간손을 채워 넣은 것이다.[3]

---

[2] 건축법 시행령, 제86조 제3항 2호. 같은 대지에서 두 동(棟) 이상의 건축물이 서로 마주보고 있는 경우(한 동의 건축물 각 부분이 서로 마주보고 있는 경우를 포함한다)에 건축물 각 부분 사이의 거리는 다음 각 목의 거리 이상을 띄어 건축할 것. 다만, 그 대지의 모든 세대가 동지(冬至)를 기준으로 9시에서 15시 사이에 2시간 이상을 계속하여 일조(日照)를 확보할 수 있는 거리 이상으로 할 수 있다. (2024. 3. 29)

이러한 나침반은 줄여서 나반 또는 풍수패철이라고 하여 별도로 구입하든가, 나침반 어플을 다운 받아서 사용할 수 있다. 준비가 되었으면, 우선, 묘지의 좌향을 측정하는 것으로 연습해본다.

상석床石에 나반을 놓고 가로선의 수직 방향으로 좌坐와 향向을 읽는다. 여기서 좌의 방위는 묘지의 뒤쪽 방위, 향의 방위는 묘지의 앞 쪽 방위가 된다. 묘지의 상석이나 비석에 융릉隆陵의 경우처럼 좌향이 표시되어 있으면, 나반을 놓고 읽은 좌향과 일치하는 지를 확인한다.

 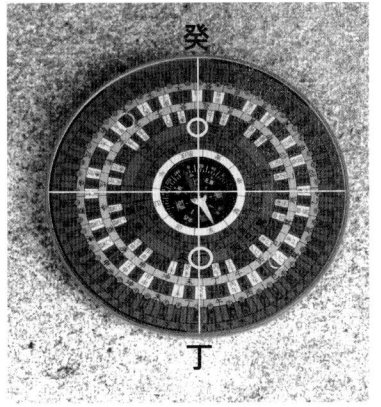

융릉[사도세자의 릉]의 좌향 계좌정향(癸坐丁向). 혼유석에 전서체(篆書體)로 계좌(癸坐)를 새겨 두었다. 2007년 촬영
융릉의 혼유석에서 좌향 이러한 나침반의 4층을 기준으로 읽으면, 사진상 밝은 쪽이 향, 어두운 쪽이 좌, 계좌정향(癸坐丁向)으로 측정되었다. 2007년 촬영

아파트의 좌향읽기는 나침반을 거실에 놓고 발코니 창의 가로선에 직각방향으로 좌방위와 향방위를 읽는다. 예를 들어 남향의 아파트이라고 할 때, 좌방위가 자子, 향방위가 오午로 읽혀지면, 자좌오향子坐午向이라고 읽는 것이다.

---

3   24방위를 정북인 자(子)에서부터 시계방향으로 나열하면, 子癸丑艮寅甲卯乙辰巽巳丙午丁未坤申庚酉辛戌乾亥壬이다.

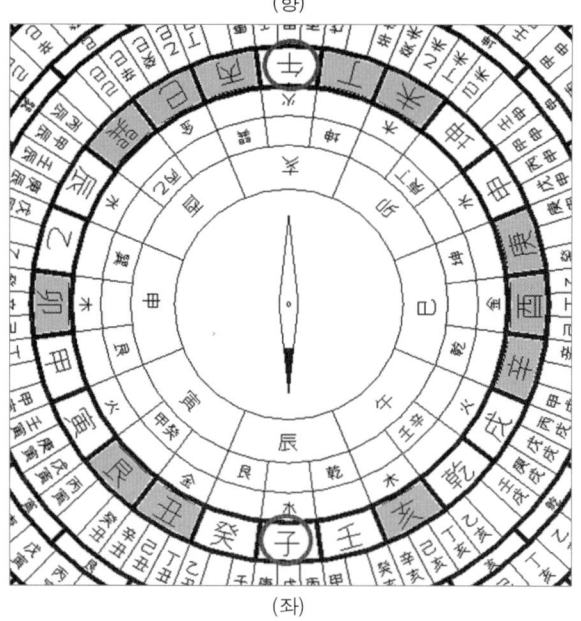

9층 나반의 일부분 가장 큰 글씨로 되어 있는 것이 24방위이다. 여기서 나침반이 가리키는 좌향을 읽는다. 발코니 레일선의 직각에는 자(子)와 오(午)가 있다. 자좌오향. 필자 작성

대전 중구청 로비에서 좌향측정 2014년 촬영

3. 우선, 살기殺氣의 방위에 대해 대비하자!

앞에서 24방위를 기준으로 좌방위와 향방위를 측정하였다면, 그것에 대한 길흉판단을 해야한다. 좌방위에 대한 가장 기본적인 길흉판단으로 소위 '용상팔살龍上八殺'이라는 것이 있다. 특정한 좌방위에 대하여 어떤 강력한 살기가 쳐들어올 수 있으니, 그것에 대한 방어를 철저히 해야 한다. 묘지풍수에서는 입수룡入首龍의 방위[4]에 대한 향방위를 검토하는 것인데, '특정입수룡'에 대해 '특정향'을 할 수 없다는 것이다. 양택풍수에서는 좌방위

---

4   입수룡(入首龍)이란 묘지 뒤쪽에 연결된 산줄기를 말하는데, 그것이 묘지로 들어오는 방위를 측정한다.

에 대한 살기방위로 판단한다.

용상팔살[5]은 팔요살八曜殺이라고도 하는데, 팔괘방위에 대한 살殺이기 때문이다. 용상팔살의 논리적 근거는 좀 복잡하다.[6] 그냥 단순하게 오행의 상생상극의 관계로 생각하면 된다.

용상팔살의 방위는 360도를 8개의 방위로 등분하여 배속한 것이므로, 24방위로 측정한 좌방위는 3개의 방위가 한 묶음이 된다. 예를 들어, 임좌壬坐, 자좌子坐, 계좌癸坐의 방위로 측정되었다면 모두 진辰방위로 '용상팔살'이 쳐들어올 수 있으므로 각별히 주의를 해야 한다는 의미가 된다.[7]

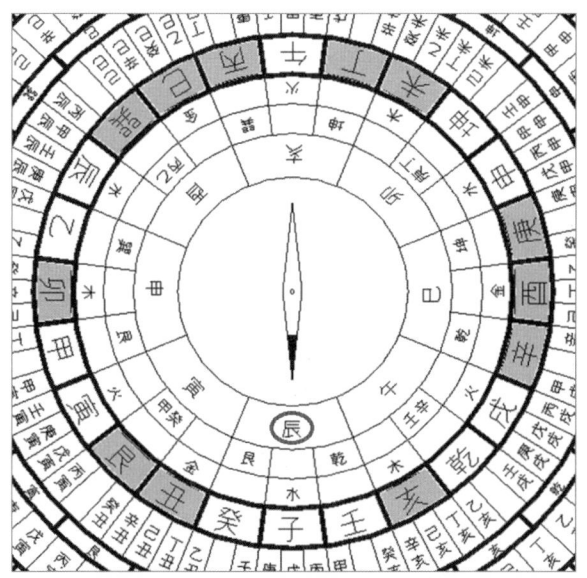

24방위와 용상팔살 임자계(壬子癸)의 좌(坐)방위에 대해서 진(辰)의 방위가 '용상팔살'의 방위가 된다. 필자 작성

서울 한강변의 사고발생 아파트 2013년 11월 16일 헬기가 아파트 전면에 충돌하는 사건이 발생하였다. 2016년 촬영

---

5   진(辰)방위에 술(戌)방위를 더하여 용상구살이라고 주장하는 이도 있다.
6   혼천갑자의 육친(六親)에 근거, 관귀(官鬼)에 해당하는 것을 팔살로 삼았다. 신평, 『신 · 나경연구』, 동학사, 1996, 49쪽. 참조.
7   그 외 축간인에 대해서는 인, 갑묘을에 대해서는 신, 진손사에 대해서는 유, 병오정에 대해서는 해, 미곤신에 대해서는 묘, 경유신에 대해서는 사, 술건해에 대해서는 오의 방위로 용상팔살이 침범할 수 있다는 것이다.

용상팔살의 방위로 표시되는 12지지는 일종의 시공간적 좌표로서, 천지인의 기운을 표시할 수 있는 것이다. 시·공간적 좌표에다가 인간적 좌표(띠)를 결합시키면 그것이 천지인 3재三才가 합치되면서 사건이 발생하는 것이다. 그 시간[天]에 그 장소[地]에 그 사람[人]이 있음으로 특정사건이 일어난다는 것이다. 도로살이나 건물살은 어느 방위로 오든지 흉한 것임에는 틀림이 없는데, 유독, 용상팔살의 방위로 오게 된다면, 살기의 강도가 더욱 강하고 왕성한 것이 될 수 있는 것이다. 우연이라고 하기엔, 재난이 중복해서 발생하는 곳[8]이라면 용상팔살에 대해서 한 번 따져 볼 필요가 있다. 2013년에 발생한 강남구 고층아파트의 헬기충돌사고도 그 사례 중 하나로 보인다.[9]

용상팔살이 좌방위에 대한 살기의 침입방위를 말하는 것이라면, 팔로사로황천살八路四路黃泉殺은 향向 방위에 대한 살殺방위를 말하는 것이다. 팔로사로의 방위는 주로 나반의 2층에 표시되어 있다. 여기서 '팔로'는 '팔천간'을 말하고 '사로'는 사유四維의 방위를 말하는 것이다.[10] 그래서 '팔'과 '사'를 합하면 12가 된다. 앞에서 용상팔살은 8로서 24에 대해 3개씩 한 묶음으로 간주하였지만, 여기서는 12로서 2개씩 한 묶음으로 보는 쌍산배합방위雙山配合方位로 판단한다. 쌍산배합방위라는 것은 임자, 계축, 간인…신술, 건해의 각각이 쌍으로 이루어져 있다고 보는 것인데, 사유와 지지, 천간과 지지의 짝으로 이루어진다. 예를 들어, 4층 천간[임壬]과 지지[자子]는 모두 2층의 방위[건乾]이 팔로사로황천살에 해당한다는 것이다. 용상팔살과 팔로사로황천살은 형세와 이기론을 종합하여 판단하여야한다. 형세적 측면에서 살기가 있다면, 즉, 아파트의 풍수에서 도로살이나 건물살이 보이는데 하필, 그 방향이 용상팔살이나 팔로사로황천살에 해당한다면, 아주 치명적인 살기가 될 수 있다는 것이다.

---

8 파울로 코엘료, 최정수 역, 『연금술사』, 문학동네, 2004, 249~250쪽. 한번 일어난 일은 다시는 일어나지 않을 수도 있다. 그러나 두 번 일어난 일은 반드시 일어난다.
9 법원 "LG 전자, '헬기 충돌' 피해 아파트 주민들에 손해배상 해야", 디지털뉴스팀, 2017-12-10. 출처: https://www.donga.com/news
10 팔천간은 '갑을병정경신임계'를 말한다. 사유는 건곤간손의 방위를 말한다.

4. 자손번창, 명예중시, 부의 축적

앞에서 살기가 오는 방위에 대해서 살펴보았는데, 이외에 해당 아파트가 특정 좌향의 방위라고 할 때, 그것이 어떤 길한 결과를 가져오는 것인지에 대해서도 한 번 살펴보기로 한다. 소위 '손귀부孫貴富 삼합오행법三合五行法'이라고 하는데, '특정향[11]'을 놓고 자손子孫이 많이 나기를 바라는 향, 명예名譽(貴)를 더 높일 수 있는 향, 부富를 축적할 수 있는 향으로 나누어서 본다. 이는 대체로 나반의 3층에 목木·화火·금金·수水로 표시되어 있는 것으로 판단한다. 이것

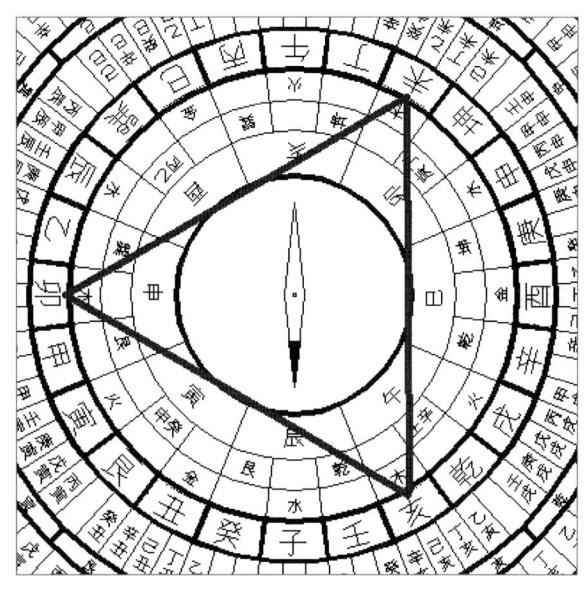

삼합도
해묘미(亥卯未) 목국삼합(木局三合)의 사례, 필자 작성

도 팔로사로황천살의 경우처럼 쌍산雙山으로 적용하는데, 이를 쌍산삼합오행이라 한다. 목삼합은 해묘미, 금삼합은 사유축, 화삼합은 인오술, 수삼합은 신자진이다. 이러한 나반상의 삼합의 방위를 서로 연결하면 목화금수의 4개의 정삼각형이 그려진다. 정삼각형이라는 것은 삼합을 이루어 시너지 효과를 일으킨다는 것을 의미한다. 각각의 삼합은 생왕묘生旺墓의 기운으로 이루어졌다고 간주하는데, 목삼합에서 해亥가 생生, 묘卯가 왕旺, 미未가 묘墓의 기운이라는 것이다.[12]

여기서 생의 기운은 없던 기운이 일어나서 새싹이 트는 단계이고, 왕의 기운은 그것이 왕성하게 되는 단계이며, 묘의 기운은 마무리되어 추수되는 과정이다. 그래서 24방위로

---

11 특정향이든 특정좌이든 손·귀·부의 판단 결과는 동일하다.
12 생왕묘는 세상의 모든 기운이 생성과 소멸을 이루는데, 그것을 12단계로 표시한 '포태양생욕대관왕쇠병사묘' 중의 3가지이다.

좌향을 측정하면, 어떤 방위로 측정되든지 다음의 3가지 즉, 생좌생향, 왕좌왕향, 묘좌묘향 중의 하나가 된다. 예를 들어, 아파트가 해좌사향의 좌향방위로 측정되었다고 한다면, 좌방위인 해亥는 목국의 생生이고, 사巳는 금국의 생生이다. 그래서 생좌생향이다. 생좌생향의 경우는 손孫을 추구하는 방위로서 '자손이 번창하는 집'의 방위가 된다. 만일 왕좌왕향의 방위인 자좌오향의 집이라면 명예, 귀貴를 추구하는 방위로서 명예가 드높은 집의 방위가 되는 것이다. 묘좌묘향의 방위인 술좌진향의 집이라면, 부富를 추구하는 방위로서 부잣집의 방위가 된다.[13]

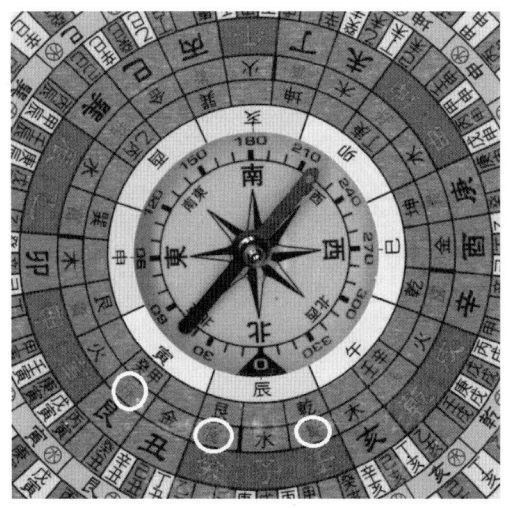

나반 상의 손(孫)·부(富)·귀(貴) 시중의 나반 중에는 손귀부를 표시한 것도 더러 있다. 2024년 촬영

표 5-1. 손귀부의 좌향구분

구분	좌향	생왕묘(生旺墓) 구분
자손운 孫	해좌사향	생좌생향
	사좌해향	
	신좌인향	
	인좌신향	
학업운 貴	묘좌유향	왕좌왕향
	유좌묘향	
	자좌오향	
	오좌자향	
재물운 富	미좌축향	묘좌묘향
	축좌미향	
	진좌술향	
	술좌진향	

---

13 생좌생향(生坐生向) : 손(孫) - 자식운, 건강운, 왕좌왕향(旺坐旺向) : 귀(貴) - 학업운, 취업운, 연애운, 묘좌묘향(墓坐墓向) : 부(富) - 재물운, 사업운으로 구분할 수 있다.

5. 양택삼요법의 적용

양택삼요법[14]은 집안의 마당 중심에 나침반을 놓고 대문에서 들어온 기운이 어느 방위로 들어가느냐를 보고 길흉을 판단하는 향법이다. 이는 조정동趙廷棟(1696~1785)[15] 이라는 중국 청나라 시기의 사람이 정립한 것으로 한 때, 우리나라에서도 대표적인 양택향법으로 그 위세를 떨친 바가 있다. 양택삼요법은 360도의 원을 팔등분한 팔괘의 방위를 적용한다. 만일 앞에서 사용한 24방위의 나침반으로 측정한다면, 소위 일괘관삼궁一卦管三宮으

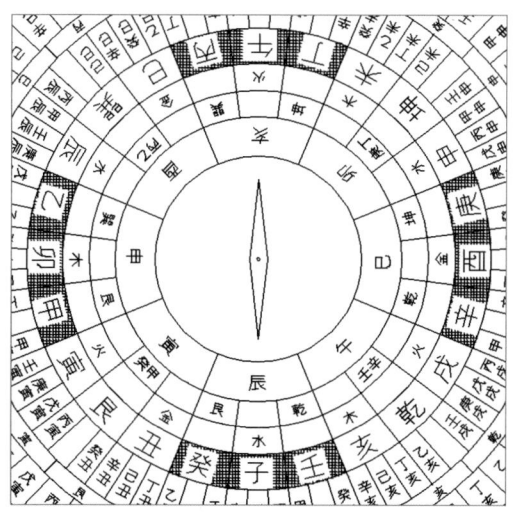

팔괘방위 4층에서 임자계-감, 축간인-간, 갑묘을-진, 진손사-손, 병오정-리, 미곤신-곤, 경유신-태, 술건해-건으로 본다. 필자 작성

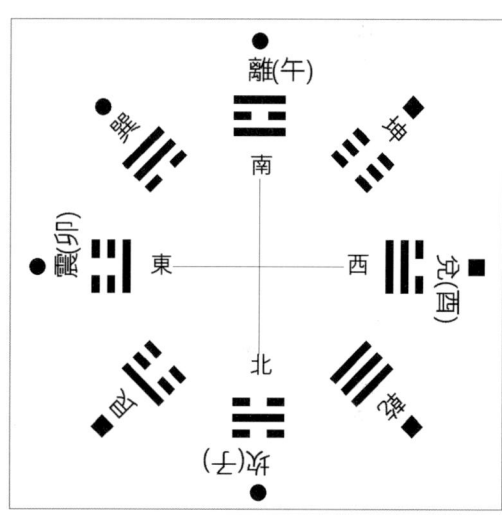

동서사택의 구분 동사택: 동그라미, 서사택: 네모표시. 섞이는 경우: 혼합택. 필자 작성

14　'양택삼요법'은 조정동의 『회도양택삼요』에 나오는 향법으로 『지리오결』이라는 책과 합본이 되어 있다. 趙廷棟, 『繪圖陽宅三要』, 上海, 千頃堂書局, 中華13(1924). 참조.

15　조정동(1696~1785)은 청나라 절강(浙江) 가선(嘉善) 사람으로, 이름을 정동(廷棟)으로 쓰기도 한다. 자는 해인(楷人) 또는 육길(六吉)이고, 호는 육포(六圃) 또는 자산거사(慈山居士)다. 벼슬에 뜻을 두지 않고 평생 저술에 전념했다. 저서에 『역준(易準)』과 『혼례통고(婚禮通考)』, 『효경통석(孝經通釋)』, 『일어(逸語)』가 있다. 출처: http://yhdbookmuseum.com/auth/5419/

로 측정하는 것을 말한다. 그래서 하나의 괘가 45도의 방위를 감당하게 되는데, 24방위의 15도 방위의 3개 궁을 합쳐서 하나의 방위로 본다는 것이다. 즉, 4층에서 임자계-감, 축간인-간, 갑묘을-진, 진손사-손, 병오정-리, 미곤신-곤, 경유신-태, 술건해-건으로 본다.

양택삼요법에서는 8개의 방위를 반으로 나누어 동사택의 방위와 서사택의 방위로 구분하는데, 동사택東四宅 방위는 감진손리, 서사택西四宅 방위는 건곤간태가 된다. 삼요三要는 문주조門主灶로서 대문, 안방문, 부엌아궁이를 말하는데, 이것이 동사택방위로 몰려있으면 동사택이라고 하고, 서사택의 방위로 몰려있으면 서사택이라고 한다. 삼요의 방위가 몰려있지 않고 서로 달라서 동서사택의 방위로 섞여있으면 혼합택混合宅이라고 하여 흉한 것으로 본다. 예를 들어 대문의 방위가 건乾(북서)방위로 서사택의 방위인데, 안방문의 방위가 진震(동)방위로 동사택의 방위라면, 이것을 혼합택이라 하는 것이다. 삼요라고는 하지만, 주로 대문과 안방문의 방위로 동서사택을 평가하는 것이 이 향법의 일반적인 적용방법이다.

양택삼요법이 우리시대의 아파트형식에 적합한 것이냐에 대해서는 여러 의견이 있을 수 있다. 사실, 향법의 원리적 측면을 따져 볼 때, 양택삼요법은 사합원四合院같은 주거형식에 적용할 수 있는 향법이라고 할 수 있겠다. 즉, 집의 중앙에 원院이라는 마당이 있고, 마당을 향해 열려있지만, 그것의 사면四面을 건물로 둘러싸는 주거형식에 적합한 향법이라는

196 아파트 풍수

사합원 주택 중국 산동성 왕가대원 돈후택. 2004년 촬영

것이다. 물론, 아파트의 경우도 거실을 중앙마당으로 보고 그것을 둘러싼 방들이 있다고 볼 수는 있겠지만, 여러 측면에서 무리한 적용이라는 지적이 있는 것이 사실이다.

6. 현공구성법의 적용

앞에서 다룬 양택삼요법은 양택풍수의 중요부분이라고 치켜세우기도 하지만, 한편으로는 멸만경滅蠻經[16]이라고 하여 폄하되기도 한다. 어떤 것이든 그 자체의 한계는 있기 마련인데, 그것에 너무 집착하거나 무시하지는 말고, 장점들을 잘 파악하여 활용하면 된다. 현공구성법玄空九星法[17]은 중국 청나라시기의 심소훈沈紹勳(1849~1906)이라는 사람이 쓴 『심씨현공학』[18]에 나오는 향법이다. 현공풍수향법은 24방위체계 하에서 구궁도九宮圖를 사용한다. 24방위체계는 앞에서 설명하였다.

구궁도는 큰 정사각형 안에 9칸을 질러서 만든 도형이다. 이렇게 아홉칸, 구궁으로 이루어진 구궁도를 활용하기 때문에 현공구성법이라고 하는 것이다. 구성법九星法이라고 하는 것은 구궁도안에 1~9의 숫자를 배속하고 이것들을 별자리의 운행처럼 순환시키는 방식을 이용하기 때문이다. 양택삼요법이 괘卦를 가지고 놀은 것이라면, 현공구성법은 숫자[數][19]를 가지고 노는 것이다.

간혹 전통건축에서도 평면상에 구궁도를 연상시키는 것들이 있다. 특히 고산孤山 윤선도尹善道(1587~1671)의 유적지인 세연정洗然亭의 평면은 구궁도를 연상시키는 것이다. 가운데 중궁의 자리는 특히 온돌을 시설하여 겨울철 난방이 되도록 구성하고 있다.

16　중국황제가 오랑캐를 멸망시킬 목적으로 만들어 퍼트린 밀교적 경전.
17　현공구성법은 현공풍수향법, 현공법 등으로도 불린다.
18　沈竹礽, 『沈氏玄空學(上, 下)』, 中國廣東省廣州市: 廣州出版社, 1995.
19　술수학에서 주로 사용하는 숫자는 하도수(河圖數)와 낙서수(洛書數)가 있다. 하도수는 1~10, 낙서수는 1~9의 숫자를 활용한다. 도가 또는 유가에서도 이 숫자를 중요시 하고 있다.

구궁도형의 바닥구성 전남해남의 보길도 세연정. 2023년 촬영

현공구성법에는 3가지의 구궁도[20]가 등장하며, 최종적으로 이것을 융합한 것으로 길흉을 판단한다. 먼저 1~9의 숫자가 소위 '낙서수洛書數'의 배속에 따라 자리하고 있는 상태, 즉, 순환하지 않은 상태의 구궁도를 원단반元旦盤이라고 한다. 이 원단반의 숫자배열을 두고 마방진魔方陣[21]이라고 한다. 먼저, 해당 년에 배당된 숫자[운수, 運數]를 가지고 첫 번째 구궁도를 만드는데 이를 두고 운수애성도運數挨星圖라고 한다.

4	9	2
3	5	7
8	1	6

원단반
마방진의 형식으로 숫자를 대입한 구궁도

八	남 四	六
七	九	二
三	五 북	一

9운 운수애성도(순비)

---

20 원단반에서 생성된 운수애성도(運數挨星圖), 산성애성도(山星挨星圖), 향성애성도(向星挨星圖)를 말한다.
21 마방진(魔方陣)은 가로로 3개의 숫자, 세로로 3개의 숫자, 대각선으로 3개의 숫자를 더해도 모두 15라는 숫자가 나오는 배열을 말한다.

운수運數애성도는 원단반에서 해당 년의 운수를 구궁도의 중궁에 대입하고 순행하여 만든다. 운수애성도는 좌향의 방위와 관련없이 만들어진다. 2024년 이후 2043년까지 20년 동안은 9운에 해당하는데, 9라는 숫자가 가운데 궁에 오도록 순환을 시키면 9운애성도가 만들어진다.

산성山星애성도는 운수애성도상의 좌방위에 해당하는 산성수(9운의 자좌오향에서 산성수는 5)를 원단반의 중궁에 대입하여 순행 또는 역행[22]하여 다시 만든 애성도를 말한다. 여기서 산성수라는 것이 해당 건물의 좌방위를 말하는 것이므로 산성애성도는 운수애성도와는 달리 좌향의 방위에 영향을 받는 것이다.

한편, 향성向星애성도는 운수애성도상의 향방위에 해당하는 향성수(9운의 자좌오향에서 향성수는 4)를 원단반의 중궁에 대입하여 순행 또는 역행하여 다시 만든 애성도를 말한다. 이렇게 해서 운수애성도, 산성애성도, 향성애성도가 만들어졌다.[23] 이를 하나의 구궁도에 종합적으로 표시한 것이 '종합애성도'이며, 이것을 놓고 각 칸의 숫자배열의 상태를 보고 길흉을 판단하는 것이다.

종합애성도의 길흉판단은 각 궁에 들어있는 3가지 숫자[24]의 조합이 어떻게 되어 있느냐에 따라서 연주삼반괘, 부모삼반괘, 합십국, 왕산왕향으로 나누고 이를 길한 것으로 본다. 상산하수, 복음·반음을 흉한 것으로 본다. 그 외 쌍성회좌, 쌍성회향을 반길, 반흉으로 본다.

표 5-2. 길-애성도

애성도 형국	수의 조합형식	길흉	길흉내용
연주삼반괘 (聯珠三盤卦)	123, 234, 345, 456, 567, 678, 789, 891	길	인간관계 원만, 귀인이 도움을 준다. 생각지도 못한 좋은 일이 생긴다.

22 순행과 역행의 판단은 또, 복잡한 과정을 통해서 결정되는데 여기서는 생략하겠다.
23 9운에 따른 각 좌향별 종합애성도는 이 책의 202~203쪽까지 제시되어있으니 참조.
24 대체로 운수애성도(運數挨星圖)는 중앙부에 한문으로 표시하고, 산성애성도(山星挨星圖)는 좌측 상부에 숫자로 표시하고, 향성애성도(向星挨星圖)는 우측 상부에 숫자로 표시한다.
25 그 해당운수 하나를 왕성수(旺星數)라고 한다. 9운에서는 '9'가 왕성수.

부모삼반괘 (父母三盤卦)	147, 258, 369	길	연주삼반괘에 버금, 복음이나 반음의 흉액도 소멸시킴
합십국 (合十局)	운반수+산성수 =10 운반수+향성수 =10	길	만사여의, 금상첨화
왕산왕향 (旺山旺向)	해당운수[25](9운 일 경우 : 九왕성수)와 같은 수(9)가 좌궁과 향궁에 들어있는 경우. 그 수(9)가 좌궁에서 산성수(⑨), 향궁에서 향성수(⑨)인 경우	길	합십국에 버금, 금상첨화 정재양성(丁財兩盛)

표 5-3. 흉-애성도

애성도 형국	수의 조합형식	길흉	길흉내용
상산하수 (上山下水)	왕산왕향과 비교할 때 좌궁에서 향성수 향성궁에서 산성수가 해당운수와 같을 때, 좌향이 비틀어졌다고 보고 흉	흉	정재양쇠(丁財兩衰)
복음(伏吟)-순비 반음(反吟)-역비	운수애성도에서 산성수 또는 향성수가 5가 되는 좌향일 경우. +5는 순비로 복음을 만들고, -5는 역비로 반음을 만든다.	흉	가파인망(家破人亡) 부모삼반괘를 만나면 흉을 상쇄할 수 있다.
쌍성회좌 (雙星會坐), 쌍성회향 (雙星會向)	왕성수와 같은 수가 두 개 겹쳐져 나타나는 경우. 쌍성회좌(雙星會坐)-산성궁에서 쌍성회향(雙星會向)-향성궁에서	반길, 반흉	정성재쇠(丁盛財衰) -산성 재성정쇠(財盛丁衰) -향성

    9운(2024-2043 : 20년간)의 24좌향 종합애성도는 모두 24개가 그려질 수 있는데, 이중에서 숫자배열이 동일하게 되는 것을 제외하면 모두 16개의 종합애성도가 그려진다. 그렇게 놓고 보니, 9운의 종합애성도는 둘 중의 하나이다. 9운의 왕성수인 9와 산성수 또는 향성수가 겹치는 쌍성회좌(雙星會坐(丁盛財衰))이 아니면 쌍성회향(雙星會向, 財盛丁衰)의 모양이 된다. (중궁의 +표시는 순행, -표시는 역행을 말한다.)

45 八	❾⑨ 四	27 六
36 七	+5-4 九	72 二
81 三	18 五	63 一

임좌병향
(쌍성회향, 복음)

63 八	18 四	81 六
72 七	-5+4 九	36 二
27 三	❾⑨ 五	45 一

자좌오향, 계좌정향
(쌍성회좌, 반음)

27 八	72 四	❾⑨ 六
18 七	+3-6 九	54 二
63 三	81 五	45 一

축좌미향
(쌍성회향)

45 八	81 四	63 六
54 七	-3+6 九	18 二
❾⑨ 三	72 五	27 一

간좌곤향, 인좌신향
(쌍성회좌)

63 八	27 四	45 六
54 七	+7-2 九	❾⑨ 二
18 三	36 五	81 一

갑좌경향
(쌍성회향)

81 八	36 四	18 六
❾⑨ 七	-7+2 九	54 二
45 三	27 五	63 一

묘좌유향, 을좌신향
(쌍성회좌)

❾⑨ 八	45 四	27 六
18 七	-8+1 九	63 二
54 三	36 五	72 一

진좌술향
(쌍성회좌)

72 八	36 四	54 六
63 七	+8-1 九	18 二
27 三	45 五	❾⑨ 一

손좌건향, 사좌해향
(합십국, 쌍성회향)

54 八	❾⑨ 四	72 六
63 七	-4+5 九	27 二
18 三	81 五	36 一

병좌임향
(쌍성회좌, 복음)

36 八	81 四	18 六
27 七	+4-5 九	63 二
72 三	❾⑨ 五	54 一

오좌자향, 정좌계향
(쌍성회향, 반음)

72 八	27 四	❾⑨ 六
81 七	-6+3 九	45 二
36 三	18 五	54 一

미좌축향
(쌍성회좌)

54 八	18 四	36 六
45 七	+6-3 九	81 二
❾⑨ 三	27 五	72 一

곤좌간향, 신좌인향
(쌍성회향)

36 八	72 四	54 六
45 七	-2+7 九	❾⑨ 二
81 三	63 五	18 一

경좌갑향
(쌍성회좌)

18 八	63 四	81 六
❾⑨ 七	+2-7 九	45 二
54 三	72 五	36 一

유좌묘향, 신좌을향
(쌍성회향)

❾⑨ 八	54 四	72 六
81 七	+1-8 九	36 二
45 三	63 五	27 一

술좌진향
(쌍성회향)

27 八	63 四	45 六
36 七	-1+8 九	81 二
72 三	54 五	❾⑨ 一

건좌손향, 해좌사향
(합십국, 쌍성회좌)

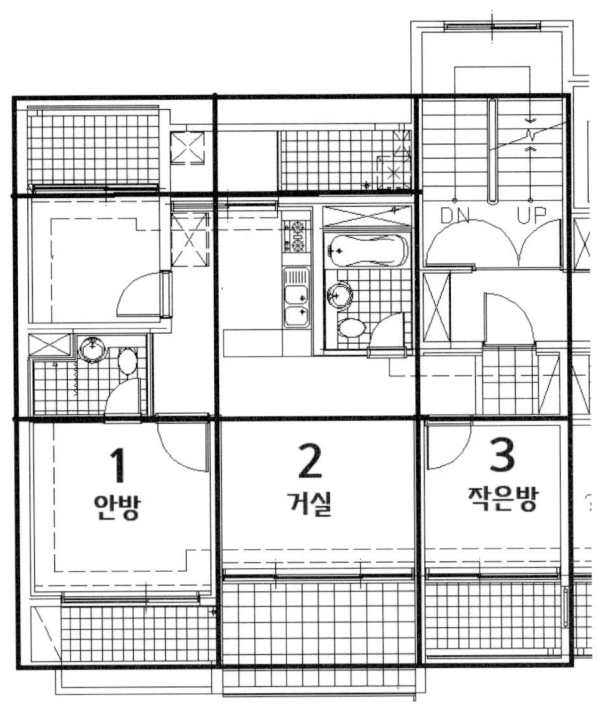

3베이(Bay)형식의 아파트 평면상의 구궁도
김해 한일 유앤아이 평면도에 작업

쌍성회향이나 쌍성회좌는 반길반흉半吉半凶이기 때문에 향후 20년의 운수가 '자기하기 나름'이라는 것이다.[26] 현공구성법에 의한 아파트의 길흉판단은 아파트가 소위 3베이Bay 형식으로 구성되는 경우가 많기 때문에 다소 무리하지만 세대평면을 구궁도의 형식으로 보고 끼워 맞출 수가 있다.

---

26 쌍성회향, 쌍성회좌에 해당하는 손좌건향, 사좌해향, 건좌손향, 해좌사향의 경우는 그나마 합십국과 겸하는 좌향이므로 어느 정도 길한 쪽이라고 할 수 있다.

7. 손 없는 날, 대장군방의 산정

1) 손 없는 날의 기원과 논리상의 문제

'손 없는 날'은 '태백살'로도 불리며, 기원은 인도불교의 어느 한파에서 유래한 「수요경宿曜經」[27]에서 찾아볼 수 있다. 수요경은 불교와 함께 신라에 전래된 것으로 판단되는데, '그 내용'과 '생활 속에서 적용되는 것'을 비교해보면 논리상의 차이를 드러내고 있다. 사실 '손 없는 날'의 논리는 천간지지나 구성법과도 무관한 것으로 판단된다. 음력 날짜를 방위별로 배속하는 원리도 불분명하고, 근거를 정확하게 찾을 수 없다. 다만, 우리의 생활 속에 깊이 자리하고 있다는 점은 부인 할 수가 없다.

2) 손 없는 날의 배속

정동正東에서 1로 시작해서 시계방향으로 순환하여 8개 각각의 방위에 1에서 8까지를 배속한다. 9와 10은 건너뛴다. 다시, 정동에서 11부터 시작한다. 해당날짜의 해당 방위에 '손'이 머문다. 그래서 해당날짜에 해당방위로 이사하면 흉하다는 것이다.

음력 9, 10, 19, 20, 29, 30일은 손 없는 날(음력날)로 어느 방위로 이사하든 문제가 없는 날이다. 음력기준이기 때문에 매달 양력상의 날짜는 다르게 나타난다.

② 12,22	③ 13,23	④ 14,24
① 11,21	남동 / 남 / 남서 동 / / 서 북동 / 북 / 북서	⑤ 15,25
⑧ 18,28	⑦ 17,27	⑥ 16,26

손 없는 날의 배속

---

27 야노미치노, 전용훈 역, 『밀교점성술과 수요경』, 동국대학교 출판부, 2010.

3) 대장군방大將軍方 : 기피의 방위

특정일에 이사하거나 집수리할 때 피하는 특정방위이다. 12지지를 방위별로 배속[12분금]하고 3개씩 묶어 동서남북 4개의 그룹으로 만든다. '역행(시계반대방향)'으로 해당방위의 다음 방위에 해당하는 그룹[지지다발방위]이 대장군방이 된다.

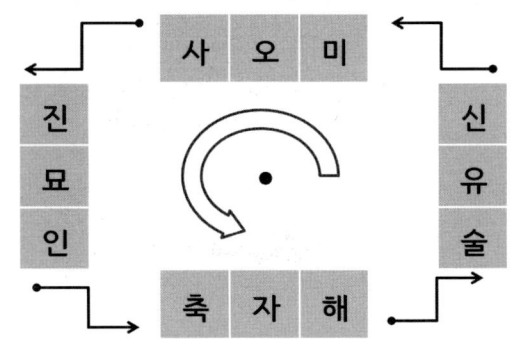

대장군방 관계도 필자 작성

예를 들어, '인묘진'의 날짜에 대해서 '해자축', '해자축'의 날짜에는 '신유술', '신유술'에 대해서는 '사오미', '사오미'에 대해서는 '인묘진'이 대장군방이 된다. '대장군방'은 '손 없는 날'과 함께 이사 또는 집을 수리할 때 방위와 날짜를 택하는데 사용한다.

8. 수험생이 있으면 방을 바꾸어주라!

건축에서 동선動線이라는 것은 매우 중요하게 다루어지고 있는 것[28]인 반면, 풍수에서는 다소 소홀하게 취급되고 있는 것 같다. 예제건축禮制建築[29]에서 동입서출東入西出의 원칙은 특히 삼문의 형식으로 되어 있는 문을 통과할 때는 매우 중요시되는 동선의 방향이기도 하다. 음택풍수에서 묘지로 올라갈 때, 동입서출이라고 하여 동쪽으로 시작하고 서

---

28 건축설계자는 건축물을 설계하는데 있어서 여러 종류의 동선을 구분해야하는 용도들이 있을 수 있는데, 특히 병원건축과 같은 복잡한 용도의 건축물에서는 의사동선, 환자동선, 서비스동선, 차량동선, 보행자동선 등을 면밀하게 고려해야하는 것이다.
29 예제건축은 특정한 의식이나 예식을 하기 위한 일종의 무대배경으로서의 건축을 말한다. 건축이 기능과 미, 그리고 경제성을 추구한다고 한다는데, 그것과 더불어 예를 잘 거행하기 위한 목적의 건축을 예제건축이라고 한다.

쪽으로 마무리하는 것을 동선의 순리로 파악하는 정도이다. 풍수에서는 기능적인 측면이 아니라 기운의 측면에서 동선을 다루어야 할 것이다.

예를 들면, 매일 출퇴근하는 동선은 한 사람의 운명을 좌우할 수 있기 때문에 풍수상 중요시해야 하는 동선인 것이다. 출퇴근의 동선은 일단 단순한 것이 좋다. 출퇴근길이 매우 좁은 길, 넓은 길, 거친 길, 부드러운 길 등이 복잡하게 얽혀있으면 하는 일들도 그런 과정을 거치게 되어 잘

동선 지하철환승 동선과 장애인 점자 블록 동선
2017년 촬영

풀리지 않는다. 그다음, 출근길과 퇴근길이 서로 다른 것이 좋다. 출근길과 퇴근길을 서로 연결하였을 때, 결국 시작점과 끝점은 동일하겠지만, 그것이 일종의 원圓에 가까운 형식이면 좋다는 것이다. 원圓안으로 묶어둔 기운은 결국 동선을 만드는 주인공의 몫이 된다.

손귀부孫貴富의 삼합오행법에서는 아파트의 좌향에 따라 길한 것의 종류를 구분하였다. 동선향에 따른 길흉은 아파트의 좌향이 어찌되었던 출입하는 동선의 방향에 따라 부富와 귀貴(학업)가 이루어질 수 있음을 말한다. 동선의 방향이 좌左이면 귀貴, 동선의 방향이 우右이면 부富로 본다. 이렇게 볼 수 있는 논리적 근거는 방위표상의 오행의 배치에 있다. 주로 남향의 아파트가 많다고 볼 때, 출입의 현관은 그 반대쪽인 북쪽에 시설되는 경우가 대부분이다. 그래서 북측 현관을 통해서 실내로 들어와서 좌측이라는 것은 동쪽이 되고, 우측이라는 것은 서쪽이 된다는 것이다.

좀 더 자세히 살펴보면, 들어오는 사람이 동쪽을 추구한다는 것은 목기운을 추구하는 것이고, 그것이 바로 귀, 학업을 추구한다는 것이다. 서쪽을 추구한다는 것은 금기운을 추구하는 것으로 바로 부, 재물을 추구한다는 것이다. 이러한 동선의 방향에 따라서 기운이 달라진다는 것은 '어떤 것을 이루기 위해서는 그것을 추구하고 기원해야 이루어진다'[30]는 단순한 논리에서 비롯된 것이다. 빵을 원하는지 돌을 원하는지, 생선을 원하는지, 뱀

을 원하는지, 달걀을 원하는지 전갈을 원하는지를 분명하게 구체적으로 드러내어야 한다는 것이다. 또 무엇을 이루기 위해서는 그 목표가 있는 방향으로 나아가야지 그 반대방향으로 가면 결코 이룰 수가 없는 것이다.

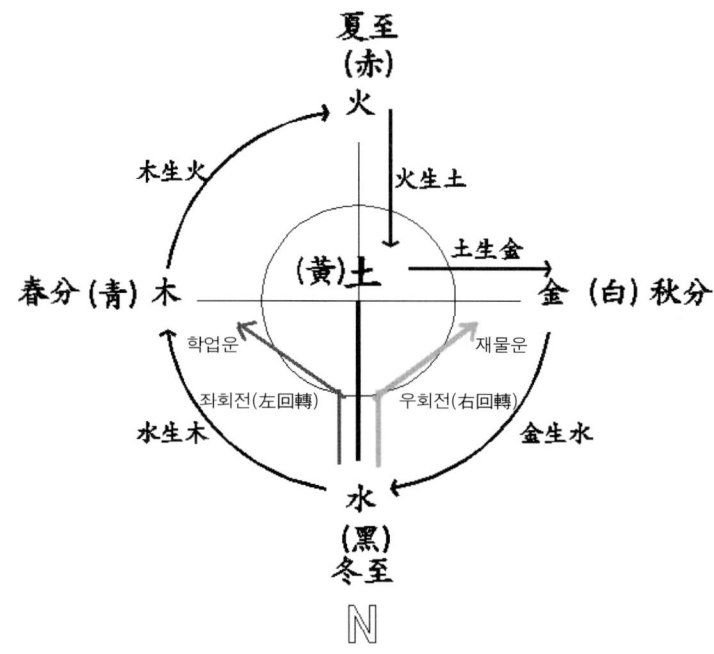

오행 방위배속도상의 학업운과 재물운 아파트의 현관이 대체로 북측에 있으므로 좌측이 목기운[학업운], 우측이 금기운[재물운]이 된다. 필자 작성

예수님께서 다시 그들에게 이르셨다. "너희 가운데 누가 벗이 있는데, 한밤중에 그 벗을 찾아가 이렇게 말하였다고 하자. '여보게 빵 세 개만 꾸어주게. 내 벗이 길을 가다가 나에게 들렀는데 내놓을

---

30 김성환, 『국선도 단전호흡법 : 이론과 실제 초급편』, 덕당, 2004, 310쪽. "의식이 가는 곳에 기가 간다." 파울로 코엘료, 최정수 역, 『연금술사(Alchemist)』, 문학동네, 2004, 47쪽. "이 세상에는 위대한 진실이 하나있어 무언가를 온 마음을 다해 원한다면, 반드시 그렇게 된다는 거야." 210쪽. "그대의 마음이 가는 곳에 그대의 보물이 있다." 그 외 사자성어, 유구필응(有求必應).

것이 없네.' 그러면 그 사람이 안에서 '나를 괴롭히지 말게. 벌써 문을 닫아걸고 아이들과 함께 잠자리에 들었네. 그러니 지금 일어나서 건네줄 수가 없네.' 하고 대답할 것이다. 내가 너희에게 말한다. 그 사람이 벗이라는 이유 때문에 일어나서 빵을 주지는 않는다 하더라도, 그가 줄곧 졸라대면 마침내 일어나서 그에게 필요한 만큼 다줄 것이다. 내가 너희에게 말한다. 청하여라, 너희에게 주실 것이다. 찾아라, 너희가 얻을 것이다. 문을 두드려라, 너희에게 열릴 것이다. 누구든지 청하는 이는 받고, 찾는 이는 얻고, 문을 두드리는 이에게는 열릴 것이다. 너희 가운데 어느 아버지가 아들이 생선을 청하는데, 생선 대신에 뱀을 주겠느냐? 달걀을 청하는데 전갈을 주겠느냐? 너희가 악해도 자녀들에게는 좋은 것을 줄줄 알거든, 하늘에 계신 아버지께서야 당신께 청하는 이들에게 성령을 얼마나 잘 주시겠느냐?"[31]

무슨 일이든 이루고 싶다면, 그쪽으로 향해야 하고, 추구하고, 관심을 가지며, 항상 의식해야 하는 것이다. 학업운이 따르기를 바라면, 학업 쪽으로 가야하고, 재물운이 따르기를 바라면, 재물이 있는 쪽으로 가야 하는 것이다. 매일 동쪽(좌회전)으로 꺾어 들어가는 경우, 목기운을 향해 나아가는 것이니 결국에는 학문이나 명예를 성취하게 되는 것이다. 서쪽(우회전)으로 꺾어 들어가는 경우, 금기운을 추구하는 것이니 결국 재물을 얻게 되고 부를 성취하게 되는 것이다.

아파트의 엘리베이터나 계단으로 올라와서 좌측에 세대의 현관문이 있으면, 일단 그 집은 재물보다는 학업운을 좇아가는 집이다. 그런데 집안으로 들어와서 자기방으로 들어갈 때, 또 좌측으로 꺾어서 들어간다면, 또 한 번 학업운을 좇아가는 것이 되므로 '학업운이 왕성한 방'이 되는 것이다. 이러한 동선으로 도달하는 방이 있다면, 그 방은 수험생에게 배당하는 것이 옳다. 나머지 것들도 이와 같이 해석하면 되는데, 한번은 학업운, 한번은 재물운이 되는 경우는 어떤가? 제일 강한 것은 마지막 단계의 것이다. 엘리베이터에 내려서 우측으로 꺾어서 현관문을 열고 통과하는 세대라면, 일단 그 집은 재물운의 집이다. 그런데 집에 수험생이 있다고 하면, 그 안에서 좌측으로 꺾어서 들어가는 '학업운의

---

31 루카복음, 11장 5절-13절, 『성경』, 「신약성경」, 한국천주교 중앙협의회, 2005년 9월 20일, 162쪽.

방'에 배당하라는 것이다. 집 자체의 기운을 학업운 또는 재물운의 집으로 바꾸고 싶다면, 엘리베이터와 계단 중에서 어느 것을 선택하느냐에 따라 뒤바뀔 수가 있다. 아파트의 엘리베이터와 계단이 대체로 서로 마주보게 설치되어 있기 때문에 그러한 변화가 가능한 것이다.[32]

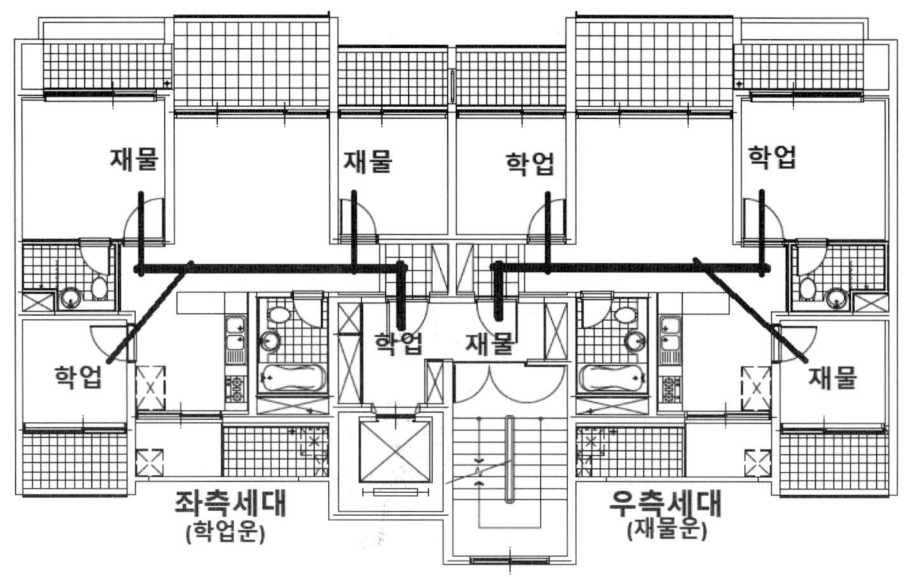

아파트의 2세대 평면도 엘리베이터에 내려서 좌측으로 들어가면 학업운, 우측으로 들어가면 재물운을 추구하는 것이 된다. 출처: 김해 한일유앤아이 도면에 작업

예를 들어 엘리베이터를 타고 내렸을 때는 좌측의 동선이었는데, 맞은 편의 계단을 통해서 올라오면 우측의 동선이 된다는 것이다. 엘리베이터를 이용하지 않고 계단을 통해서 오르락내리락 한다면, 전기 절약하여 환경운동에도 기여하고, 체력관리도 하고, 재물운을 높이거나 학업운을 높일 수도 있는 것이다.[33]

---

32 엘리베이터와 계단이 마주보고 있는 것이 아니라 병렬로 배치되어 있을 경우는 해당되지 않는다.
33 세대가 있는 해당 층이 너무 높은 곳에 있어서 지상층에서 부터 계단으로 오르는 것이 너무 힘들다면, 해당

학업운을 강화시키기 위한 방의 교환 좌회전과 좌회전으로 학업운이 중복되는 욕실이 딸린 큰방을 수험생에게 내어주고 부부는 작은 방에 거처한다. 출처: 네이버 부동산 도면에 작업

층의 3개 층 아래에서 미리 내려서 남은 3개 층의 계단을 오르면 된다. 최소 3개 층 이상을 오르는 노력은 보여 주어야 귀신도 눈감아줄 것이다.

엘리베이터와 계단실이 마주보는 형식의 학업운과 재물은 엘리베이터에 내렸을 때는 우측(부의 추구)이 되는데, 계단실로 올라왔을 경우는 좌측(귀, 학업을 추구)하는 집이 된다. 출처: 네이버 부동산 도면에 작업

제 6 장

아파트 분양광고에서 풍수활용

제6장
아파트 분양광고에서 풍수활용

1. 터의 역사성 활용

아파트 분양광고의 가장 주된 내용은 교통의 편이성이다. 소위 역세권이며, 사통팔달의 위치임을 강조한다. 그다음, 학군이다. 학군이 좋은 지역의 아파트 분양광고에서는 소위 명문대학에 아이들을 보낼 수 있는 학군에 속해 있음을 강조한다. 그 외에 주변의 시설에 대한 것이 거론되는데, 문화관련시설, 공원지구 등이 있으면 장점이 되고, 공해시설이 있으면 단점이 된다.

한편, 아파트 풍수에서 말하는 풍수적 성격의 광고에서 제일 먼저 거론할 수 있는 것은 터의 역사성이다. 아파트가 궁궐터 주변, 관아터 주변이라면 분양광고에 써먹을 수가 있다. 경희궁 주변에 자리한 '경희궁의 아침'이라든지, 화폐를 찍어내던 전환국典圜局의 터에 자리한 '삼성생명사옥'이 그 사례이다.

보험회사와 전환국 터의 만남 삼성생명의 전신인 동방생명이 있던 터. 2022년 촬영

경희궁의 아침 쌍용건설 홈페이지

왕의 자리 경남 김해의 모아파트 분양광고에서

2. 단지배치를 명당으로 풀다

풍수에서 명당明堂이라는 용어는 두 가지 의미를 가지고 있다. 첫째는 '특정한 지역'을 두고 운이 좋은 터라고 할 때 지칭하는 것이고, 둘째로 '혈과 명당의 관계'로서 지칭하는 것이다. 후자의 것은 풍수전문가들이 구분하는 것으로 실제로 지기地氣가 모이는 곳을 혈穴이라고 하고, 그 혈의 앞에 위치하고 있어서 그 기운을 더욱 강화시켜 주는 들판을 명당明堂이라고 하는 것이다. 이 명당의 크기에 따라 자손의 번창정도, 관직의 귀천, 재물의 크기를 가늠하기도 한다.

아파트의 분양광고에서 활용하는 명당은 주로 전자를 거론하는 것이기는 하지만, 그것이 학술적인 엄밀함을 요구하는 것이 아니므로 후자의 의미로 혼용되어도 무방하다. 그렇다고 하더라도 아무런 근거도 없이 막연하게 '이곳은 명당입니다.'라고 하면, 아무도 관심을 가지지 않을 것이므로, 좀 더 구체적으로 명당으로 보는 근거와 이유를 제시한다면 그 광고효과를 극대화할 수 있을 것이다.

명당광고 주거특급 5가지를 말하고 있으나, 왜 명당인지에 대한 구체적인 설명이 없다. 출처: 2002년 우미이노스빌 신문광고에서 발췌

　풍수고전에 등장하는 명당의 종류는 몇 가지가 있는데, 비록 광고에 사용하는 것이기는 하지만, 그래도 조건에 부합하는 명당을 골라서 광고로 활용하는 것이 좋다. 풍수고전 『인자수지』[1]에 등장하는 명당을 소개하면 교쇄交鎖명당, 요포繞抱명당, 융취融聚명당, 평탄平坦명당, 조진朝進명당, 광취廣聚명당, 관창寬暢명당, 대회大會명당, 주밀周密명당 등이 있다. 이러한 명당들은 주로 물줄기의 형상에 따라 지칭되는 경우가 많다.

　아파트 풍수에서는 고전 풍수에서 말하는 바와 같이 물줄기를 이용하여 명당을 조성할 수 있겠으나, 아파트의 단지 내의 도로를 물줄기로 보고 적절한 명당의 형식을 취할 수도 있다. 최근의 아파트 지상층은 단지 내의 도로와 주차시설을 최소화하고 조경시설로 채워지는 경우가 많다. 아파트의 단지를 계획할 때 나무심고, 분수대 만들고 벤치 놓고 산책로를 예쁘게 만들면서도 위에서 제시된 어떤 명당을 구현할 것인가를 함께 고민해보는 것도 좋을 것이다. 그렇게 되면 이제 아파트의 외부 조경은 곧 명당을 만드는 작업인 것이다.

1　徐善繼·徐善述,『重刊人子須知資孝地理心學統宗』, 上海: 錦章圖書局, 民國11(1922).

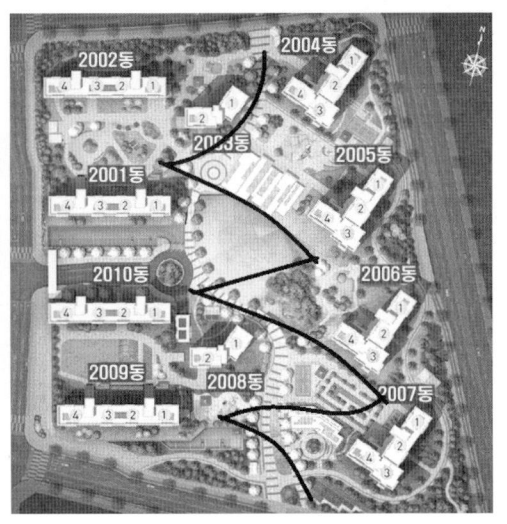

▲ '명당'을 광고로 활용하다　2008년 촬영
▶ 교쇄명당의 단지배치　도댐마을 단지배치도에 작업

교쇄명당1　출처: 『우리시대의 풍수』, 277쪽

교쇄명당2　출처: 『우리시대의 풍수』, 277쪽

요포명당 출처: 『우리시대의 풍수』, 277쪽

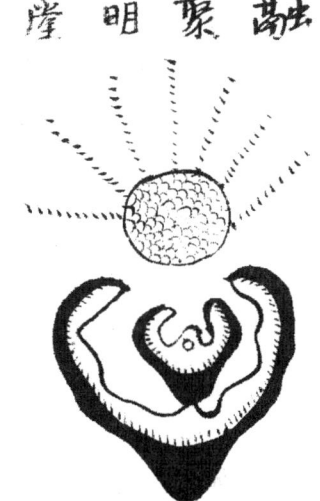

융취명당 출처: 『우리시대의 풍수』, 278쪽

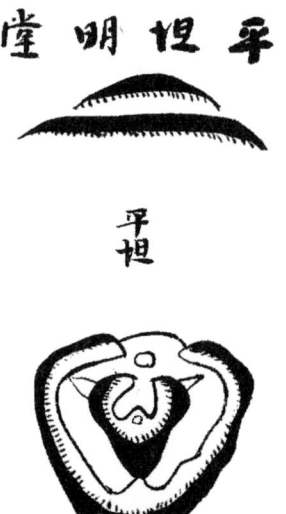

평탄명당 출처: 『우리시대의 풍수』, 278쪽

조진명당 출처: 『우리시대의 풍수』, 278쪽

제6장 아파트 분양광고에서 풍수활용 **219**

광취명당 출처:『우리시대의 풍수』, 279쪽

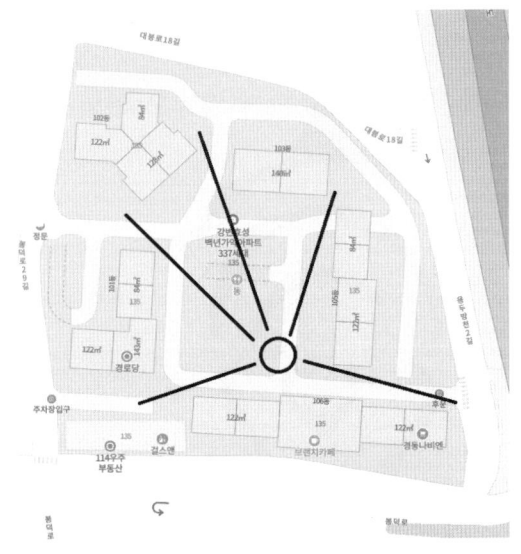

광취명당의 단지배치 출처:『우리시대의 풍수』, 279쪽

관창명당 출처:『우리시대의 풍수』, 279쪽

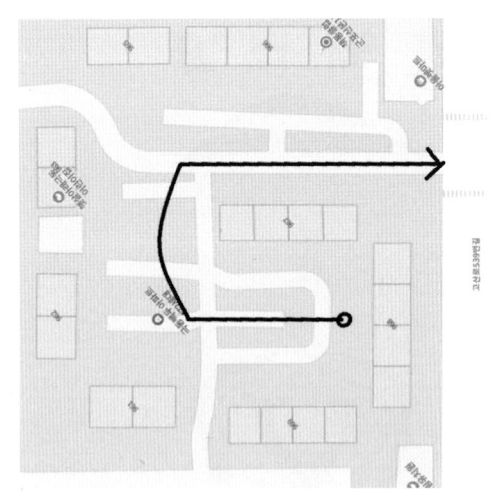

관창명당 단지배치 네이버 지도에 작업

 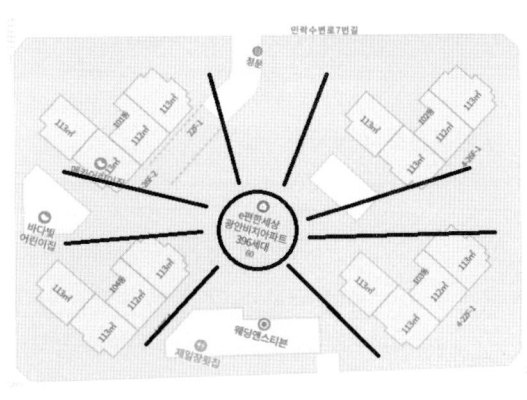

대회명당 출처:『우리시대의 풍수』, 279쪽   **대회명당의 단지배치** 네이버 지도에 작업

 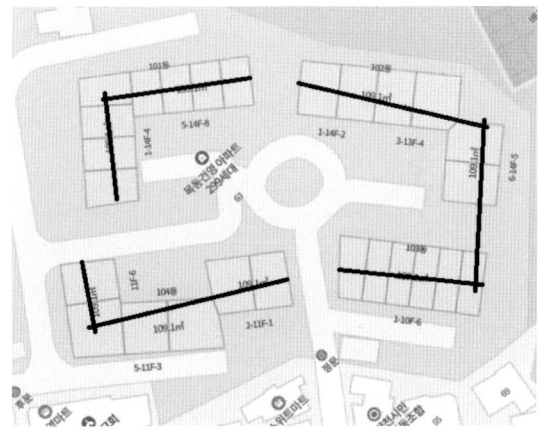

주밀명당 출처:『우리시대의 풍수』, 279쪽   **주밀명당의 단지배치** 네이버 지도에 작업

제6장 아파트 분양광고에서 풍수활용 **221**

3. 옥녀가 머리카락을 풀어 헤치다?

1) 환경친화적 형국론

풍수 형국론을 아파트 분양광고에 적용하는 것은 매우 효과적인 감성 마케팅이다. 이미 풍수광고에서 형국론이 많이 제시되고 있다. 특정 지역에 전부터 전해지고 있는 풍수적 설화가 있으면 그러한 내용에서 추출된 형국명을 가지고 적절한 스토리텔링과 함께

불와(佛臥)형국 경북 구미 금오산. 2003년 촬영

광고에 적극적으로 활용할 수 있다. 그런 것이 없더라도, 주변의 자연지형이 살아있는 경우라면, 풍수전문가에게 의뢰하여 적정한 풍수형국명을 붙여달라고 요청할 수도 있다. 그 외에 아파트의 건물 모양이나 단지의 형태에 따라서 적절한 형국명을 붙일 수도 있다. 자연지형을 모두 훼손한 뒤에 형국명을 붙이는 것은 자연에게도 미안하고 인간자신의 마음도 편하지 않을 것이므로 미리 개발하기 전에 전문가의 자문을 받아서, 어떤 부분을 살리고 어떤 부분을 개발할 것인지를 정하는 것이 좋다. 물론 형국명을 붙일 때, 일정한 원칙이 있다.

2) 형국명 부여의 원칙

형국명은 특정한 생물체가 특정한 '동적 행위'를 하는 것을 의미한다. 형국론形局論은 산의 형세를 보고 적정한 생물이나 사물에 빗대어 이름을 붙이는 이론을 말하는데, 갈형론喝形論, 물형론物形論으로 칭하기도 한다. 형국론[2]의 시작은 원시시대의 애니미즘적 사고로 거슬러 올라간다.[3]

물형론이 특정대상 하나에 대해 이름을 붙이는 것에 그치는 것이라면, 형국론形局論은 특정 대상물 하나를 말하기 보다는 여러 가지 성격을 가진 산봉우리, 산줄기들이 모여 자아내는 어떤 분위기와 동적상황을 말하는 것이다. 특정한 지역에 대해 형국명을 부여한다는 것은 '정붙이는 작업'임과 동시에 완전하게 내 삶터임을 확인하는 작업이다. '정붙인다'는 것을 바꾸어 말하면 '자기화[Personalization]'가 된다.[4] 인간은 자신의 세계를 구체화

---

2 형국론과 관련하여 참조할만한 책은 다음과 같다. 최창조, 『한국의 풍수사상』, 민음사, 1998; 김광언, 『풍수지리』, 대원사, 2003; 장영훈, 『조선시대 명문사학 서원을 가다(우리 문화재 풍수답사기3 서원)』, 2005.
3 최창조, 『한국의 풍수사상』, 민음사, 1998, 179~180쪽. 형국론(形局論)은 우주만물만상(宇宙萬物萬象)이 유리유기(有理有氣)하며 유형유상(有形有象)하기 때문에 외형물체(外形物體)에는 그 형상(形象)에 상응한 기상(氣象)과 기운(氣運)이 내재(內在)해 있다고 보는 관념(觀念)을 원리(原理)로 삼는다. 만물(萬物)에 차이가 나는 것은 그것이 지니고 있는 기(氣)의 차이 때문인 것이고, 이 기(氣)의 상(象)이 형(形)으로 나타나는 만큼 형(形)으로 물(物)의 원기(元氣)를 알아낼 수 있다는 사고방식이 결국 형국론(形局論)으로 발전된 것으로 본다.
4 Amos Rapoport, *The Meaning of the Built Environment*, California: SAGE Publishings, Inc. 1983, p. 21.

하기 위해서 자기화의 과정을 거치게 된다. 특정지역에 형국명을 붙이는 것은 카오스의 세계를 코스모스로 바꾸는 것이다.[5]

봉황포란형이라고 하면 봉황이라는 길한 상상적 동물이 '알을 품는 행위'를 하고 있는 상황이라는 것이다. 그 알이 깨어나면 곧 훌륭한 인물이 탄생되는 것과 동일시된다. 즉, 봉황포란형이라는 이름을 붙인 지역은 훌륭한 인물이 많이 배출되는 곳임을 의미한다. 이렇게 되기 위해서는 자연을 살아있는 생명체로 보고 그 생명체가 하고자 하는 것을 도와주는 행위로서 건물이나 조경이 이루어져야 하는 것이다. 이러한 자연친화적인 인간의 행위를 전통풍수에서는 '비보裨補'라고 하고 현대 풍수에서는 '양생養生'이라고 하는 것이다. 그것이 곧 자연도 좋아하고 인간에게도 좋은 자연친화적인 개발이 될 것이다.

물론, 어떤 식으로 개발이 되든 그 결과에 따라서 사후에 형국명을 붙일 수도 있다. 다만, 그것이 적합한 형국명을 붙일 수 있는 여건이 되고, 자연이나 입주민 더 나아가 사업을 시행하는 사람에게 길한 것으로 조성되는 것이 바람직하다.

어떤 특정지역에 어떤 형국명이 부여되었다고 한다면, 그 지역의 성격을 하나의 고정된 틀[형국명]로 가두게 되어[6] 성격이 고정되는 부작용이 있을 수 있다. 그래서 하나의 대상지역을 두고 여러 가지의 형국명을 부여하기도 하는데, 보는 위치에 따라 다를 수 있고,

---

The point made is that the meaning of many environments is generated through personalization -through taking possession, completing it, changing it. From that point of view the meaning designed into an environment (even if it can be read, which is far from certain) may be inappropriate, particularly if it is a single meaning.

5   Eliade, 李東夏 譯, 『*The Sacred and the Profane*(聖과 俗: 종교의 본질)』, 서울: 학민사, 1983, 24쪽. 전통적 사회의 두드러진 특징 가운데 하나는 그들이 자신의 거주지역과 그것을 둘러싸고 있는 미지의 불확실한 공간사이에 대립관계를 상정한다는 점이다. 전자는 세계(보다 정확히는 우리의 세계)이며 코스모스이다. 그것의 외부에 있는 모든 것은 더 이상 '코스모스'일 수가 없으며 차라리 일종의 '다른 세계,' 낯설고 혼돈에 찬 공간, 유령과 마귀와 '이방인들'(마귀 및 죽은 사람의 영혼과 동일시되는 자들)이 사는 지역이다. …한쪽에는 코스모스가 다른 쪽에는 카오스가 있다.

6   최창조, 앞의 책, 180~181쪽. 산천(山川)이 융결(融結)하면 그 외관상(外觀上) 많은 상(象)과 물형(物形)의 모습을 띠게 된다. 이 물형(物形)과 상(象)은 각각 그에 상응한 이기(理氣)와 상운(象運)이 내재(內在)되어 있는 것으로 본다. 따라서 풍수설(風水說)에 있어서는 보국형세(保局形勢)와 산혈형체(山穴形體)에 따라 이에 상응한 정기(精氣)가 그 땅에 응취(凝聚)되어 있는 것으로 간주하기 때문에 혈처(穴處) 주변의 국면(局面)이 어떠한 형국(形局)을 갖는가 하는 것은 길흉판단(吉凶判斷)에 중요한 지표로 이용될 수 있는 것이다.

보는 사람의 관점에 따라 다를 수 있는 것이다. 하나의 대상지에 여러 형국명을 부여한다고 해서 그 형국의 본래 성격이 희석되거나 훼손되는 것은 아니다. 오히려 그 의미가 더욱 풍부해지고 이야기 할 거리가 많아진다. 예를 들면, 하회마을은 여러 형국명을 가지고 있는데, 대표적으로 행주형일 뿐 아니라, 다리미형, 연화부수형으로도 불린다.

3) 오성형국

오성형국은 밤하늘의 가상적 별자리가 땅에 구현된 것으로 가정한다. 그 종류로 오성취강형五星聚講形, 오성연주형五星連珠形, 오성귀원형五星歸垣形가 있다. 오성형국은 그곳이 하늘의 별세계처럼 유토피아라는 의미에서 붙여진 형국명이다.

오성취강형은 목화토금수성체에 해당하는 산봉우리가 순서나 위치에 관계없이 모여서 하나의 국局을 형성한 것을 말한다. 오성五星이 취강聚講된 것은 생극生剋을 따지지 않고 성현聖賢, 극품極品의 벼슬을 보장한다. 왕후장상王侯將相의 묘택墓宅에서 자주 거론되는 것이다.[7]

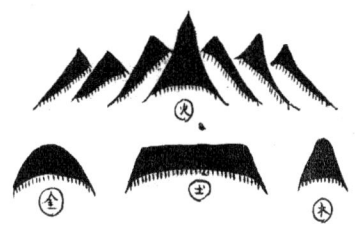

오성취강형 출처: 『우리시대의 풍수』, 293쪽

오성연주형은 연속되는 산줄기 상에 목화토금수성체가 순서대로 자리하고 있는 것이다. 연주형도 취강형과는 달리 오행성의 배열순서를 중요시 한다. 오행성체의 순서가 상생의 관계를 이루면 길한 것이고 상극의 관계를 이루면 흉한 것으로 본다.

---

7   서선계(徐善繼), 서선술(徐善述), 앞의 책, 권3상, 4b쪽.

오성연주형1 출처:『우리시대의 풍수』, 294쪽

오성연주형2 출처:『우리시대의 풍수』, 294쪽

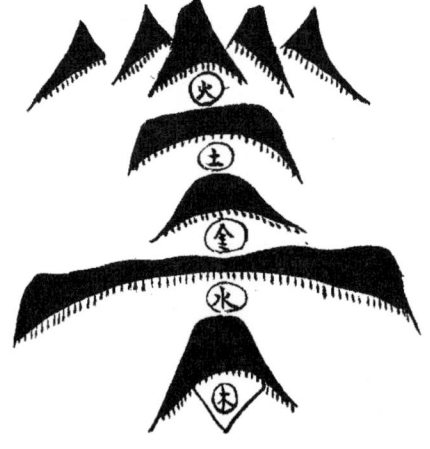

오성연주형3 출처:『우리시대의 풍수』, 294쪽

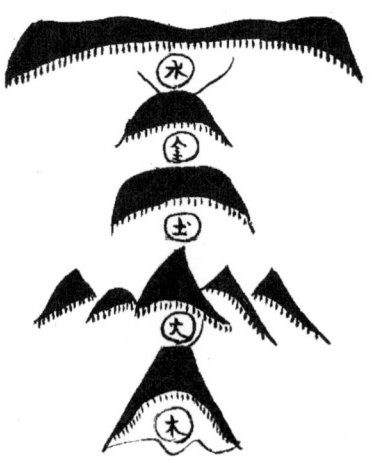

오성연주형4 출처:『우리시대의 풍수』, 294쪽

오성귀원형은 취강형 중에서도 오성체가 오방에 적합하게 위치하고 있는 것을 말한다.

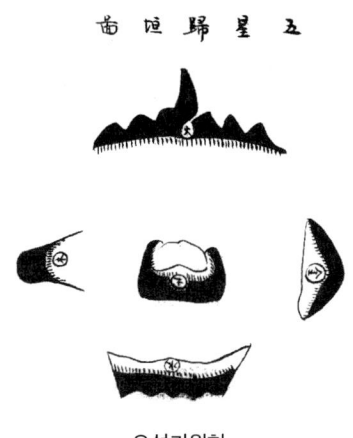

오성귀원형
출처: 『우리시대의 풍수』, 295쪽

4) 여자를 상징하는 형국

옥녀, 천녀, 선녀, 미녀[미인] 등이 등장한다. 옥녀단장형玉女丹(端)粧形, 옥녀세족형玉女洗足形, 옥녀산발형玉女散髮形, 옥녀감용형玉女歛容形, 옥녀탄금형玉女彈琴形, 옥녀격고형玉女擊鼓形, 옥녀척준형玉女擲梭形, 옥녀직금형玉女織錦形, 옥녀무수형玉女舞袖形, 옥녀개화형玉女開花形, 옥녀등공형玉女騰空形이 있다. 옥녀가 머리카락을 풀어헤치고 산발散髮을 하면 무슨 일이 생길 것인가? 그것은 길한 것인가, 흉한 것인가?

풍수에서 옥녀가 머리카락을 풀어 헤친 경우는 단장을 하는 행위 중의 하나로 본다. 옥녀가

옥녀산발형 출처: 『우리시대의 풍수』, 297쪽

옥녀산발형
서귀포 쪽 해안에서 한라산을 본 광경. 2014년 촬영

옥녀산발형 전북 순창 인계면 법정리 가닥실마을. 2024년 촬영

왜 단장을 하는가? 그것은 귀한 분을 맞이하기 위한 준비이다. 옥녀, 천녀, 선녀는 비슷한 개념이기는 하지만, 옥녀는 하늘의 선녀와 지상의 미녀사이의 중간 단계인 존재이다. 옥녀와 관련된 형국에서는 옥녀의 배출과 더불어 옥녀에 걸 맞는 훌륭한 남성이 배출될 것임을 암시한다. 옥녀봉에 불교적 색채를 가미한 것으로 보현봉이니 문수봉이니 하는 것은 조금 더 격을 높인 것, 규모가 있는 것을 지칭한다.

5) 남자를 상징하는 형국

미인단장형 출처:『우리시대의 풍수』, 298쪽

남성의 형국명에서는 장군, 선인, 귀인, 승, 어부가 등장한다. 장군관련 형국으로 장군대좌형將軍大座形, 장군단좌형將軍端坐形, 장군출진형將軍出陣形, 장군전기형將軍展旗形, 장군전마형將軍轉馬形, 장군격고형將軍擊鼓形, 장군격고부적형將軍擊鼓赴敵形, 장군무검형將軍舞劍形, 진무장검형眞武仗劍形, 장상만궁형將相彎弓形이 있다. 선인관련형국으로 선인독서형仙人讀書形, 선인탈이형仙人脫履形, 선인과학형仙人跨鶴形, 선인격고형仙人擊鼓形, 선인대좌형仙人大坐形, 선인답공형仙人踏空形, 선인무수형仙人舞袖形, 선인앙장형仙人仰掌形, 선인탄복형仙人坦腹形, 선인과학형仙人跨鶴形, 선인선족형仙人跣足形, 선인헌장형仙人獻掌形, 운중선좌형雲中仙坐形, 무선형舞仙形, 이선대기형二仙對碁形, 쌍선망월형雙仙望月形, 삼선연단형三仙煉丹形, 오선위형五仙圍形, 선인과마형仙人跨馬形, 기형碁形 등이 있다.

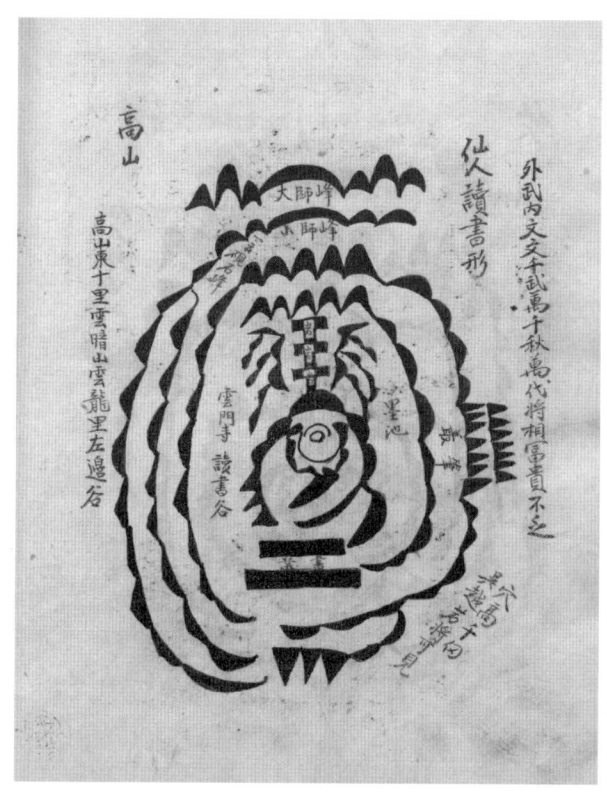

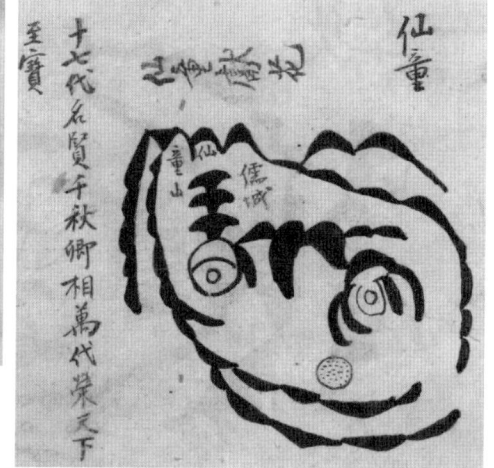

1	2
	3

1. 선인독서형 출처: 『우리시대의 풍수』, 301쪽
2. 선인대기형 출처: 『우리시대의 풍수』, 301쪽
3. 선동헌화형 출처: 『우리시대의 풍수』, 304쪽

6) 동물관련 형국

동물관련 형국에는 호랑이[虎], 사자[獅], 코끼리[象], 소[牛], 말[馬], 낙타[駱駝], 쥐[鼠], 사슴[鹿], 개[犬], 토끼[兎] 등의 동물이 등장한다.

호랑이형 출처: 『우리시대의 풍수』, 306쪽

사자형 출처: 『우리시대의 풍수』, 306쪽

호랑이와 사자 등의 맹수형국에는 먹잇감이 되는 소, 돼지 또는 개가 있어야 형국을 완성한다. 맹수와 먹잇감 간의 일종의 긴장감이 있으며, 먹이사슬의 관계를 형성한다. 형국명에서 사자나 호랑이의 등장은 그만큼 생기生氣가 강하다는 것으로 건강을 보장하는 것 외에도 모든 일들이 거침없이 잘 진행될 것이라는 것을 의미한다.

봉황형
출처: 『우리시대의 풍수』, 305쪽

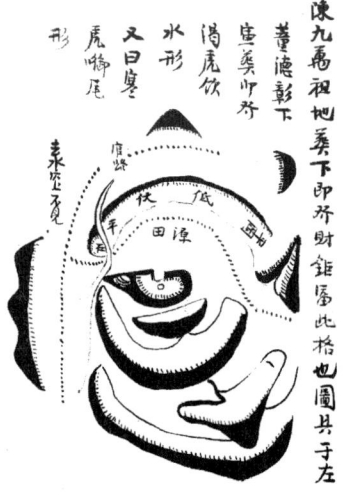

▶ 갈호음수형
▶ 양호쟁육형
출처: 『우리시대의 풍수』, 307쪽

맹호출림형 출처: 『우리시대의 풍수』, 309쪽

양호상교형 출처: 『우리시대의 풍수』, 309쪽

면우형 출처: 『우리시대의 풍수』, 310쪽

면견형 출처: 『우리시대의 풍수』, 311쪽

호랑이, 사자 관련 형국으로는 양호쟁육형兩虎爭肉形, 맹호하산형猛虎下山形, 맹호하전형猛虎下田形, 양호상교형兩虎相交形, 복호형伏虎形, 노호하산형老虎下山形, 수호형睡虎形, 맹호출림형猛虎出林形, 갈호음수형渴虎飮水形, 복사형伏獅形, 회자무사형回子舞獅形, 사자형獅子形이 있다.

소, 말, 개 관련형국으로, 와우형臥牛形, 행우경전형行牛耕田形, 면우형眠牛形, 옥마형玉馬形, 약마부적형躍馬赴敵形, 천마시풍형天馬嘶風形, 갈마음수형渴馬飮水形, 면견형眠犬形, 황구감식형黃狗甘食形, 산구형產狗形이 있다. 네발짐승과 관련된 공통의 형국으로 음수형飮水形과 하전형下田形이 있다. 음수형은 산[동물]과 물의 만남인데, 동물이 물을 먹는 형상을 말한다. 하전형은 산머리가 논이나 밭으로 내려와서 들판의 풍성한 곡식을 먹는 모양을 말한다. 그래서 흉하다는 것이 아니라, 그만큼 들판에 먹을 것이 풍부해서 좋다는 것이다.

서울의 사슴 아파트 '사슴이 노니는 형국'. 2011년 촬영

7) 거북이 형국

거북이가 물을 향한다. 금구음수형金龜飮水形,[8] 영구하산형靈龜下山形, 금구입해형金龜入海形, 금구하전형金龜下田形, 금구입수형金龜入首形, 금구몰니형金龜沒泥形은 모두 산아래로 내려와 물을 향하고 있는 것이다.

거북이가 산으로 향한다. 영구성미형靈龜成尾形, 노구예미형老龜曳尾形, 알을 낳기 위해서 물을 빠져나와 꼬리를 끌며 높은 곳으로 향하고 있는 것이다.

---

8 "영구음수형(靈龜飮水)형 부귀 번영의 터, 브라이튼한남 분양인기", new1뉴스, 2021년 11월 12일 기사 참조.

FENG-SHUI

Source : Incheol Jo (Professor of Oriental Studies in Wonkwang Digital University)

Sejongdaero Street that leads outside of Sungnyemun Gate is the road paved when King Jeong-jo's Hwaseong parade visited Suwon. It is Korea's number 1 national highway.
The road in front of South Gate Tower called Sejongdaero Street comes out of Sungnyemun Gate and goes through Seoul Station. It is a road connected to a national highway that stems from it and spreads nationwide, and it aligns with a big mountainous range. In terms of roads, the site of South Gate Tower lies where the liveliness of Gwanghwamun Gate does not dissipate and moves with vigorous energy.

Natural Topographical Conditions of the Site

The Feng Shui feature of Namsan Mountain is Jamdoo type (the head of a silkworm). While Jamdoo is facing westward, the energy is blocked by Seoul Square building, and the flow of all of Namsan Mountain's energy turns toward Sungnyemun Gate.

Direction of the Building

The pivots lie in northwest and southeast. The building faces Sejongdaero Street in Northwest and Toegyero Street in Southeast. It is the form that lord and vassal or Yin and yang meet each other, and northwest corresponds to 'Geongwae' among Moonwangpalgoe (the Eight Trigrams for divination). The site shows an ideal direction of a land that the king supports, and it is the ground that the king serves as a solid background. It takes the ideal site of Jeonchakhoogwan type (small entrance but big inner space), and it is the turtle type that is placed facing toward a higher place.

Shape of the Site

The shape of the South Gate Tower site can be said Geumgu type, a reference to a turtle. It is a situation where a turtle that came upstream from the sea through Cheonggye Stream, searching for a spot to lay eggs, reached Namji (a pond) outside Sungnyemun Gate. It drinks water, settles itself under the palace wall, and lays golden eggs.

SOUTH GATE TOWER의 풍수자문

거북이와 관련된 형국으로 설명.
출처: SOUTH GATE TOWER 안내책자, 2016. p. 37

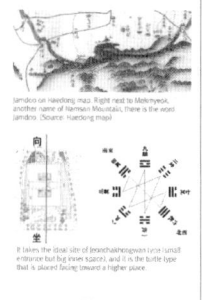

마포 거구장(巨龜莊) 거구장의 거구(巨龜)는 큰 거북이라는 의미이다. 건물 모양이 상호와 같이 큰 거북이 모양을 하고 있다. 2006년 촬영

8) 용류龍類형국

비룡형으로 돌혈突穴임을 암시하는 비룡飛龍이라는 용어[9]가 포함된 형국으로 비룡상천형飛龍上天形, 비룡은산형飛龍隱山形, 비룡함주형飛龍含珠形, 비룡망수형飛龍望水形, 비룡입해형飛龍入海形이 있다. 반룡·회룡형은 용이 또아리를 틀고 있는 것이다. 반룡롱주형蟠龍弄珠形, 반룡토주형蟠龍吐珠形, 반룡완월형蟠龍玩月形, 회룡은유형回龍隱幽形, 회룡은산형回龍隱山形, 회룡고조격回龍顧祖格, 반룡헌주형盤龍獻珠形, 와룡형臥龍形이 있다. 용이 물과 관련되는 것으로 물과 만나는 상황묘사의 형국명이 있다. 갈룡심수형渴龍尋水形, 갈룡고수형渴龍考水形, 갈룡음수형渴龍飮水形, 용마세족형龍馬洗足形, 황룡도강형黃龍渡江形, 창룡출하형倉龍出河形등이 있다. 용이 여의주나 옥구슬을 가지고 희롱하는 것을 즐기는데 이를 반영한 형국명이 있다. 노룡헌주형老龍獻珠形, 구룡쟁주형九龍爭珠形, 여룡농주형驪龍弄珠形, 쌍룡농주형雙龍弄珠形이 있다.

9) 날짐승류

형국명에 등장하는 날짐승류는 봉황, 금계, 학, 까마귀[鴉], 거위[鵝], 비둘기[鳩], 제비[燕], 기러기[雁], 꿩[雉]나비·나방[蝶蛾]이 있다. 날짐승의 보금자리인 소巢와 관련된 형국명으로 봉소포란형鳳巢抱卵形, 오봉쟁소형五鳳爭巢形, 학소포란형鶴巢抱卵形, 연소형燕巢形등이 있다. 소巢를 포함하고 있는 것은 주로 와혈窩穴에 해당한다. 날짐승이 날개를 펴고 날아가는 것과 관련된 것은 비

금계포란형 출처: 『우리시대의 풍수』, 316쪽

---

9 "비룡망해형 풍수지리 명당 입지". 'e편한세상 사하2차', 건설타임즈, 2015년 7월 7일 기사 참조.

봉형飛鳳形, 비봉포란형飛鳳抱卵形, 비학등공형飛鶴騰空形, 비조탁목형飛鳥啄木形, 비안투해형飛鴈投海形 등이 있다.

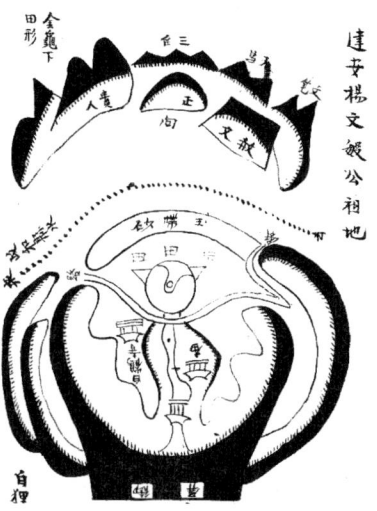

▲ 대구팔공산 동화사의 봉서루 앞의 석란(石卵) 바위 위에 봉황란을 상징하는 3개의 석란이 마련되어 있다. 2007년 촬영
▶ 금구하전형 출처: 『우리시대의 풍수』, 318쪽

10) 식물관련 형국

풍수형국상에 동물외에 식물인 연꽃, 모란, 도화, 매화 등이 등장한다. 꽃은 풍수에서 아름다운 모양새와 향기에 의미를 둔다. 반개형半開形으로 작약반개형芍藥半開形, 모란반개형牡丹半開形이 있다. 풍수에서는 반개형을 만개형滿開形보다 길한 것으로 간주한다. 이미 활짝 핀 것은 금방 꽃잎이 떨어져 쇠락하는 것을 의미한다. 막 피려고 하는 것이

연화부수형
출처: http://riverview.iusell.co.kr/sub2/sub2_1.php

가치가 더 높은 것은 아직 화려함이 남아 오래 지속되기를 희망하기 때문이다.

꽃잎이 활짝 핀 것이나 땅에 떨어진 것을 비유하는 형국명도 있는데, 활짝 핀 것은 물위에 핀 것, 떨어진 것은 그 향기에 주목한다. 매화낙지형梅花落地形, 도화낙지형桃花落地形, 연화출수형蓮花出水形, 청평부수형青萍浮水形, 연화부수형蓮花浮水形, 연화부수형蓮華浮水形이 있다.

형국명은 지형의 생긴 모양대로 부르는 경우도 있지만, 그것과는 별개로 그 지역에 사는 사람들의 바램과 희망이 반영되는 것이다.

4. 풍수그림과 스토리텔링

앞에서 언급한 형국론과 명당론을 바탕으로 아파트 분양마케팅을 하는데, 주변 지형을 바탕으로 풍수그림 즉 산도山圖를 그리고, 터의 성격에 맞는 스토리텔링을 하는 것이다. 아래의 사례들은 필자가 풍수마케팅에 참여한 것들이다. 어디까지나 광고를 위한 것이므로 꼭 풍수이론에 엄격하게 맞출 필요는 없다. 다른 상품광고와 마찬가지로 아파트 입지와 아파트 자체의 장점을 부각하는 작업인 것이다. 그렇다고 없는 사실을 부풀리거나 허위로 과장광고를 하는 것은 문제가 될 수 있다. 그래서 풍수전문가의 적절한 자문 하에 이루어져야 하는 것이다.

산도山圖를 그리는 것은 지면紙面을 이용한 광고에 유용하게 사용할 수 있다. 스토리텔링을 만화로 구현하면, 종이 책자 외에도 유튜브 등의 동영상의 광고에 유용하게 사용할 수 있다.

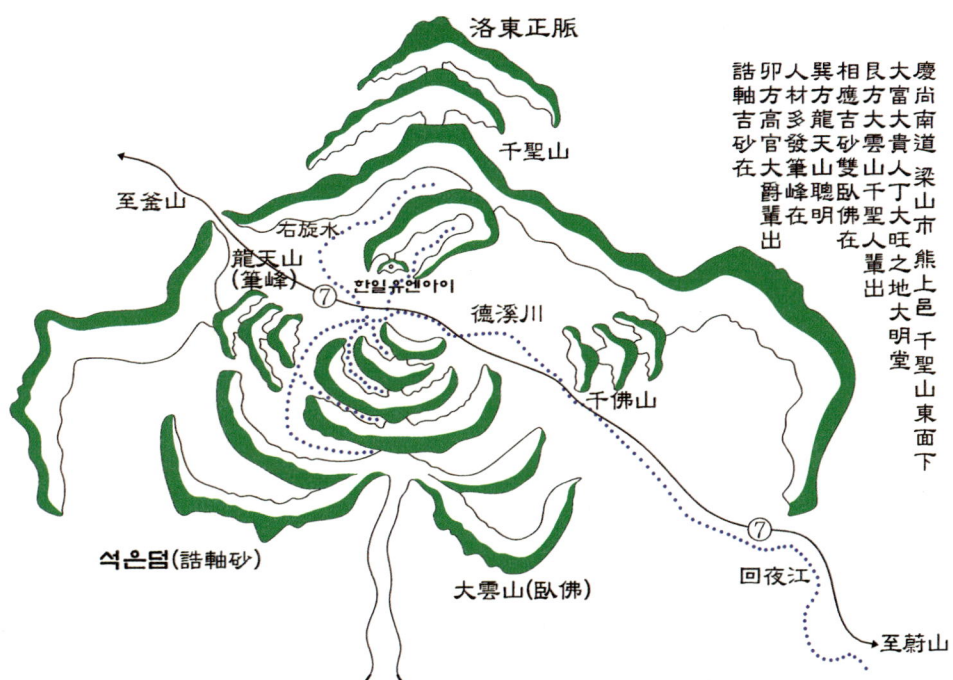

산도(山圖) 양산 한일 유엔아이 아파트 광고에 사용. 필자 작성

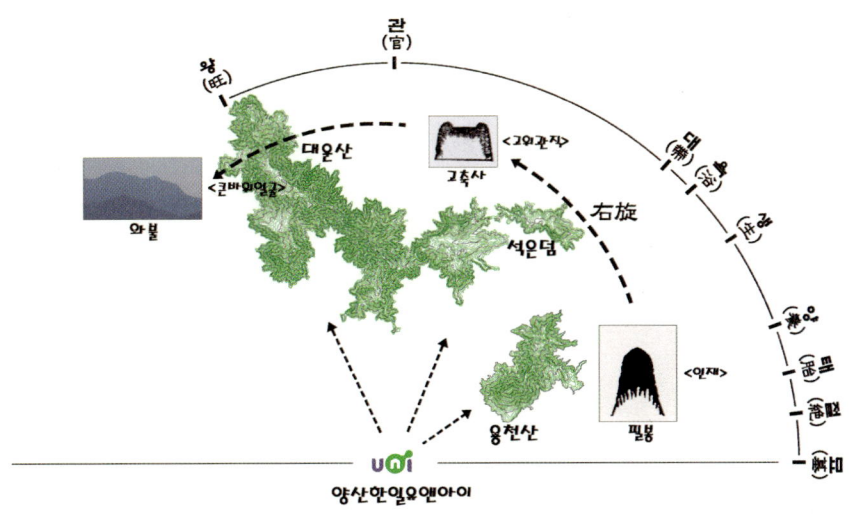

아파트 뷰(View)상의 길봉 양산 한일유엔아이에 적용. 필자 작성

제6장 아파트 분양광고에서 풍수활용 **241**

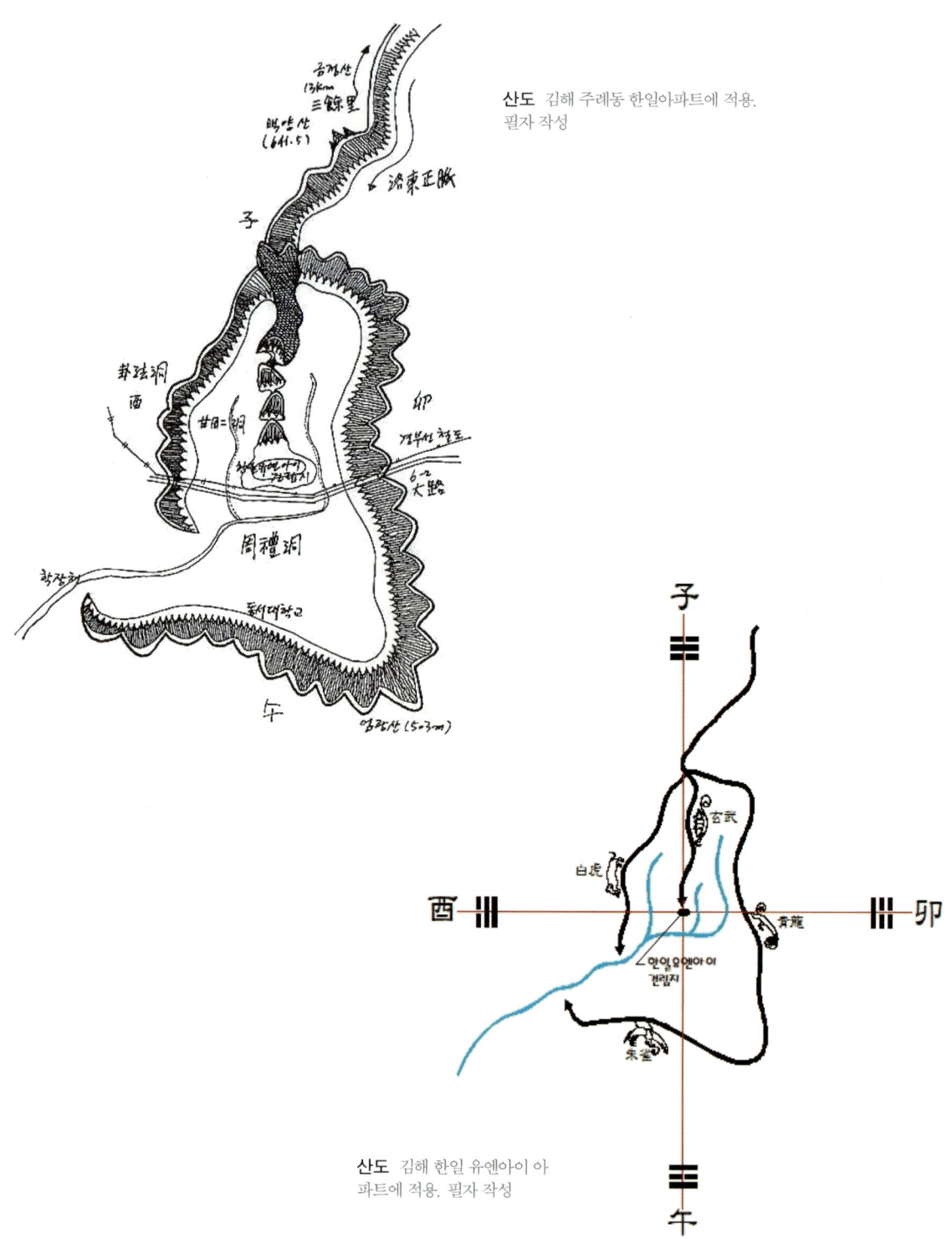

산도 김해 주례동 한일아파트에 적용.
필자 작성

산도 김해 한일 유엔아이 아파트에 적용. 필자 작성

수로왕의 약속

↓

수로왕의 탄강

唯紫繩自天垂而着地. 尋繩之下.
乃見紅幅裏金合子. 開而視之.
↓ 有黃金卵六圓如日者.
내가 이곳에 내려온 것은
하늘의 명이었다.

허황옥의 도래

나의 배필도 역시 하늘이 명할 것이니 염려말라.
↓ 마침내 야유타국의 공주 허황옥은 파사탑을 싣
고 도래함.

왕과 왕비의 백년해로

↓ 10남 2녀의 자녀를 두고 금관가야의 문화가 꽃
피게 됨.

이별 그리고 다음 만남의 약속

금관가야여 영원하라! 우리 부부가 죽어서도
↓ 금관가야의 파수꾼이 되어주마!

약속을 지킴

우리 좋은 세상에서 다시 만나자
수로왕과 왕비의 만남이 준비됨!

수로왕의 약속 광고 만화 시나리오의 전개

만화표지
풍수스토리텔링을 바탕으로 작업. 출처. 원로 이정문 선생의 만화. 김해한일 유앤아이 아파트에 적용

 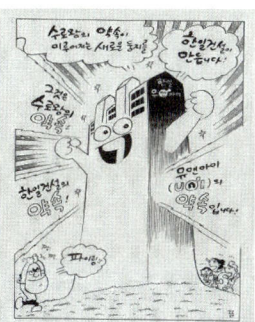

만화의 일부 출처: 원로 이정문 선생의 만화

제6장 아파트 분양광고에서 풍수활용 **243**

부록1. Check List 좋은 아파트란 어디를 말함인가?

대분류	중분류	소분류	○△×	대분류	중분류	소분류	○△×
입지	역사성	길흉		뷰	산	목화토금수	
	산꼭대기	풍살				필봉	
	산중턱	비룡살				일월봉	
		잠룡살				규봉	
	계곡	요풍살			건물	첨탑살	
		산사태				모서리살	
	강변	반궁수살				규봉살	
	해안	풍살			도로	직충살	
		해일				반궁수살	
	경계	외부시설용도		세대내	현관	곡절번등	
		건물의 살기				중문	
도로	단지출입	직충살			거실	안채형뷰	
		반궁수살				사랑채형뷰	
		직룡입수살			침실	침대머리방향	
		섬룡입수살			공부방	책상위치	
		비룡입수살			주방	밥솥의 위치	
	내부도로	직충살			화장실	변기의 방향	
		반궁수살			발코니	화분	
						운동기구	
합계				합계			

나침반에 의한 방위측정	본문참조	결과	비고
좌향측정	5-2 참조	( )좌 ( )향	
손귀부의 판단	5-4 참조	(손) (귀) (부)	
용상팔살의 판단	5-3 참조		
팔로사로황천살의 판단	5-3 참조		
학업운과 재물운의 판단	5-8 참조	좌회전( ), 우회전( )	

- ○ : 청(문제없음), △ : 탁(약간의 문제로 보임), × : 흉(살기가 보임). 해당사항이 없으면 표시하지 않음.
- 흉(×)이 하나라도 있으면, 전문가에게 의뢰하여 흉운(凶運)을 제거해야함.
- 청(○)이 탁(△)의 숫자보다 많으면 길, 그 반대면 흉. 책 내용 중 해당사항을 보고보고 양생필요.
- 좌향관련내용은 전문가에게 의뢰필요.

부록 2. 부적 진택부鎭宅符

※아파트 현관문 안쪽 상부에 붙이세요

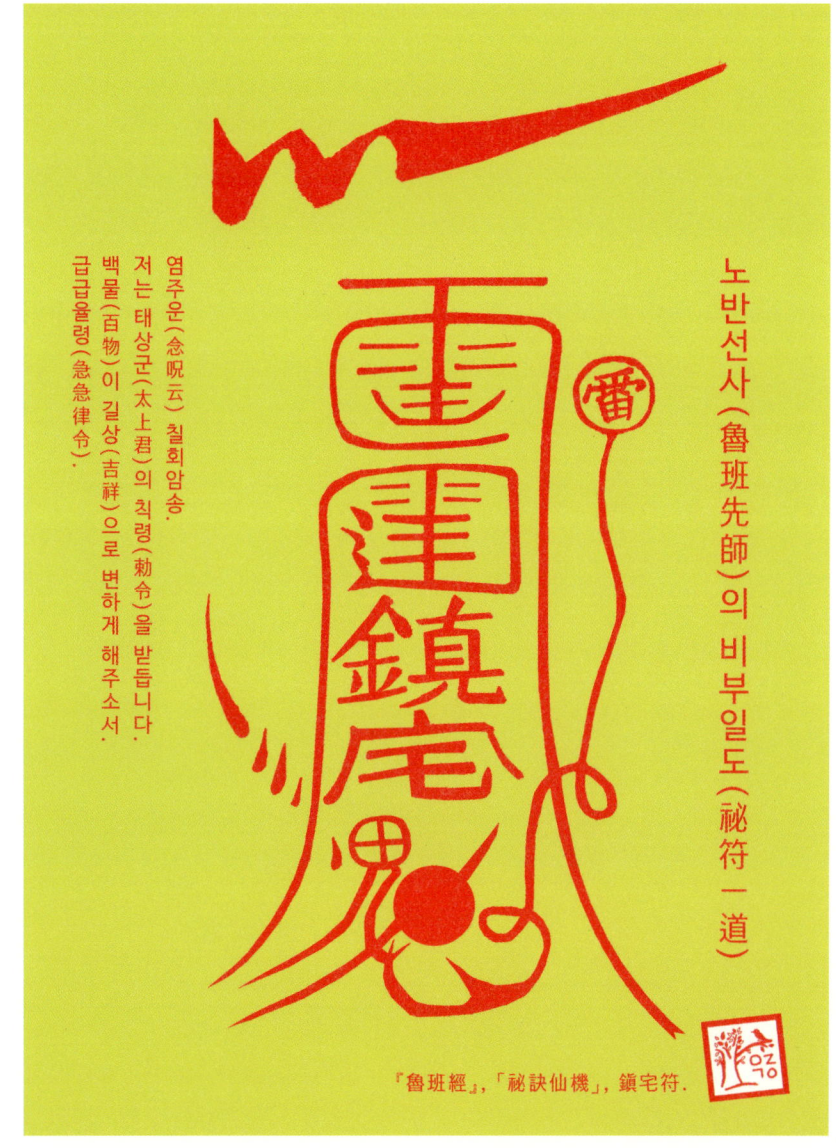

노반선사(魯班先師)의 비부일도(祕符一道)

염주운(念呪云) 칠회암송.
저는 태상군(太上君)의 칙령(勅令)을 받듭니다.
백물(百物)이 길상(吉祥)으로 변하게 해주소서.
급급율령(急急律令).

『魯班經』, 「祕訣仙機」, 鎭宅符.

참고문헌

국내서적(번역서 포함)

강순돌, 「한국 전통촌락의 형성과 발달에 관한 소고」, 『문화역사지리』 제16권 제1호, 문화역사지리학회, 2004.4.

건축사사무소 자연과건축, 『김해북부지구 한일 "UnI" 아파트 단지 설계보고서(풍수지리학적 개념을 도입한 아파트 계획)』, 2002.2.

김광언, 『풍수지리』, 대원사, 2003.

김성환, 『국선도 단전호흡법 : 이론과 실제 초급편』, 덕당, 2004.

김용옥, 『여자란 무엇인가?』, 도서출판 통나무, 1987.

_____, 『노자철학이것이다』, 통나무, 1989.

김지웅, 『지방 아파트 황금입지』, 길벗, 2023.

리처드 도킨스, 홍영남·이상임 역, 『이기적 유전자』, ㈜을유문화사, 2023.

무라야마 지준, 최길성 역, 『조선의 풍수』, 민음사, 1990.

박인석, 아파트 한국사회, 현암사, 2013.

박철수, 『아파트의 문화사』, ㈜살림출판사, 2021.

_____, 『마포주공아파트-단지신화의 시작』, 도서출판 마티, 2024.

발레리 줄레조, 길혜연 역, 『아파트공화국』, 후마니타스, 2007.

서유구, 임원경제연구소 역, 『임원경제지 상택지』, 풍석문화재단, 2019.

『성경』, 「신약성경」, 한국천주교 중앙협의회, 2005년.

스와미 라마, 박광수·박지명 역, 『히말라야성자들의 삶』, 아힘신, 2019.

신영훈, 『한옥의 미학』, 한길사, 1987.

신평, 『신·나경연구』, 동학사, 1996.

야노미치노, 전용훈 역, 『밀교점성술과 수요경』, 동국대학교 출판부, 2010.

에리히 프롬, 김진홍 역, 『소유냐 삶이냐』, 기린원, 1989.

오선영, 「연풍면 주진리 은티의 마을 풍수와 마을제당」, 『미래무형유산 발굴·육성사업 학술대회 자료집-괴산의 마을풍수와 마을제당』, 국가유산청·충청북도·괴산군·충청북도 문화재연구원 공동주최, 2024.7.3.

우복 정경세 묘소 관련 산송, 『南面池浦山圖形』, 圖形 所志23, 한국학 중앙연구원.

이정문, 『수로왕의 약속』, 2002.

이중환, 허경진 역, 『택리지』, 서해문집, 2007.

장영훈, 『조선시대 명문사학 서원을 가다(우리 문화재 풍수답사기3 서원)』, 2005.

제러드 다이아몬드, 강주헌 역, 『총, 균, 쇠』, 김영사, 2024.

조관희, 『중국고대소설기법』, 보고사, 2015.

조인철, 『우리시대의 풍수』, 민속원, 2008.

_____, 「원불교 영산성지의 풍수적 의미에 관한 연구」, 『원불교사상과 종교문화』 51집, 원광대학교 원불교사상연구원, 2012.3.

_____, 「소태산 박중빈의 형세론적 풍수관에 관한 연구」, 『원불교사상과 종교문화』 54집, 원광대학교 원불교사상연구원, 2012.12.

_____, 「소태산의 '예언'과 초기 원불교의 '상징'에 대한 풍수이기론적 해석」, 『원불교사상과 종교문화』 57집, 원광대학교 원불교사상연구원, 2013.9.

_____, 「『임원경제지』「상택지」의 내용 중 목성윤도에 의한 방위측정상의 길흉판단에 대한 연구」, 『석당논총』 제74집, 동아대학교 석당학술원, 2019.

_____, 「『임원경제지』「상택지」의 내용 중 풍수에 관한 연구」, 『민족문화연구』, 고려대학교 민족문화연구원, 2019.11.

_____, 「안택부·진택부에 대한 연구-노반경의 비결선기전서를 중심으로」, 『석당논총』 제88집, 동아대학교 석당학술원, 2024.3.

채완, 「아파트 이름의 사회적 의미」, 『사회언어학』 제12권 1호, 한국사회언어학회, 2004.6.

최창조, 『한국의 풍수사상』, 민음사, 1998.

칼 세이건, 홍승수 역, 『코스모스』, ㈜사이언스북스, 2020.

파올로코엘료, 최정수 역, 『연금술사』, 문학동네, 2004.

㈜한일건설, 『왕의 자리 –김해북부신도시』, 한일유앤아이, 2002.

홍경희, 『촌락지리학』, 법문사, 1985.

洪萬選, 재단법인 민족문화추진회 역, 『(국역)山林經濟』, 1982.

Baltasar Gracian, 강정선 역, 『아주 세속적인 지혜』, 페이지2북스, 2024.

Eliade, 李東夏 譯, 『The Sacred and the Profane(聖과 俗: 종교의 본질)』, 학민사, 1983.

Franz Kafka, 김덕수 역,『성(城)』, 홍신문화사, 1993.

원전(외국어)

辜託長老,『改良入地眼全書』, 東田萬樹華仁村, 上海江東書局, 民國元年(1911).

『魯班經』, 崇德堂 藏版, 咸豊庚申春刊, 1860, 春, 중국 북경 청화대학 도서관 소장본.

卜應天,『雪心賦辯訛正解』, 孟天其(註解), 上海江東書局, 宣統元年(1909).

徐善繼, 徐善述,『重刊人子須知資孝地理心學統宗』, 上海: 錦章圖書局, 民國11(1922).

沈竹礽,『沈氏玄空學(上, 下)』, 中國廣東省廣州市: 廣州出版社, 1995.

王君榮,『陽宅十書』, 華齡出版社, 2009.

張覺正,『陽宅愛衆論』, 華齡出版社, 2007.

趙廷棟,『繪圖陽宅三要』, 千頃堂書局, 中華13(1924).

Amos Rapoport, *The Meaning of the Built Environment*, California: SAGE Publishings, Inc. 1983.

Erich Fromm, *TO HAVE OR TO BE*, CONTINUMM, NEW YORK, 1977,

SOUTH GATE TOWER 안내책자, np, 2016.

신문기사 및 방송자료

"초고층 아파트 1층의 공기가 100m 높이에 도달하는데 20초. 굴뚝효과로 인한 집단감염의 가능성/밀폐된 공간으로 인한 정신질환의 발생", 부산MBC, 2006년 7월 25일 방송.

"유리창에 총알 자국…강남 고급 아파트에 무슨 일이", [JTBC], 2014년 6월 27일기사,

"내리막길 질주해 시동 걸러던 마을버스… 아파트 돌진 12명 부상". 동아일보, 2014년 8월 25일 기사.

"[뉴스7] 강남 고급 아파트, 의문의 총알 자국", TV조선 2014년 6월 27일 기사.

"비룡망해형 풍수지리 명당 입지". 'e편한세상 사하2차', 건설타임즈, 2015년 7월 7일 기사.

법원 "LG 전자, '헬기 충돌' 피해 아파트 주민들에 손해배상 해야", 동아디지털뉴스. 2017년 12월 10일 기사.

"영구음수형(靈龜飮水)형 부귀 번영의 터, 브라이튼한남 분양인기", new1뉴스, 2021년 11월 12일 기사.

"오션 뷰가 하루아침에 콘크리트 뷰로" 부산 69층 주상복합 날벼락. 조선일보, 2024년 1월 14일.

"멋지지만 위험한 동네?" '불안한 해안가' 부산 MBC, 2024년 2월 21일 방송.

"경주 토함산 3곳에 산사태보다 위험한 '땅밀림' 현상 발생", 2024.7.16.,『연합뉴스』, 이재영기자 기사.

인터넷 검색자료

https://smarthistory.org/roman-domestic-architecture-insula/

우신골든스위트 화재, 위키백과

명당 포스터, 네이버검색

파묘 포스터, 네이버검색

찾아보기

ㄱ

가마솥 160, 161, 162, 163
감성 마케팅 222
갑질 38, 62
강변형 74
개문견산법開門見山法 117, 118, 119, 143
개운법開運法(改運法) 113, 114, 169
개창견산법開窓見山法 119
객가客家 13
객사客舍 28, 29
건물살建物殺 53, 66, 94, 116, 132, 172, 179, 192
겹봉峽峯 120, 121, 126, 127
계곡형 72
곡절번등법曲折翻謄法 142, 143, 144
공동체의식 36, 51
공유부분 37
공자孔子 25
관쇄關鎖 142
교환경제 36, 68
교회탑 130
구궁도九宮圖 198, 199, 200, 204
구불거九不居 64, 65, 66, 68
구성요소 5, 49, 50, 51, 135, 136, 137, 138, 140
국민주택규모 136, 168
군장사회 24, 36

군현제 24, 25, 28, 36, 40
굴뚝효과 72, 77, 112
궁수형弓水形 82
귀인봉貴人峯 122, 123
규봉窺峯 127, 128, 129, 131
근린생활시설 99
근중원경近重遠輕 154
기복起伏 124
길봉吉峯 179, 241
길지吉地 30, 60, 61, 62, 63, 68, 79

ㄴ

나반 189, 190, 192, 193, 194
내부살기內部殺氣 139
내외벽內外壁 141, 144
노반魯班 180, 181
노자老子 25
녹엽부화법綠葉扶花法 117, 118, 132, 148
논두렁아파트 33
능압살凌壓殺 90, 91, 92, 93, 94, 129, 130, 131

ㄷ

단일봉單一峯 120, 121, 126
대장군방大將軍方 205, 206
도로살道路殺 53, 66, 72, 80, 82, 83, 84, 91, 134, 172, 179, 192
도무스Domus 13
동사택 195, 196
동성동본同姓同本 30
동입서출東入西出 117, 206
동족마을과 30, 31, 34, 35, 36, 62, 95, 97
득생기得生氣 173
땅밀림 현상Land creep(지활) 73

ㄹ

로얄층 109, 110, 111
리버뷰River View 188

ㅁ

마방진魔方陣 199
마상귀인봉馬上貴人峰 126
마운틴뷰Mountain View 188
마통馬桶 169
마포아파트 16
맹모삼천孟母三遷 59, 60, 62
면面 107, 108
면벽面壁 70, 71, 129, 159
멸만경滅蠻經 198
명당明堂 43, 45, 46, 47, 173, 216, 217, 218, 219, 220, 221, 238
목살木殺 66
무정無情 107

문충살門衝殺 65
문필봉文筆峯 119, 123, 126
물덕物德 48, 51
미신적 풍수 45

ㅂ

바가지 145
바람의 시너지 77
반가주택班家住宅 5, 48, 49, 50, 51, 89, 93, 113, 119, 136, 137, 138, 139, 140, 160, 162, 172, 174, 175
반궁수反弓水 77
반궁수살反弓水殺 80, 81, 85, 132, 134
발복發福 43, 45, 68, 78, 109
밥상풍수 163
밥솥 160, 162, 163, 164, 165, 166
밥푸는 방향 161
배背 107, 108
배산임수背山臨水 68, 117, 132
보이지 않는 손[Invisible hand] 38
복거사요卜居四要 56, 57, 62, 63, 64
복록수福祿壽 100
봉건제 24, 25, 28, 30, 36, 40
북망산北邙山 153
불가거지不可居地 64
불씨 162
불천위不遷位 95, 96, 97
브라흐만Brahman 156
비룡살飛龍殺 83
비보裨補 224
빛 공해 62, 91

ㅅ

사고다발지역 83, 84
사랑채 전망 121
사룡死龍 104, 107, 117, 143
사신사四神砂 28, 30, 31, 34, 35
사족촌士族村 29, 30
사합원四合院 196, 197
산꼭대기형 69, 74
산도山圖 240, 241, 242
산성애성도山星挨星圖 199, 200
산수山水 56, 60, 61, 62
산중턱형 69
살룡殺龍 104, 107, 143
삼요三要 196
삼풍백화점 67
삼합오행법三合五行法 193, 207
상량일지례上梁日之禮 180
생룡生龍 104, 107, 108, 117, 143
생리生利(生理) 56, 57, 58, 59, 60, 61, 62
생존적 소유[Existential having] 19, 20, 40
생존풍수生存風水 45, 78, 79
생활풍수 45
서사택西四宅 195, 196
석살石殺 66
선인봉仙人峯 123
섬룡살閃龍殺 83
세연정洗然亭 198, 199
소태산少太山 162
손 없는 날 205, 206
손귀부孫貴富 193, 194, 207
수구水口 57, 61, 137, 142
수살水殺 66, 132
수카Suka 39
숙살肅殺 178
스토리텔링 222, 240, 243

ㅇ

신장神將 156
쌍산雙山 193
쌍성회좌雙星會坐 200, 201, 202, 203, 204
쌍성회향雙星會向 200, 201, 202, 203, 204

아르키메데스 113
안산案山 116, 117
안채전망 93
안택부安宅符 180
암명暗明 140
액티비티Activity 48, 89, 152, 175
양뇌陽腦 155
양생養生 5, 224
양생풍수 5, 174
양택삼요법 42, 176, 195, 196, 198
양택풍수 4, 42, 190, 198
에리히 프롬 19
역사성 66, 214
역지세逆地勢 70, 132
연돌효과煙突效果 78
연애운戀愛運 154, 155, 158, 194
영역성 30, 54, 104
예제건축禮制建築 29, 206
오방색五方色 175, 176
오션뷰Ocean View 78, 188
오전지五箭地 64, 65, 66, 68
오행산 120
옥녀봉玉女峰 110, 111, 232
와혈窩穴 238
완충공간緩衝空間 140, 146, 171
외부살기外部殺氣 139
외폐내개外閉內開 28
요가명상 157

찾아보기 **253**

용도풍수用途風水 4, 5, 42, 45, 47, 79, 153
용상팔살龍上八殺 190, 191, 192
용혈사수향 47, 48
우파니샤드 156
운수애성도運數挨星圖 199, 200
유정有情 107
유청무당有廳無堂 172
융릉隆陵 189
음뇌陰腦 155
이기적 유전자[selfish gene] 39
이보환형법移步換形法 110, 132
이성잡거異姓雜居 30, 36
인덕人德 48, 51, 59
인동간격 89
인센티브 41
인슐라Insula 10, 11, 12, 13, 95, 104, 109
인슐래insulae 10, 13
인심人心 56, 57, 59, 60, 61, 62
인위취락人爲聚落 31, 32
일괘관삼궁一卦管三宮 195
일월봉日月峰 110, 111, 121, 126, 127
임산배수臨山背水 68, 132

ㅈ

자급경제 36, 68
자기화 223, 224
자연취락自然聚落 31, 32, 39
잠룡살潛龍殺 83
재난풍수 45, 64, 68, 77, 78, 79
재물운財物運 158, 179, 194, 208, 209, 210
전동후정前動後靜 117, 132
점석성금법點石成金法 178
점철성금법漸鐵成金法 178
제러드 다이아몬드 24

조벽照壁 144
조산朝山 57, 116, 117
종가집 95, 96, 97
종법체계宗法體系 38
주상복합住商複合 78, 95
중복도형 104, 108
중정형 10, 104
증산甑山 162
지덕地德 48, 61
지도리 139
지리地理 31, 43, 56, 57, 60, 61, 62
지성감천至誠感天 114
지세향地勢向 154
직업운職業運 158
직충살直衝殺 80, 81, 85, 86, 132, 133, 134, 140
진산鎭山 117
진택부鎭宅符 180, 181

ㅊ

창고사倉庫砂 123, 124
천덕天德 48
천인지물天人地物 47
첨탑살尖塔殺 100, 129, 130, 131
청담 56, 57, 59, 60, 61
청탁흉 124, 127
충구衝口 64
충천살衝天殺 130
침대머리 153, 154

ㅋ

코어홀형 89, 104, 105
콘크리트뷰 78

ㅌ

탁기濁氣 145, 155
탁상필봉卓上筆峰 126, 127
탑상형 88, 89, 93, 95, 130, 188
태백살 205
터의 역사성 66
토루土樓 13, 14, 15, 17, 18, 23, 26, 27, 28, 31, 32, 33, 37, 38, 39, 40, 42, 44, 100, 101, 102
토살土殺 66
통과교통 84

ㅍ

판상형 88, 89, 93, 95, 104, 130
팔로사로황천살八路四路黃泉殺 192, 193
펜트하우스 111
편복도형 104, 105
평인촌平人村 29, 36, 40
풍살風殺 66, 69, 74, 77, 91
풍석 56, 57, 58, 59, 60, 61, 62, 64
풍수마케팅 240
풍수패철 189
풍수형국명 223
프라이버시 51, 54, 104, 111, 131, 142, 152, 157, 159
피살기避殺氣 173
필봉筆峯 123

ㅎ

학군 56, 60, 62, 64, 214
학업운學業運 158, 194, 208, 209, 210, 211, 212
해안형 74, 77
향성애성도向星挨星圖 199, 200

현공풍수향법 42, 198
혼유석 189
혼합택混合宅 195, 196
확장형 주차구획 87, 88
흉지凶地 47, 63, 68
힐링Healing 61, 62

아파트 풍수
좋은 아파트란 어디를 말함인가?

초판1쇄 발행 2025년 8월 5일

지은이 조인철

주간 조승연
편집·디자인 오경희·조정화·오성현
　　　　　　　신나래·박선주·정성희
관리 박정대

펴낸이 홍종화
펴낸곳 민속원
창업 홍기원
출판등록 제1990-000045호
주소 서울 마포구 토정로 25길 41(대흥동 337-25)
전화 02) 804-3320, 805-3320, 806-3320(代)
팩스 02) 802-3346
이메일 minsokwon@naver.com
홈페이지 www.minsokwon.com

ISBN 978-89-285-2148-7 04380
SET 978-89-285-1054-2

ⓒ 조인철, 2025
ⓒ 민속원, 2025, Printed in Seoul, Korea

이 책은 저작권법에 따라 보호를 받는 저작물이므로 무단전재와 복제를 금지하며,
이 책의 전부 또는 일부를 이용하려면 반드시 저작권자와 출판사의 서면동의를 받아야 합니다.